高职高专"十三五"建筑及工程管理类专业系列规划教材

建筑工程资料管理

主 编 张 涛 杨建华

Construction
Project

西安交通大学出版社
XI'AN JIAOTONG UNIVERSITY PRESS

内 容 提 要

　　本教材共八个项目，具体内容为：建筑工程资料管理预备知识，建筑工程资料管理规定，建设单位项目策划立项、准备阶段资料管理，监理单位资料管理，施工资料管理，竣工图及工程竣工文件，安全资料管理，建筑工程资料管理软件。

　　本教材以实际工程为例，介绍了从项目前期立项到竣工验收整个过程涉及的资料整理，重点讲解建筑施工企业的建筑资料整理，辅助介绍建设单位、监理单位的资料管理。

　　本教材既可以作为高职高专院校工程造价、建筑工程管理、建筑工程技术相关专业的教学用书，也可以作为建筑施工企业的相关专业技术人员的参考用书。

前 言

教育部和建设部联合制定的《关于我国建设行业人力资源状况和加强建设行业技能型紧缺人才培养培训工作的建议》，提出建筑教育要从建设行业一线对技能型人才的需求出发，树立以就业为导向，以全面素质为基础，以能力为本位的教育理念；同时，提出推行建设职业资格制度、构建以能力为本位的课程体系、实行"订单"式教学与培训新模式、加强师资队伍建设、形成"双师"素质队伍和实验、实训基地建设的建议。结合以上要求，各院校在专业建设同时，都在进行课程改革。而教材是培养管理型、复合型人才的承载体，因此编写出优质的教材显得尤为重要。

为此，本教材本着"知识够用、加强实训实践"的原则，力求体现工学结合的教育特色，以实际建设工程项目为导向，采用任务驱动模式，完成建筑工程施工资料的填写、整理和建筑工程施工安全资料的收集、整理和归档，并辅助以建设单位、监理单位等的资料整理实例。

编者抓住《建筑工程资料管理规程》（JGJ/T 185—2009）和新的《建设工程施工现场安全资料管理规程》（CECS 266—2009）的颁布时机，紧扣新规程和施工规范标准，通过案例渗透，实现知识的应用，在编写上突出以下特色：

1.教材编写以《建筑工程资料归档规范》（GB/T 50328—2014）为主，并结合最新的行业标准《建筑工程资料管理规程》（JGJ/T 185—2009）、《建筑节能工程施工质量验收规范》（GB/T 50411—2014）、《民用建筑工程室内环境污染控制规范》（GB 50325—2010）、《建筑工程施工质量验收统一标准》（GB 50300—2013）等为依据进行编写，体现教材时间新的特点，适合于全国范围内使用。

2.教材编写紧紧围绕工程资料管理这一任务展开，以真实的工作环境和工作任务为动力，使学生目标明确，学习有动力，充分发挥学生的积极主动性，体现教材"任务导向"特色。每个项目都有工作任务、项目习题、项目小结、拓展活动几部分内容，便于读者自我检验对知识的理解、掌握程度。

3.教材紧密结合企业实际。由学校专任教师和企业技术人员共同组成教材开发团队,进行职业岗位能力调研分析,根据工作过程课程开发的特点,研究建设工程项目的工作对象、工作任务、工作过程和职业岗位,使教材内容与企业的岗位技能和职业标准对接,实现了教学、理论、实践的零距离对接。

本教材首先介绍了工程资料的概念、分类、整理和当前适用的法规;介绍工程资料的整理过程和填写要求,以施工工艺过程及工程资料表格形成为主线,采用填写范例、相关规定结合施工工艺流程的编排形式,使读者在较短的时间内掌握每一分项工程的施工技术和资料管理工作。本教材以实际工程为例,讲授从决策立项阶段到竣工验收阶段的资料整理过程,包括建设工程施工资料整理、电气工程资料整理、建设工程安全资料管理等多项内容。同时也从参建各方的角度对建设单位、监理单位、施工单位等资料管理的工作进行划分和资料整理的介绍。

本教材由张涛和杨建华主编,主编张涛老师现为高级工程师,拥有国家注册监理工程师、国家注册一级建造师执业资格,现执教于石家庄铁路运输学校和河北轨道运输职业技术学院,主编杨建华教授现任陕西能源职业技术学院建筑工程教研室主任。本教材项目四的监理资料来自石家庄中天工程建设监理有限公司,感谢总经理李东兴的支持。本教材项目五中的施工资料来自秦皇岛兴龙建设工程有限公司,感谢总经理王彪、总经理助理马德源、项目资料员王晓军的支持。在项目八中感谢筑业软件公司刘学武经理对编写的支持。具体编者分工为:项目一、三由张涛编写,项目二由张涛、河北劳动关系职业学院庄晶晶编写,项目四由张涛和李东兴编写,项目五由张涛、王彪、马德源、王晓军编写,项目六、七由张涛和杨建华编写,项目八由张涛、刘学武编写。

本教材既可以作为工程造价、工程管理、建筑工程技术等相关专业的教材,也可供建筑施工企业的建造师、技术员、质量员和资料员参考使用。

由于编者水平有限,编写时间紧张,书中难免存在疏漏之处,恳请各位读者批评指正,并将意见和建议反馈给我们,以便我们做得更好。

编　者

2015 年 1 月

■ 目 录

项目一
建筑工程资料管理预备知识

任务一　建设工程文件和档案资料的相关知识

1. 建设工程的概念

建筑工程是为新建、改建或扩建房屋建筑物和附属构筑物设施所进行的规划、勘察、设计和施工、竣工等各项技术工作和完成的工程实体。

2. 建设工程文件的概念

建设工程文件是指在工程建设过程中形成的各种形式的信息记录，包括工程准备阶段文件、监理文件、施工文件、竣工图和竣工验收文件，也可简称为工程文件。

3. 建设工程档案概念

建设工程档案是指在工程建设活动中直接形成的具有归档保存价值的文字、图表、声像等各种形式的历史记录，也可简称为工程档案。

4. 建设工程文件档案资料

建设工程文件档案是指建设工程文件和档案组成的建设工程文件档案资料。

5. 建设工程文件档案资料的载体

(1)纸质载体：以纸张为基础的载体形式。

(2)缩微品载体：以胶片为基础，利用缩微技术对工程资料进行保存的载体形式。

(3)光盘载体：以光盘为基础，利用计算机技术对工程资料进行存储的形式。

(4)磁性载体：以磁性记录材料（磁带、磁盘等）为基础，对工程资料的电子文件、声音、图像进行存储的方式。

6. 建设工程文件的归档范围

(1)对与工程建设有关的重要活动、记载工程建设主要过程和现状、具有保存价值的各种载体的文件，均应收集齐全，整理立卷后归档。

(2)工程文件的具体归档范围按照现行《建设工程文件归档规范》（GB/T 50328—2014）中"建设工程文件归档范围和保管期限表"共五大类执行。

任务二　建设工程文件和档案资料的特征

建设工程文件和档案资料具有以下几个方面的特征：

1. 分散性和复杂性

建设工程周期长，生产工艺复杂，建筑材料种类多，建筑技术发展迅速，影响建设工程的因素多种多样，工程建设阶段性强并且相互穿插。由此导致建筑工程文件档案资料具有分散性和复杂性的特征，这个特征决定了建设工程文件档案资料是多层次、多环节、相互关联的复杂系统。

2.继承性和时效性

建设工程文件和档案资料可以积累和继承,新的工程在施工过程中可以吸取以前的经验,避免重犯以前的错误。同时,建设工程文件档案资料具有很强的时效性,文件档案资料的价值会随着时间的推移而衰减,有时文件档案资料一经生成,就必须传达到有关部门,否则会造成严重后果。

3.全面性和真实性

建设工程文件档案资料只有全面反映项目的各类信息,形成一个完成的系统才更具有实用价值。真实性是对所有文件档案资料的共同要求,但在建设领域对这方面的要求更为严格。建设工程文件档案资料必须真实反映工程情况,包括发生的事故和存在的隐患。

4.随机性

部分建设工程文件档案资料的产生具有规律性,但还有相当一部分文件档案资料产生是由具体工程事件引发的,因此建设工程文件档案资料具有随机性。

5.多专业性和综合性

建设工程文件档案资料依附于不同的专业对象而存在,又依赖不同的载体而流动。一项建筑工程文件档案资料往往综合了土建、水、暖、电、电梯等内容。

任务三　建设工程档案管理的法规文件

建设工程档案法规是调整国家机关、社会组织、企事业单位和个人对建设工程档案这一特定科技文化财富的管理、利用和处置方面关系的法律、规范的总称。

建设工程档案法规包括了法规的形式和内容两个方面含义:其形式有国家法律、行政法规、地方性法规和规章,从宏观上确定工程档案工作的基本原则和制度,规定组织和个人的基本权利和义务。

为完善和健全建设工程档案管理的法规体系,建设单位应按要求进行工程文件的收集、整理、归档和工程档案的编制,并按规定向工程档案保管部门移交相关文件。

1.法律

《中华人民共和国建筑法》(以下简称《建筑法》)经 1997 年 11 月 1 日第八届全国人民代表大会常务委员会第 28 次会议通过;根据 2011 年 4 月 22 日第十一届全国人民代表大会常务委员会第 20 次会议《关于修改〈中华人民共和国建筑法〉的决定》进行修正。《建筑法》包括了总则、建筑许可、建筑工程发包与承包、建筑工程监理、建筑安全生产管理、建筑工程质量管理、法律责任、附则,共 8 章 85 条。《建筑法》立法的目的是加强对建筑活动的监督监理,维护建筑市场秩序,保证建筑工程的质量和安全,促进建筑业健康发展。在中国境内从事建筑活动,实施对建筑活动的监督管理,应当遵守《建筑法》。

《中华人民共和国档案法》(以下简称《档案法》)经 1987 年 9 月 15 日第六届全国人民代表大会常务委员会第二次会议通过,并于 1996 年 7 月 5 日修改。这是我国第一部完整的档案法律,工程档案管理应遵照执行。《档案法》立法的目的是加强对档案的管理和收集、整理等,有效地保护和利用档案,为社会主义现代化建设服务。

2.行政法规

行政法规是国家行政机关即国务院制定的规范性文件,如《建设工程质量管理条例》《建设工程勘察设计管理条例》《建设工程安全生产管理条例》《安全生产许可证条例》和《建设项目环境保护管理条例》等。行政法规的法律效力低于宪法和法律。

《建设工程质量管理条例》是为了加强对建设工程质量管理,保证工程质量,保护人民生命和财产安全而制定的。该条例第一次将工程档案管理纳入工程质量管理,将工程档案确定为工程竣工验收必须具备的条件之一。编制和移交工程档案是建设单位应尽的职责,并对不按时移交工程档案的单位和个人进行经济处罚。

3.地方性法规

地方性法规是由省、内治区、直辖市以及省、自治区人民政府所在地的市和经国务院批准的较大的市的人民代表大会及其常务委员会,在其法定权限内制定的法律规范性文件,如《河北省建筑市场管理条例》等。

4.行政规章

行政规章是由国家行政机关制定的法律规范性文件,包括国务院部门规章和地方政府规章。国院部门规章是国家建设主管部门依据法定权限制定的城建档案方面的各项规章。

《城市建设档案管理规定》(1997年12月23日建设部令第61号发布,2001年7月4日建设部令第90号修正)充分发挥城市档案在城市规划、建设、管理中的作用,根据有关法律制定的专门的城市建设档案管理规定,它对包括了城市建设档案管理的范围、工程档案的编制和移交、工程档案的预验收、工程档案的标准等作出明确规定。

5.其他文件

为了执行法律、行政法规、地方性法规和行政规章,有关政府机构制定了相应的实施办法、规范、标准等文件。

《建设工程文件归档规范》(GB/T 50328—2014,2015年5月1日起施行)是为了加强建设工程文件的整理归档工作,统一建设工程档案的验收标准,建立真实、完整、准确的工程档案而制定的标准。新规范在2001年规范的基础上增加了对归档电子文件的质量要求及其立卷方法;对工程文件的归档范围进行了细分,将所有建设工程按照建筑工程、道路工程、桥梁工程、地下管线工程四个类别,分别对归档范围进行了规定;对各类归档文件赋予了编号体系;对各类工程文件,提出了不同单位"必须归档"和"选择性归档"的区分;增加了关于立卷流程和编制案卷目录的要求。

住房和城乡建设部第419号公告颁布了《建筑工程资料管理规程》(DB11/T 695—2009)作为行业标准,2010年7月1日实施。将国家新颁布施工质量验收规范及各专业施工技术标准有关资料的要求纳入该资料规程管理范畴;将专业工程质量验收规范系列中的强制性条文规定渗透到工程资料管理的内容里,严格贯彻强制条文的执行;完善工程资料管理程序。

项目习题

1.下列选项中不属于法的是( )。

  A.建筑法

  B.某经济特区人民政府制定的规范性文件

  C.国际条约

  D.某法院发布的判例

2.下面不属于广义的法律的是( )。

  A.安全生产法

  B.建筑法

  C.某省建筑市场管理条例

D. 某公司的制度

3. 法律效力等级是正确使用法律的关键,下述法律效力排序正确的是(　　)。

A. 法律＞行政法＞地方政府规章＞地方性法

B. 行政法规＞部门规章＞地方性法规＞地方政府规章

C. 宪法＞法律＞行政法规＞地方政府规章

D. 国际条约＞宪法＞行政法规＞司法解释

拓展活动

整理现行的建设行业验收规范和资料管理规范,并摘录其中的相关内容。

项目二

建筑工程资料管理规定

任务一　建筑工程资料管理的基本要求

建筑工程资料管理就是指建筑工程作为一个建筑项目实体,在规划、勘察、设计、施工、监理等各项技术工作,这些在不同阶段形成的工程资料或文件,经过相关人员收集、整理,形成具有归档保存价值的工程档案的过程。各省份按国家标准要求规定了适宜本省特色的建筑工程资料管理规定。

以河北省的建筑工程资料管理规定为例:

1.0.1　为统一和规范河北省建筑工程资料管理,提高建筑工程资料管理水平,结合河北省实际,制定本规程。

1.0.2　本规程适用于河北省行政区域内投资额在 30 万元或建筑面积在 300 平方米及其以上的新建、改建、扩建建筑工程的资料管理。抢险救灾工程、临时性建筑工程和农民自建房屋不适用于本规程。

1.0.3　本规程规定了河北省建筑工程资料管理的基本要求,凡在河北省行政区域内参与工程建设的建设、勘察、设计、监理、施工和检测等单位均应执行本规程。

1.0.4　本规程供建设工程参建各方参考使用。

1.0.5　建筑工程资料可采用纸质载体或光盘、缩微品载体汇整移交,并逐步过渡到全部采用光盘、缩微品载体。

1.0.6　工程资料应实行分级管理,并按本规程规定的保存单位和期限进行保存。

1.0.7　河北省建筑工程资料管理除应符合本规程规定外,尚应符合国家现行有关标准的规定。

任务二　建筑工程资料管理的分类

《建筑工程资料管理规范》(JGJ/T 185—2009)规定:

工程资料分为工程准备阶段文件(A 类)、监理资料(B 类)、施工资料(C 类)、竣工图(D 类)和工程竣工文件(E 类)五类。

工程准备阶段文件分为决策立项文件、建设用地文件、勘察设计文件、招标投标合同文件、开工文件、商务文件六类。

监理资料分为监理管理资料、质量控制资料、进度控制资料、造价控制资料、合同管理资料和竣工管理资料六类。

施工资料分为施工管理资料、施工技术资料、工程主要物资资料、施工监测报告、施工记录、施工试验及检查记录、施工质量验收记录、竣工验收记录八类。

竣工图包括：建筑与结构竣工图，建筑装饰与装修竣工图，建筑给水、排水与采暖竣工图，建筑电气竣工图，智能建筑竣工图，通风与空调竣工图，室外工程竣工图。

工程竣工文件分为竣工验收文件、竣工交档文件、竣工总结文件、竣工结算文件四类。

知识链接

资料员在整理资料中，常用的分类如下：

一、施工准备阶段的资料建立和归档

　　1.设计文件

　　(1)施工图纸

　　(2)地勘报告

　　(3)设计文件审查报告

　　2.各施工合同(补充协议)

二、开工前资料的建立和归档

　　(一)由施工单位申报的资料

　　1.施工组织设计及报审表

　　2.各专业施工方案及报审表(需专家论证的要有论证报告)

　　3.安全生产、文明施工措施(包括措施费计划清单)及报审表

　　4.安全生产应急救援预案及报审表

　　5.项目经理任命通知书

　　6.项目经理部人员设置书

　　7.企业资质(资质证书、承建资格证书、营业执照、项目经理及五大员证、安全生产许可证报审,特殊工种上岗证、项目相关管理人员安全A、B、C三类考核证审查汇总)

　　8.现场管理人员架构及联系方式,上级领导、公司的联系方式

　　9.施工现场总平面布置图

　　10.施工总进度计划及与其相对应机械、材料、劳动力配备和进场计划

　　11.施工机械进退场报审表

　　12.测量人员资质以及测量仪器检验报告核查资料

　　13.质量、安全管理体系报审

　　14.对施工工人的安全、技术交底和安全教育的核查

　　15.进场材料报审

　　16.单位工程坐标定位测量记录

　　17.工程基线复核表

　　18.单位工程开工申请报表及其开工/复工报审表

　　19.相关工艺性试验检测

（二）监理部需建立的资料

1.监理规划

2.各专业监理细则（包括安全生产、文明施工监理实施细则）

3.旁站监理方案

4.应急救援预案

5.监理配合要求（包括奖罚细则）

6.工程进度监理控制进度计划

7.项目安全生产、文明施工各项管理制度和人员职责

8.项目部构架及人员分工

（三）由监理、施工、建设、设计等单位配合共同完成的资料

1.图纸会审记录

2.业主提供的控制坐标点复核资料

（四）业主提供的施工许可文件（国土、规划、立项和施工许可证）

（五）建设行政主管部门交底资料

1.质监站交底资料

2.安监站交底资料

三、施工过程资料的建立和归档

（一）由施工单位申报的资料

1.柱位（桩位）定位测量放线图

2.各项施工管理检查记录（如拆模申请、混凝土养护记录等）

3.各隐蔽验收记录

4.分项工程质量技术交底卡

5.工程变更单和工程联系单

6.重大危险源（深基坑、高支模、塔吊、施工电梯、脚手架、临电等）的验收资料和主要施工机械的检测报告及政府备案相关资料

7.材料报验和检测相关资料

8.商品混凝土出厂质量证明书、混凝土配合比设计报告

9.混凝土抗压强度检验报告

10.混凝土试块试验结果汇总表

11.混凝土抗压强度计算表

12.各检验批验收记录

13.工种（工序）间交底质量检查记录表

14.各工序中间检查验收记录、子分部工程中间验收交接记录

15.分项工程质量验收记录

16.钢筋连接试验报告

17.钢筋连接试验报告记录表

18.结构及功能性检验、检测、检查报告及记录

19.楼层测量记录

20.沉降（位移）观测记录（基坑和主体，第三方观测）

21.施工单位安全生产检查记录，对工人的安全教育、交底记录

22. 重大危险源(深基坑、高支模、塔吊、施工电梯、脚手架、临电等)的日常监控(巡视、检查、维修、保养)和管理记录

23. 各分部(子分部)工程验收相关资料

24. 各分部(子分部)工程施工总结

25. 分包资质报审

(二)监理应建立的资料

1. 会议纪要(包括第一次工地会议纪要、周例会纪要、专题、验收会议纪要)

2. 月报、周报、阶段性进度报表

3. 旁站记录(质量和安全)和重大危险源监控记录

4. 监理工作检查记录

5. 安全生产检查记录、评分表及汇总表

6. 监理工程师通知单/回复单

7. 安全隐患整改通知单/回复单

8. 监理工程联系单

9. 工程变更指令和管理指令

10. 混凝土浇灌令

11. 原材料(试件)抽样检验汇总表

12. 结构和功能性检测方案

13. 各分部监理质量评估报告

14. 各分部工程监理专题总结

15. 各工作面移交纪录

四、验收阶段

1. 单位工程竣工报验单

2. 工程竣工图

3. 设计、勘察、监理单位的质量检查(评估)报告

4. 建筑工程质量保修书

5. 建设工程整改通知书及整改完成报告书

五、材料验收相关资料

1. 材料/构配件/设备报审表

2. 原材料的合格证和复试报告

3. 钢材质保核查汇总表

4. 水泥质保单、复试单汇总表

5. 粗(细)骨料合格证、试验报告汇总表

6. 原材料合格证、试验报告汇总表

另:需进行复试的材料有:水泥、砂、石、钢筋、型钢、外加剂、玻璃、石材、铝材、电线、电缆、防水材料、给排水管等。

任务三　建筑工程资料管理的编号

我国标准化工作实行统一管理与分工负责相结合的管理体制。按照国务院授权,在国家质

量监督检验检疫总局管理下,国家标准化管理委员会统一管理全国标准化工作。国务院有关行政主管部门和国务院授权的有关行业协会分工管理本部门、本行业的标准化工作。

1.标准的代号

(1)强制性国家标准的代号为"GB"。

$$GB \quad \times\times\times\times\times - \times\times\times\times$$
$$\text{(标准顺序号)(标准发布年号)}$$

例:GB 50437—2007《城镇老年人设施规划规范》。

(2)推荐性国家标准的代号为"GB/T ×××××—××××"。

例:GB/T 50323—2001《城市建设档案著录规范》。

(3)强制性行业标准:行业不同代号不同。

①城镇建设工程行业标准:CJJ ××—××××。

②建筑工程行业标准:JGJ ××—××××。

例:JGJ 25—2000《档案馆建筑设计规范》。

(4)推荐性行业标准:行业标准代号后加"T"。

①城镇建设工程行业标准:CJJ/T ××—××××。

例:CJJ/T 117—2007《建设电子文件与电子档案管理规范》。

②建筑工程行业标准:JGJ/T ××—××××。

③档案行业标准:DA/T ××—××××。

例:DA/T 1—2000《档案工作基本术语》。

(5)地方标准:DB××/×××—××××。

例:DBJ01—51—2003《建筑工程资料管理规程》。

2.工程资料编号

工程准备阶段文件、工程竣工文件宜按《建筑工程资料管理规程》(JGJ/T 185—2009)附录A 表 A.2.1 中规定的类别和形成时间顺序编号。

监理资料宜按《建筑工程资料管理规程》(JGJ/T 185—2009)附录A 表 A.2.1 中规定的类别和形成时间顺序编号。

施工资料编号宜符合下列规定:

施工资料编号可由分部、子分部、分类、顺序号四组代号组成,组与组之间应用横线隔开(见图 2-1)。

$$\times\times - \times\times - \times\times - \times\times\times$$
$$① \qquad ② \qquad ③ \qquad ④$$

图 2-1 施工资料编号

图 2-1 中①、②、③的具体含义如下:

①为分部工程代号。可按《建筑工程资料管理规程》(JGJ/T 185—2009)附录 A.3.1 的规定执行。

②为子分部工程代号,可按《建筑工程资料管理规程》(JGJ/T 185—2009)附录 A.3.1 的规定执行。

③为资料的类别编号,可按《建筑工程资料管理规程》(JGJ/T 185—2009)附录 A.2.1 的规定执行。

④为顺序号,可根据相同表格、相同检查项目,按形成时间顺序填写。

另外,在施工资料编号时,属于单位工程整体管理内容的资料,编号中的分部、子分部工程代号可用"00"代替;同一厂家、同一品种、同一批次的施工物资用在两个分部、子分部工程中时,资料编号中的分部、子分部工程代号可按主要使用部位填写。

竣工图宜按《建筑工程资料管理规程》(JGJ/T 185—2009)附录 A 表 A.2.1 中规定的类别和形成时间顺序编号。

工程资料的编号应及时填写,专用表格的编号应填写在表格右上角的编号栏中;非专用表格应在资料右上角的适当位置注明资料编号。

任务四　建筑工程资料管理的收集、整理、组卷

(1)工程资料的收集、整理与组卷应符合下列规定:

①工程准备阶段文件和工程竣工文件应由建设单位负责收集、整理与组卷。

②监理资料应由监理单位负责收集、整理与组卷。

③施工资料应由施工单位负责收集、整理与组卷。

④竣工图应由建设单位负责组织,也可委托其他单位。

(2)工程资料的组卷除应执行以上四条规定外,还应符合下列规定:

①工程资料组卷应遵循自然形成规律,保持卷内文件、资料内在联系。工程资料可根据数量多少组成一卷或多卷。

②工程准备阶段文件和工程竣工文件可按建设项目或单位工程进行组卷。

③监理资料应按单位工程进行组卷。

④施工资料应按单位工程组卷,并应符合下列规定:专业承包工程形成的施工资料应由专业承包单位负责,并应单独组卷;电梯应按不同型号每台电梯单独组卷;室外工程应按室外建筑环境、室外安装工程单独组卷;当施工资料中部分内容不能按一个单位工程分类组卷时,可按建设项目组卷;施工资料目录应与其对应的施工资料一起组卷。

⑤竣工图应按专业分类组卷。

⑥工程资料组卷内容宜符合《建筑工程资料管理规程》(JGJ/T 185—2009)附录 A 中表 A.2.1 的规定。

⑦工程资料组卷应编制封面、卷内目录及备考表,其格式及填写要求可按现行国家标准《建设工程文件归档整理规范》(GB/T 50328)的有关规定执行。

任务五　建筑工程资料管理的移交和归档

(1)工程资料移交归档应符合国家现行有关法规和标准的规定;当无规定时,应按合同约定移交归档。

(2)工程资料移交应符合下列规定:

①施工单位应向建设单位移交施工资料。

②实行施工总承包的,各专业承包单位应向施工总承包单位移交施工资料。

③监理单位应向建设单位移交监理资料。

④工程资料移交时应及时办理相关移交手续,填写工程资料移交书、移交目录。

⑤建设单位应按国家有关法规和标准的规定向城建档案管理部门移交工程档案,并办理相关手续。有条件时,向城建档案管理部门移交的工程档案应为原件。

(3)工程资料归档应符合下列规定:

①工程参建各方宜按《建筑工程资料管理规程》(JGJ/T 185—2009)附录A中表A.2.1规定的内容将工程资料归档保存。

②归档保存的工程资料,其保存期限应符合下列规定:

A.工程资料归档保存期限应符合国家现行有关标准的规定;当无规定时,不宜少于5年。

B.建设单位工程资料归档保存期限应满足工程维护、修缮、改造、加固的需要。

C.施工单位工程资料归档保存期限应满足工程质量保修及质量追溯的需要。

任务六 建筑工程资料电子文件及照片的管理

为加强建设电子文件的归档与管理,建立真实、准确、完整、有效的建设电子档案,保障建设电子文件和电子档案的安全保管与有效开发利用,制定了《建设电子文件与电子档案管理规范》。该规范适用于建设系统业务管理电子文件和建设工程电子文件的归档和管理。建设电子文件归档与电子档案管理除执行该规范外,尚应执行国家现行有关标准的规定。根据建设部公告第712号令,《建设电子文件与电子档案管理规范》作为行业标准,编号为CJJ/T 117—2007,自2008年1月1日起实施。

1.电子文档管理的规定

(1)建设系统业务管理电子文件形成单位和建设工程电子文件形成单位应加强对电子文件归档的管理,将电子文件的形成、收集、积累、整理和归档纳入文件管理工作程序,明确责任岗位,指定专人管理。

(2)建设系统业务管理电子文件形成单位的档案部门负责监督和指导本单位建设系统业务管理电子文件的收集、整理和归档,并定期向当地城建档案馆(室)移交建设系统业务管理电子档案。

(3)在建设工程电子文件的整理归档与电子档案的验收移交工作中,建设单位应履行下列职责:

①在建设工程招标及与勘察、设计、施工、监理等单位签订协议、合同时,对工程电子文件的套数、质量、移交时间等提出明确要求;

②收集和积累工程准备阶段、竣工验收阶段形成的电子文件,并进行整理归档;

③组织、监督和检查勘察、设计、施工、监理等单位工程电子文件的形成、积累和整理归档工作;

④收集和汇总勘察、设计、施工、监理等单位形成的工程电子档案;

⑤在组织工程竣工验收前,提请当地建设(城建)档案管理机构对工程纸质档案进行预验收时,应同时提请对工程电子档案进行预验收;

⑥对列入城建档案馆(室)接收范围的工程,按规定向当地城建档案馆(室)移交工程电子档案。

(4)勘察、设计、施工、监理及测量等单位应将本单位形成的工程电子文件整理归档后向建设单位移交。建设(城建)档案管理机构应对建设工程电子文件的整理归档工作进行监督、检查、指导和预验收。

(5)对具有永久保存价值的可输出打印型电子文件,建设电子文件形成单位必须将其制成纸质文件或缩微品等。归档时,应同时保存文件的电子版本、纸质版本或缩微品,并在内容、格式、相关说明及描述上保持一致,且二者之间必须建立关联。

(6)建设电子文件形成单位应建立建设电子文件归档与管理系统,实现建设电子文件自形成到归档、保管、利用过程中电子文件及其著录数据、元数据的连续管理。

(7)建设电子文件形成单位和建设电子档案保管单位应采取措施,保证建设电子文件的真实性、完整性、有效性和安全性,并应符合以下规定:

①应建立规范的制度和工作程序并结合相应的技术措施,从建设电子文件形成开始不间断地对有关处理操作进行管理登记,保证建设电子文件的产生、处理过程符合规范。

②应采取安全防护技术措施,保证建设电子文件的真实性。

③应建立建设电子文件完整性管理制度并采取相应的技术措施采集背景信息和元数据。

④应建立建设电子文件有效性管理制度并采取相应的技术保证措施。

⑤建设电子文件的处理和保存应符合国家的安全保密规定,针对自然灾害、非法访问、非法操作、病毒等采取与系统安全和保密等级要求相符的防范对策。

(8)建设电子文件形成单位与建设(城建)档案管理机构应对建设电子文件加强前端控制,实行全过程的管理与监控,保证管理工作的连续性。

(9)建设(城建)档案管理机构应根据建设行业信息化现状,及时提出建设电子文件归档的技术性指导意见。建设电子文件形成单位据此明确规定各类建设电子文件归档的具体要求,保证归档质量。

2.电子文件的代码标识、格式与载体

(1)电子文件的代码应包括稿本代码和类别代码。

①稿本代码应按表2-1标识。

表2-1 稿本代码

稿本	代码
草稿性电子文件	M
非正式电子文件	U
正式电子文件	F

②类别代码应按表2-2标识。

表2-2 类别代码

文件类别	代码
文本文件(text)	T
图像文件(image)	I
图形文件(graphics)	G
影像文件(video)	V
声音文件(audio)	A
程序文件(program)	P
数据文件(data)	D

（2）各种不同类别电子文件的存储应采用通用格式。通用格式应符合表2-3的规定。

表2-3　各类电子文件的通用格式

文件类别	通用格式
文本文件	XML、DOC、TXT、RTF
表格文件	XLS、ET
图像文件	JPEG、TIFF
图形文件	DWG
影像文件	MPEG、AVI
声音文件	WAV、MP3

（3）各种不同类别电子文件的存储亦可采用国务院建设行政主管部门和信息化主管部门认可的，能兼容各种电子文件的通用文档格式。

（4）脱机存储电子档案的载体应采用一次写入型光盘、磁带、可擦写光盘、硬磁盘等。移动硬盘、优盘、软磁盘等不宜作为电子档案长期保存的载体。

3. 建设电子文件的收集与积累

（1）收集积累的范围。凡是在城乡规划、建设及其管理等活动中形成的具有重要凭证、依据和参考价值的电子文件和数据等都应属于建设系统业务管理电子文件的收集范围。

凡是记录与工程建设有关的重要活动、记载工程建设主要过程和现状的具有重要凭证、依据和参考价值的电子文件和相关数据等都应属于建设工程电子文件的收集范围。各类建设工程电子文件的具体收集范围应按照《建设工程文件归档整理规范》（GB/T 50328—2001）规定的收集范围进行。

（2）收集积累的要求。建设电子文件形成单位必须做好电子文件的收集积累工作。

建设电子文件的内容必须真实、准确。工程电子文件内容必须与工程实际相符合，且内容及其深度必须符合国家有关工程勘察、设计、施工、监理、测量等方面的技术规范、标准和规程。

记录了重要文件的主要修改过程和办理情况，有参考价值的建设电子文件的不同稿本均应保留。

凡是属于收集积累范围的建设电子文件，收集积累时均应进行登记。登记时必须按照《建设电子文件与电子档案管理规范》附录A、附录B的要求，填写建设电子文件（档案）的案卷级和文件级登记表，见表2-4和表2-5。

应采取严密的安全措施，保证建设电子文件在形成和处理过程中不被非正常改动。积累过程中更改建设系统业务管理电子文件或建设工程电子文件应按《建设电子文件与电子档案管理规范》附录C的要求，填写《建设电子文件更改记录表》，见表2-6。

应定期备份建设电子文件，并存储于能够脱机保存的载体上。对于多年才能完成的项目，应实行分段积累，宜一年拷贝一次。

对通用软件产生的建设电子文件，应同时收集其软件型号、名称、版本号和相关参数手册、说明资料等。专用软件产生的建设电子文件应转换成通用型建设电子文件。

表 2－4　建设电子文件(档案)案卷(或项目)级登记表

文件特征	内　　容					
	工程地点					
	单　　位	名　　称				
		联系方式				
	归档时间					
	载体类型		载体编号			
设备环境特征	硬件环境 (主机、网络服务器型号、制造厂商等)					
	软件环境 (型号、版本等)	操作系统				
		数据库系统				
		相关软件(文字处理工具、浏览器、压缩 或解密软件等)				
文件记录特征	记录结构 (物理、逻辑)			记录类型	□定长 □可变长 □其他	记录总数	
						总字节数	
	记录字符、图形、音频、视频文件格式					
	文件载体	型号: 数量: 备份数:		□一件一盘　　□多件一盘 □一件多盘　　□多件多盘		
制表审核	填表人(签名)				年　　月　　日	
	审核人(签名)				年　　月　　日	

表 2－5　建设电子文件(档案)文件级登记表

文件编号	文件名	文件稿本代码	文件类别代码	形成时间	载体编号	保管期限	备注

表 2-6　建设电子文件更改记录表

序号	电子文件名	更改单号	更改者	更改日期	备注

对内容信息是由多个子电子文件或数据链接组合而成的建设电子文件,链接的电子文件或数据必须一并归档,并保证其可准确还原;当难以保证归档建设电子文件的完整性与稳定性时,可采取固化的方式将其转换为一种相对稳定的通用文件格式。

与建设电子文件的真实性、完整性、有效性、安全性等有关的管理控制信息(如电子签章等)必须与建设电子文件一同收集。

对采用统一套用格式的建设电子文件,在保证能恢复原格式形态的情况下,其内容信息可不按原格式存储。

计算机系统运行和信息处理等过程中涉及与建设电子文件处理有关的著录数据、元数据等必须与建设电子文件一同收集。

(3)收集积累的程序。

①收集积累建设电子文件,均需进行登记,并应符合以下规定:工作人员应按本单位文件归档和保管期限的规定,从电子文件生成起对需归档的电子文件性质、类别、期限等进行标记;应运用建设电子文件归档与管理系统对每份建设电子文件进行登记,电子文件登记表应与电子文件同时保存。

②对已登记的建设电子文件必须进行初步鉴定,并将鉴定结果录入建设电子文件归档与管理系统。

③对经过初步鉴定的建设电子文件应进行著录,并将结果录入建设电子文件归档与管理系统。

④对已收集积累的建设电子文件,应按业务案件或工程项目来组织存储。

⑤对存储的建设电子文件的命名,宜由三位阿拉伯数字或三位阿拉伯数字加汉字组成,数字是本文件保管单元内电子文件编排顺序号,汉字部分则体现本电子文件的内容及特征或图纸的专业名称和编号。建设电子文件保管单元的命名规则可按照建设电子文件的命名规则进行。

⑥建设电子文件与相应的纸质文件应建立关联,在内容、相关说明及描述上应保持一致。

4. 建设电子文件的整理

(1)建设电子文件的形成单位应做好电子文件的整理工作。

(2)对于建设系统业务管理电子文件或建设工程电子文件,业务案件办理完结或工程项目完成后,应在收集积累的基础上,对该案件或项目的电子文件进行整理。

(3)整理应遵循建设系统业务管理电子文件或建设工程电子文件的自然形成规律,保持案件或项目内建设电子文件间的有机联系,便于建设电子档案的保管和利用。

（4）同一个保管单元内建设电子文件的组织和排序可按相应的建设纸质文件整理要求进行。

（5）建设电子文件的分类应按照《城建档案分类大纲》进行。

（6）建设电子文件的著录应按照《城建档案著录规范》（GB/T 50323—2001）进行，同时应按照保证其真实性、完整性、有效性的要求补充建设电子文件特有的著录项目和其他标识信息与数据。

5.建设电子文件的鉴定

（1）鉴定工作应贯穿于建设电子文件归档与电子档案管理的全过程。电子文件的鉴定工作，应包括对电子文件的真实性、完整性、有效性的鉴定及确定归档范围和划定保管期限。

（2）归档前，建设电子文件形成单位应按照规定的项目，对建设电子文件的真实性、完整性和有效性进行鉴定。

（3）建设电子文件的归档范围、保管期限应按照国家关于建设纸质文件材料归档范围、保管期限的有关规定执行。建设电子文件元数据的保管期限应与内容信息的保管期限一致。

6.建设电子文件的归档

（1）建设电子文件形成单位应定期把经过鉴定合格的电子文件向本单位档案部门归档移交。

（2）归档的建设电子文件应符合下列要求：

①已按电子档案管理要求的格式将其存储到符合保管要求的脱机载体上。

②必须完整、准确、系统，能够反映建设活动的全过程。

（3）建设电子文件的归档方式包括在线式归档和离线式归档。可根据实际情况选择其中的一种或两种方式进行电子文件的归档。

（4）建设系统业务管理电子文件的在线式归档可实时进行；离线式归档应与相应的建设系统业务管理纸质或其他载体形式文件归档同时进行。工程电子文件应与相应的工程纸质或其他载体形式的文件同时归档。

（5）建设电子文件形成单位在实施在线式归档时，应将建设电子文件的管理权从网络上转移至本单位档案部门，并将建设电子文件及其元数据等通过网络提交给档案部门。

（6）建设电子文件形成单位在实施离线式归档时，应按下列步骤进行：

①将已整理好的建设电子文件及其著录数据、元数据、各种管理登记数据等分案件（或项目）按要求从原系统中导出。

②将导出的建设电子文件及其著录数据、元数据、各种管理登记数据等按照要求存储到耐久性好的载体上，同一案件（或项目）的电子文件及其著录数据、元数据、各种管理登记数据等必须存储在同一载体上。

③对存储的建设电子文件进行检验。

④在存储建设电子文件的载体或装具上编制封面。封面内容的填写应符合《建设电子文件与电子档案管理规范》附录 D 的要求，同时存储载体应设置成禁止写操作的状态，见表 2-7。

⑤将存储建设电子文件并贴好封面的载体移交给本单位档案部门。

⑥归档移交时，交接双方必须办理归档移交手续。档案部门必须对归档的建设电子文件进行检验，并按照《建设电子文件与电子档案管理规范》附录 E 的要求，填写《建设电子档案移交、接收登记表》（见表 2-8）。交接双方负责人必须签署审核意见。当文件形成单位采用了某些技术方法保证电子文件的真实性、完整性和有效性时，则应把其技术方法和相关软件一同移交给接收单位。

表 2-7　建设电子文件(档案)载体封面

载体编号：_____　　　　　　　类别：_____

档　　号：_____　　　　　　　套别：_____

内　　容：_____

地　　址：_____

编制单位：_____　　　　　　　编制日期：_____

保管期限：_____　　　　　　　密级：_____

文件格式：_____

软硬件平台说明：_____

_____

表 2-8　建设电子档案移交、接收登记表

载体编号		载体标识		
载体类型		载体数量		
载体外观检查	有无划伤		是否清洁	
病毒检查	杀毒软件名称			版本
	病毒检查结果报告：			
载体存储电子文件检验项目	载体存储电子文件总数		文件夹数	
	已用存储空间		字节	
载体存储信息读取检验项目	编制说明文件中相关内容记录是否完整			
	是否存有电子文件目录文件			
	载体存储信息能否正常读取			
移交人(签名)　　　年　月　日		接收人(签名)　　　年　月　日		
移交单位审核人(签名)　　　年　月　日		接收单位审核人(签名)　　　年　月　日		
移交单位(印章)　　　年　月　日		接收单位(印章)　　　年　月　日		

(7)检验。

①建设系统业务管理电子文件形成部门在向本单位档案部门移交电子文件之前，以及本单位档案部门在接收电子文件之前，均应对移交的载体及其技术环境进行检验，检验合格后方可进行交接。

②勘察、设计、施工、监理、测量等单位形成的工程电子档案应由建设单位进行检验。检验审查合格后向建设单位移交。

③在对建设电子档案进行检验时，应重点检查以下内容：建设电子档案的真实性、完整性、有效性；建设电子档案与纸质档案是否一致、是否已建立关联；载体有无病毒、有无划痕；登记表、

著录数据、软件、说明资料等是否齐全。

（8）汇总。建设单位应将勘察、设计、施工、监理、测量等单位移交的工程电子档案及相关数据与本单位形成的工程前期电子档案及验收电子档案一起按项目进行汇总，并对汇总后的工程电子档案按上文提到的规定进行检验。

7. 建设电子档案的验收与移交

（1）建设系统业务管理电子档案的移交。

①建设系统业务管理电子档案形成单位应按照有关规定，定期向城建档案馆（室）移交已归档的建设系统业务管理电子档案。移交方式包括在线式和离线式。

②凡已向城建档案馆（室）移交建设系统业务管理电子档案的单位，如工作中确实需要继续保存纸质档案的，可适当延缓向城建档案馆（室）移交纸质档案的时间。

（2）建设工程电子档案的验收与移交。

①建设单位在组织工程竣工验收前，提请当地建设（城建）档案管理机构对工程纸质档案进行预验收时，应同时提请对工程电子档案进行预验收。

②列入城建档案馆（室）接收范围的建设工程，建设单位向城建档案馆（室）移交工程纸质档案时，应当同时移交一套工程电子档案。

③停建、缓建建设工程的电子档案，暂由建设单位保管。

④对改建、扩建和维修工程，建设单位应当组织设计、施工单位据实修改、补充、完善原工程电子档案。对改变的部位，应当重新编制工程电子档案，并和重新编制的工程纸质档案一起向城建档案馆（室）移交。

（3）办理移交手续。

①城建档案馆（室）接收建设电子档案时，应按照上文提到的"（7）检验"的要求对电子档案再次检验，检验合格后，将检验结果按照《建设电子文件与电子档案管理规范》附录E的要求，填入《建设电子档案移交、接收登记表》，交接双方签字、盖章。

②登记表应一式两份，移交和接收单位各存一份。

8. 建设电子档案的管理

（1）脱机保管。建设电子档案的保管单位应配备必要的计算机及软、硬件系统，实现建设电子档案的在线管理与集成管理。并将建设电子档案的转存和迁移结合起来，定期将在线建设电子档案按要求转存为一套脱机保管的建设电子档案，以保障建设电子档案的安全保存。

脱机建设电子档案（载体）应在符合保管条件的环境中存放，一式三套，一套封存保管，一套异地保存，一套提供利用。

脱机建设电子档案的保管，应符合下列条件：

①归档载体应作防写处理，不得擦、划、触摸记录涂层；

②环境温度应保持在 17～20℃之间，相对湿度应保持在 35％～45％之间；

③存放时应注意远离强磁场，并与有害气体隔离；

④存放地点必须做到防火、防虫、防鼠、防盗、防尘、防湿、防高温、防光；

⑤单片载体应装盒，竖立存放，且避免挤压。

建设电子档案在形成单位的保管，应按照以上的要求执行。

（2）有效存储。建设电子档案保管单位应每年对电子档案读取、处理设备的更新情况进行一次检查登记。设备环境更新时应确认库存载体与新设备的兼容性，如不兼容，必须进行载体转换。

对所保存的电子档案载体,必须进行定期检测及抽样机读检验,如发现问题应及时采取恢复措施。

应根据载体的寿命,定期对磁性载体、光盘载体等载体的建设电子档案进行转存。转存时必须进行登记,登记内容应按《建设电子文件与电子档案管理规范》附录 F 的要求填写,见表 2-9。

在采取各种有效存储措施后,原载体必须保留三个月以上。

表 2-9　建设电子档案转存登记表

存储设备更新与兼容性检验情况登记	
光盘载体转存登记	
磁性载体转存登记	
填表人(签名):　　　年　月　日	审核人(签名):　　　年　月　日	单位(盖章):　　　年　月　日

(3)迁移。建设电子档案保管单位必须在计算机软、硬件系统更新前或电子文件格式淘汰前,将建设电子档案迁移到新的系统中或进行格式转换,保证其在新环境中完全兼容。

建设电子档案迁移时必须进行数据校验,保证迁移前后数据的完全一致。

建设电子档案迁移时必须进行迁移登记,登记内容应按《建设电子文件与电子档案管理规范》附录 G 的要求填写,见表 2-10。

表 2-10　建设电子档案迁移登记表

源系统设备情况	硬件系统: 系统软件: 应用软件: 存储设备:
目标系统设备情况	硬件系统: 系统软件: 应用软件: 存储设备:
被迁移归档电子文件情况	源文件格式: 目标文件格式: 迁移文件数: 迁移时间:
迁移检验情况	硬件系统校验: 系统软件校验: 应用软件校验: 存储载体校验: 电子文件内容校验: 电子文件形态校验:
迁移操作者(签名):　　　年　月　日	迁移校验者(签名):　　　年　月　日	单位(盖章):　　　年　月　日

建设电子档案迁移后,原格式电子档案必须同时保留的时间不少于 3 年,但对于一些较为特殊必须以原始格式进行还原显示的电子档案,可采用保存原始档案的电子图像。

(4)利用。建设电子档案保管单位应编制各种检索工具,提供在线利用和信息服务。

利用时必须严格遵守国家保密法规和规定。凡利用互联网发布或在线利用建设电子档案时,应报请有关部门审核批准。

对具有保密要求的建设电子档案采用联网的方式利用时,必须按照国家、地方及部门有关计算机和网络保密安全管理的规定,采取必要的安全保密措施,报经国家或地方保密管理部门审批,确保国家利益和国家安全。

利用时应采取在线利用或使用拷贝件,电子档案的封存载体不得外借。脱机建设电子档案(载体)不得外借,未经批准,任何单位或人员不得擅自复制、拷贝、修改、转送他人。

利用者对电子档案的使用应在权限规定范围之内。

(5)鉴定销毁。建设电子档案的鉴定销毁,应按照国家关于档案鉴定销毁的有关规定执行。销毁建设电子档案必须在办理审批手续后实施,并按《建设电子文件与电子档案管理规范》附录 H 的要求,填写《建设电子档案销毁登记表》(见表 2-11)。

(6)统计。建设电子档案保管单位应及时按年度对建设电子档案的接收、保管、利用及鉴定销毁等情况进行统计。

表 2-11　建设电子档案销毁登记表

序号	文件名称	文件字号	归档日期	页次	销毁原因	销毁人签字	备注

任务七　工程资料、档案封面和目录

1. 工程资料封面和目录

(1)工程资料案卷总目录。

①工程资料案卷总目录,为工程资料各案卷的总目录,内容包括案卷序号、案卷题名、页数、编制单位、编制日期和备注。

②工程名称:填写工程建设项目竣工后使用名称(或曾用名)。

③案卷序号:填写各案卷编制的顺序号,即:第一卷、第二卷……

④案卷题名:填写对应案卷序号的各卷卷名。

⑤页数:填写相应各卷的总页数。

⑥编制单位:填写相应各卷档案的编制单位。

⑦编制日期:填写卷内资料形成的起(最早)、止(最晚)日期。

⑧备注：填写需要说明的问题。

（2）工程资料案卷封面。案卷封面包括名称、案卷题名、编制单位、技术主管、编制日期（以上由移交单位填写）、保管期限、密级、保存档号、共×册第×册等（由档案接收部门填写）。

①名称：填写工程建设项目竣工后使用名称（或曾用名）。若本工程分为几个（子）单位工程应在第二行填写（子）单位工程名称。

②案卷题名：填写该卷卷名。第一行写单位、子单位工程名称；第二行填写案卷内主要资料内容提示。

③编制单位：该卷档案的编制单位，并加盖公章。

④技术主管：编制单位项目技术负责人签名或盖章。

⑤编制日期：填写卷内资料形成的起（最早）、止（最晚）日期。

⑥保管期限：由档案保管单位按照标准规定的保管期限进行填写。

⑦密级：由档案保管单位按照密级划分规定填写。

（3）工程资料卷内目录。工程资料卷内目录为每卷总的编目，目录内容包括序号、资料名称、编制单位、编制日期、页次和备注。卷内目录内容应与案卷内容相符，排列在封面之后。原资料目录及设计图纸目录不能代替卷内目录。

①序号：按卷内资料排列先后顺序，用阿拉伯数字从1开始依次标注。

②资料名称：填写文字资料或图纸名称，无标题的资料应根据内容拟写标题。

③编制单位：填写资料的形成单位或主要责任单位名称。

④编制日期：填写资料的形成时间（文字资料为其原资料形成日期，竣工图为其编制日期）。

⑤页次：填写每份资料在本案卷的页次或起止的页次。

⑥备注：填写需要说明的问题。

（4）工程资料卷内备考表。内容包括卷内文字资料张数、图样资料张数、照片张数等，组卷单位的组卷人、审核人及接收单位的审核人、接收人应签字。

①备考表分为上下两栏，上一栏由组卷单位填写，下一栏由接收单位填写。

②上栏应标明本案卷已编号资料的总张数。即文字、图纸、照片等的张数。审核说明中应填写组卷时资料的完整和质量情况，以及应归档而缺少的资料的名称和原因。组卷人由责任组卷人签名，审核人由案卷审查人签名。年月日应按组卷、审核时间分别填写。

③下栏由接收单位根据案卷的完整及质量情况标明审核意见。

技术审核人由接收单位工程档案技术审核人签名，档案接收人由接收单位档案管理接收人签名。年月日应按审核、接收时间分别填写。

📚 **知识链接**

以下为某工程资料封面（见表2-12）与目录（见表2-13～表2-16）的填写样例。

表 2－12　工程资料封面

<table>
<tr><td colspan="2" style="text-align:center">

工　程　资　料

</td></tr>
<tr><td>名　　　称：</td><td>××工程</td></tr>
<tr><td>案卷题名：</td><td>园林建筑及附属设施工程

C3 施工物资资料</td></tr>
<tr><td>编制单位：</td><td>××公司</td></tr>
<tr><td>技术主管：</td><td>×××</td></tr>
<tr><td>编制日期：</td><td>自××年×月×日起至××年×月×日止</td></tr>
<tr><td>保管期限：</td><td>密级：</td></tr>
<tr><td>保存档号：</td><td></td></tr>
<tr><td colspan="2" style="text-align:center">共　　　册　　　第　　　册</td></tr>
</table>

表 2－13　工程资料卷内目录

工程名称	××工程					
序号	工程资料名称	原编字号	编制单位	编制日期	页次	备注
1	钢筋质量证明及试验报告	×××	×××	××年×月×日	1	
2	水泥质量证明及试验报告	×××	×××	××年×月×日	32	
3	砂试验报告	×××	×××	××年×月×日	56	
4	防水卷材质量证明及试验报告	×××	×××	××年×月×日	57～76	

表 2－14　分项目录(一)

工程名称	××工程				物资类别	水泥	
序号	资料名称	厂名	品种、型号、规格	数量	使用部位	页次	备注
1	水泥出厂检验报告及 28d 强度补报单	×××	P.O42.5	100t	基础	1	
2	水泥厂家资质证书	×××		3		5	
3	水泥试验报告	×××	P.O42.5	100t	基础	9	
4	水泥出厂检验报告及 28d 强度补报单	×××	P.O32.5	87t	园林小品	14	
5	水泥试验报告	×××	P.O32.5	87t	园林小品	16	

注:本表用于施工物资资料编目。

表 2－15　分项目录(二)

工程名称	××工程	物资类别	绿化种植工程	
序号	施工部位(内容摘要)	日期	页次	备注
1	广场西侧银杏种植位置测量记录	××年×月×日	1	
2	广场南侧圆柏种植位置测量记录	××年×月×日	2	
3	地块一绿化用地处理记录	××年×月×日	3	
4	地块一土壤改良施工记录	××年×月×日	4	
5	广场周边病虫害防治检查记录	××年×月×日	5	

注:本表用于施工测量记录、施工记录编目。

表 2－16　工程资料卷内备考表

　　本案卷已编号的文件材料共230张,其中:文字材料206张,图样材料20张,照片4张。
　　立卷单位对本案卷完整准确情况的审核说明:
　　本案卷完整准确。

　　　　　　　　　　　　　　　　　　　立卷人:×××　　　　日期:××年×月×日

　　　　　　　　　　　　　　　　　　　审核人:×××　　　　日期:××年×月×日

　　保存单位的审核说明:
　　工程资料齐全、有效,符合规定要求。

　　　　　　　　　　　　　　　　　　　技术审核人:×××　　　日期:××年×月×日

　　　　　　　　　　　　　　　　　　　档案接收人:×××　　　日期:××年×月×日

2.工程档案的封面和目录

(1)工程档案案卷封面。使用城市建设档案封面,注明工程名称、案卷题名、编制单位、技术主管、保存期限、档案密级等。

(2)工程档案卷内目录。使用城建档案卷内目录,内容包括顺序号、文件编号、责任者、文件题名、编制日期、页次、备注。

(3)工程档案卷内备考表。工程(城建)档案卷内备考表,内容包括卷内文字资料张数、图样资料张数、照片张数等和立卷单位的立卷人、审核人签字。

说明部分由城建档案馆根据案卷的完整及质量情况标明审核意见。

知识链接

以下为某城市建设档案封面(见表2-17)和目录(见表2-18、表2-19)的填写样例。

表2-17 某城市建设档案封面

城 市 建 设 档 案

名　　　称:　　　　　　　××工程

案卷题名:　　　　园林建筑及附属设施工程

　　　　　　　　　　　施工资料

编制单位:　　　　　　××公司

技术主管:　　　　　　×××

编制日期:　　　自××年×月×日起至××年×月×日止

保管期限:　　　　　　　　　　　密级:

保存档号:

共　　　　册　第　　　　册

表 2-18　城市建设档案卷内目录

序号	工程资料名称	原编字号	编制单位	编制日期	页次	备注
1	图纸会审记录	××-C2-×××	××公司	××年×月×日	1～4	
2	工程洽商记录	××-C2-×××	××公司	××年×月×日	5～13	
3	工程定位测量记录	××-C4-×××	××公司	××年×月×日	14～23	
4	基槽验线记录	××-C4-×××	××公司	××年×月×日	24	
5	钢材试验报告	××-C3-×××	××公司	××年×月×日	25～32	
6	砂试验报告	××-C3-×××	××公司	××年×月×日	33～35	

表 2-19　城市建设档案案卷审核备考表

　　本案卷已编号的文件材料共230张,其中:文字材料206张,图样材料20张,照片4张。
　　对本案卷完整、准确情况的说明:
　　本案卷完整准确。

立卷人:×××　　　　日期:××年×月×日
审核人:×××　　　　日期:××年×月×日

　　接收单位(档案馆)的审核说明:
　　工程资料齐全、有效,符合规定要求。

技术审核人:×××　　　　日期:××年×月×日
档案接收人:×××　　　　日期:××年×月×日

3. 案卷脊背填写

　　工程资料案卷脊背项目的档案号、案卷题名,均由档案保管单位填写。
　　城建档案的案卷脊背由城建档案馆填写。

项目习题

1. 建筑工程资料管理的基本要求是什么?

2. 建筑工程资料分为那四大类?

3. 建筑工程施工资料的编号一般如何进行? 对于须单独组卷的子分部工程如何编号?

4. 简述如何进行建筑工程资料的立卷、归档和移交?

5. 什么是电子档案?

6. 建设电子档案的验收与移交手续有哪些?

拓 展 活 动

结合某工程实例,针对其工程的特点及内容,试完成其工程资料的归档工作。

项目三

建设单位项目策划立项、准备阶段资料管理

任务一 建筑工程决策立项阶段文件资料管理

建筑工程决策立项阶段的文件主要有:项目建议书,对项目建议书的批复文件,可行性研究报告,对可行性研究报告的批复文件,关于立项的会议纪要,领导批示、专家对项目的有关建议文件,项目评估研究资料,立项批文等。

1. 项目建议书

项目建议书(又称立项申请)是项目建设筹建单位或项目法人,根据国民经济的发展、国家和地方中长期规划、产业政策、生产力布局、国内外市场、所在地的内外部条件,提出的某一具体项目的建议文件,是对拟建项目提出的框架性的总体设想。对于大中型项目,有的工艺技术复杂、涉及面广、协调量大的项目,还要编制可行性研究报告,作为项目建议书的主要附件之一。项目建议书是项目发展周期的初始阶段,是国家选择项目的依据,也是可行性研究的依据。

2. 可行性研究报告

可行性研究是项目建设程序中十分重要的阶段,是对项目可行性以及项目成功率的研究,必须达到规定要求,为投资决策提供科学依据。编制可行性研究报告的重要依据是批准的项目建议书。由项目法人通过招投标或委托等方式,确定有资质的和相应等级的设计或咨询单位承担,对项目建议从技术和经济角度全面地进行分析与论证,制订最佳实施方案。项目法人应全力配合,共同进行这项工作。

可行性研究报告应包括实施纲要、项目的背景和基本设想、市场分析与销售设想、原材料和供应品、建厂地区、厂址和环境、工程设计和工艺、组织和管理费用、人力资源、实施计划和预算、财务分析和投资评估等内容。

3. 可行性研究报告的批复

可行性研究报告的批复是上一级发改委部门对下一级发改委部门的批复意见,其中包括批复的原因、项目内容、项目投资额、项目招标形式、改进的建议、结论等内容。

4. 项目评估报告

项目评估报告是专业评估人员根据项目主办单位提供的项目可行性研究报告,通过对目标项目的全面调查、综合分析和科学判断,确定目标项目是否可行的技术经济文书。

项目评估报告非常重要,它包括两项议题。一是要在各种因素分析的基础上,对项目是否可行作出结论;二是对可行的项目建设提出合理化的改进建议,以保证项目建设的顺利进行;或对不可行的项目指明存在的问题,为项目主办单位下一步的项目设计改进工作提供指导和参考。

5. 立项批文

立项审核是政府有关部门对需要管理监督的项目进行审批的制度,也是一种审查程序。

立项批文是指计划管理部门对项目建议书或可行性研究报告以文件形式进行同意建设的批复。立项批文是项目实施的第一步,即取得的政府主管部门(省市发展和改革委员会,简称发改委)对项目的批准文件。立项批文是极其重要的文件之一,是办理工程用地、规划、施工许可等所有手续必不可少的文件,其承办部门是所在地发改委相关部门。

6.其他

关于立项的会议纪要、领导批示、专家建议也是建筑工程决策立项阶段的重要文件资料,应该及时收集妥善保管,防止遗失和损坏。

任务二　建设用地、征地、拆迁文件资料

建设用地文件主要有:工程项目选址申请及选址规划意见通知书,建设用地规划许可证及附件,建设用地批准文件及国有土地使用证,划拨建设用地文件,拆迁安置意见、协议、方案等。

1.工程项目选址申请及选址规划意见通知书

征占用地的批准文件、对使用国有土地的批准意见分别由当地政府和国土资源、房屋土地管理部门批准形成。

在城市规划区域内进行建设的项目,申请人根据申请条件、依据,向城市规划管理部门提出选址申请,填写建设项目规划审批及其他事项申报表。

2.建设用地规划许可证及附件

建设用地规划许可证是建设单位在向土地管理部门申请征用、划拨土地前,经城乡规划行政主管部门确认建设项目位置和范围符合城乡规划的法定凭证,是建设单位用地的法律凭证。没有此证的用地单位属非法用地,房地产商的售房行为也属非法。

3.建设用地批准文件及国有土地使用证

用地申请及批准文件指县级以上人民政府批准用地位置、面积、界限的文件,以批准文件直接归档。征用土地应严格按照国家规定的基本建设程序和审批权限办理。建设单位资料文件中国有土地使用证应为复印件并需要加盖建设单位公章,其他文件均为原件方可通过竣工档案验收。

任务三　勘察、测绘、设计文件资料

勘察、测绘、设计文件资料主要有:工程地质勘察报告及工程地质勘察审查合格书;工程测量测绘报告;建设用地钉桩(验线)通知书;规划设计条件通知书;审定设计方案通知书及审查意见;初步设计图及设计说明;各有关部门及专业审核意见书;施工图设计文件审查通知书及审查报告;施工图及设计说明。

1.工程地质勘察报告

(1)勘察工作的内容。工程建设的勘察工作主要包括自然条件的调查、工程勘察、水文勘察、地震调查等内容。

工程地质勘察报告应包含文字部分与图表部分。

文字部分主要包括:前言、地形、地貌、地层结构、含水层构造、不良地质现象、土的冻结深度、地震烈度、对环境工程地质的变化进行预测等。

图表部分主要包括:工程地质分区图、平面图、剖面图、勘探点平面位置图、钻孔柱状图以及

不良地质现象的平剖面图,物探剖面图和地层的物理力学性质、试验成果资料等。

(2)勘察的方法。常用的地质勘察方法有野外调查、测绘、钻探、槽探、现场试验、室内试验和长期观测等。对于城市基本建设勘察来说,一般多采用槽探、井探、物探、试验室试验等。

2.工程测量测绘报告

工程测量是工程建设中各种测量工作的总称。工程设计阶段的工程测量,按工作程序和作业性质主要有地形测量和拨地测量。

工程测量、测绘需提供以下资料:①规划红线图(原件);②规划许可证(原件);③有关用地批文、批复、项目立项材料等(原件)。如材料齐全,无权属纠纷,放样条件完备,则在15个工作日内提交成果。

(1)地形测量。工程建设的地形测量指建设用地范围内的地形测认,反映地貌、水文、植被、建筑物和居民点。地形测量成果为《工程地形测量报告》。

(2)拨地测量。征用的建设用地,要进行位置测量、形状测量,一般称为拨地测量。拨地测量一般采用解析实钉法。拨地测量成果为《拨地测量报告》。《拨地测量报告》的内容包括拨地条件、成果表、工作说明、略图、条件坐标、内外作业计算记录手簿等,并将拨地资料和定线成果展绘在1∶1 000或1∶500的地形图上,建立图档。测量成果报告是征用土地的依据性文件,也是工程设计的基础资料。

3.建设用地钉桩(验线)通知单

规划行政主管部门在核发规划许可证时,应当向建设单位一并发放建设用地钉桩(验线)通知单。建设单位在施工前应当向规划行政主管部门提交填写完整的“建设用地钉桩(验线)通知单”,规划行政主管部门应在收到验线申请后3个工作日内组织验线。经验线合格后方可施工。

4.规划设计条件通知书

(1)建设单位申报规划设计条件。建设项目立项后,建设单位应向规划行政管理部门申报规划设计条件,并准备好相关文件和图纸:①计划部门批准的可行性研究报告;②拟建项目说明;③拟建方案;④地形图和用地范围;⑤其他。

(2)规划行政管理部门签发规划设计条件通知书。规划行政主管部门对建设单位申报的规划设计条件进行审查和研究,签发规划设计条件通知书,作为方案设计的依据。

5.审定设计方案通知书及审查意见

一般建设项目实行两阶段设计,即初步设计和施工图设计。

对于技术比较复杂,采用新工艺、新技术的重大项目,且缺乏设计经验的,通常采用三阶段设计,即初步设计、技术设计和施工图设计。初步设计图纸主要包括总平面图、建筑图、结构图、给水排水图、电气图、弱电图、采暖通风及空气调节图、动力图、技术与经济概算等。初步设计说明书由设计总说明和各专业的设计说明组成。

初步设计图及设计说明初步设计图纸完成后,建设单位应将初步设计图及设计说明报相关部门进行审批。

6.施工图设计文件及审查报告

(1)施工图。施工图应包括总平面图、建筑图、结构图、给水排水图、电气图、弱电图、采暖通风及空气调节图、动力图设计、计算书、预算等。作为存档用的图纸,应保留印有施工图审查机构加盖的施工审查章。施工图说明书由设计总说明和各专业的设计说明书组成。一般工程的设计说明应写在有关的图纸上。

(2)施工图设计审查。施工图设计审查指有资质的施工图审查机构对施工图设计文件的审批,如消防、防震、节能审查或其他明文规定必须进行的审查。

建筑工程施工图设计文件审查是为了加强工程项目设计质量的监督和管理,保护国家和人民生命财产安全,保证建设工程设计质量而实施的行政管理。

任务四 招投标文件及合同文件

招投标文件主要有勘察设计招投标文件和监理招投标文件、施工招投标文件、材料设备招投标文件等。

合同文件主要有勘察设计合同、施工承包合同、委托监理合同和重大设备及材料订购合同等。

1. 勘察设计招投标文件

勘察设计招标文件是招标单位通过公开发布信息,组织开标、评标等程序确定勘察设计的中标单位过程中所形成的包括投标邀请和向中标单位发出的中标通知书等文件。

勘察设计投标文件是指参与招标单位组织的勘察设计招标活动的所有投标人向招标单位投送的符合招标要约要求的文件,而作为资料存档的投标文件是指中标单位的投标文件。

2. 勘察设计承包合同

建设工程勘察设计承包合同是建设单位(招标单位)与勘察设计单位根据有关法律、法规,遵循平等、自愿、公平和诚实守信的原则,签订完成工程勘察和设计任务,明确相互权利、义务关系的有法律效力的协议。

3. 中标通知书

中标单位确定后,建设单位向中标单位发出通知书,并与中标的施工单位签订施工合同。中标通知书是办理工程开工及工程竣工备案等的极其重要的文件,应妥善保管。

4. 施工承包合同

建设工程施工承包合同是建设单位(招标单位)与施工单位根据有关法律、法规,遵循平等、自愿、公平和诚实信用的原则,签订完成工程施工任务,明确相互权利、义务关系的有法律效力的协议。

5. 监理招投标文件

监理招投标文件指建设单位选择工程项目监理单位过程中所进行的招标、投标活动的(包括向中标单位发出的中标通知书等)文件资料。

6. 委托监理合同

建设工程委托监理合同,是委托人与监理人就委托的工程项目管理内容签订的明确相互权利、义务关系的有法律效力的协议。

7. 重大设备及材料订购合同

重大设备及材料订购合同主要是指电梯及空调订购、安装合同。

任务五 开工审批文件

开工文件主要有:建设项目列入年度计划的申报文件、建设项目列入年度计划的批复文件或年度计划项目表、规划审批申报表及报送的文件和图纸、建设工程规划许可证及其附件、建设工程开工审查表、建设工程施工许可证及其附件、投资许可证、审计证明、缴纳城市建设配套费等证明、工程质量监督监督手续等。

1.建设工程规划许可证及其附件

建设工程规划许可证是由城市规划行政主管部门依法核发的,是确认有关建设工程符合城市规划要求的法律凭证,是建设活动中接受监管检查时的法定依据。没有此证的建设单位,其工程建筑属于违章建筑。

2.建设工程施工许可证及其附件

建设工程施工许可证是建筑施工单位符合各种施工条件、允许开工的批准文件,是建设单位进行工程施工的法律凭证,也是房屋产权登记的主要依据之一。

3.其他资料

其他资料也应该及时收集、整理、归档。

任务六　工程质量监督手续

建设单位在确定了年度施工任务,办理工程施工许可证之前,还要到工程质量监督部门办理工程质量建筑注册手续。

(1)办理监督手续时应提供下列资料:

①项目立项批文;

②地质勘察报告;

③规划、招投标直接发包书(招投标备案表)、施工许可证复印件;

④施工、监理合同;

⑤设计、勘察、施工、监理企业资质证书;

⑥施工图审查批准文件、审查报告、修改内容的原件;

⑦城建档案室接收单;

⑧法律、规章规定需要提供的其他文件。

(2)如实填写"建设工程质量监督申报表",并附参建单位主要管理人员上岗资格证明书原件及复印件。

①建设单位:项目负责人应有建设单位的任命书原件。

②施工单位:

A.人员资格证书的单位名称与申报表名称不符时,必须有资格证明文件的主管部门提供的迁移证明原件。

B.当有分包或其他直接发包的施工单位时,应单独填写。

③监理单位:

A.项目总监应有监理单位的总监任命书原件,项目监理机构组成人员应有单位批准文件。

B.人员资格证书的单位名称与申报表名称不符时,必须有资格证明文件的主管部门提供的迁移证明原件或至原单位及现在单位双方出示证明书。

④进行见证人员登记,领取见证人员胸卡。

(3)监督站对上述情况进行审查,符合要求后即正式受理监督,发给"建设工程质量监督通知书"。

项目习题

一、单选题

1.建设单位工程准备阶段文件中的 1：500 地形图应为（　）。

　A.竣工后的地图　　　　　　　　B.开工前的地图

　C.竣工后的更新地图　　　　　　D.开工前更新的地图

2.建设单位资料文件中的（　），应为复印件并需要加盖建设单位公章，其他文件均为竣工档案验收。

　A.建设工程规划许可证　　　　　B.国有土地使用证

　C.中标通知书　　　　　　　　　D.建设用地规划许可证

二、简答题

1.什么是施工图？

2.工程测量测绘需提供哪些资料？

拓展活动

试联系一家房地产公司，借阅一套项目立项、准备阶段的资料。

项目四
监理单位资料管理

监理单位对形成监理资料的职责如下：

（1）监理企业在编制施工阶段监理资料时，应以合同管理为主线，以对建筑工程施工全过程的质量控制、投资控制、安全控制、进度控制文件为主要内容，侧重于反映建筑工程实体的形成过程。

（2）凡是纳入归档范围的监理文件，监理企业应该进行系统填写、整理，并填写卷内目录，并加盖整理人印章。

（3）监理企业负责工程中间验收、隐蔽工程验收、工程各项检测试验见证和结果验收、竣工验收，验收后应及时签字盖章。

（4）在工程建设过程中，工程监理文件由项目监理机构专人负责收集、编制、管理、保存，总监理工程师负责工程监理文件资料编制的审核，经监理企业技术负责人审查后移交建设单位。

（5）监理企业按合同约定，在勘察、设计阶段，对勘察、设计文件的形成、整理、组卷和归档进行监督和检查；在施工阶段，以确保施工文件的完整性和准确性。

监理资料包括监理管理资料、进度控制资料、质量控制资料、造价控制资料、合同管理资料、竣工管理资料、其他资料。

任务一　监理管理资料

1. 监理管理资料

监理管理资料包括：法定代表人授权书、监理规划、监理实施细则、监理会议纪要、监理日志、监理月报、工作联系单、监理工程师通知单、监理工程师通知回复单、工程开工报审表、施工单位申请表、专题报告等。

监理管理资料归档内容见表 4-1。

表 4-1　监理管理资料归档内容

序号	资料名称
1	监理规划
2	监理实施细则
3	设计文件审查意见
4	设计交底记录和图纸会审
5	施工组织设计（方案）报审表
6	工程项目管理体系报审表
7	监理工程师通知书

序号	资料名称
8	施工单位申请书
9	工程竣工验收报审表
10	监理会议纪要
11	监理日记
12	专题总结
13	监理月报
14	工程竣工总结

样表说明及使用如下：

法定代表人授权书，是监理企业对项目总监理工程师负责履行委托监理合同，主持项目监理机构工作的书面授权。法定代表人授权书样表如表 4-2 所示。

表 4-2　法定代表人授权书　　　　　　　　　　　　　　　编号：001

工程名称：河北省××市××超市工程

　　兹任命张××同志为我公司驻河北省××市××超市工程项目总监理工程师。授权代表我公司履行委托监理合同，并承担法律、法规规定的相应责任。

　　期限：自 2014 年××月××日 至 2014 年××月××日 止。

被任命人简况：

姓名：张××　　　　年龄：40

职称：高级工程师　　专业：建筑

注册证号：×××××

　　　　　　　　　　　　　　　监理单位（公章）：石家庄市××工程建设监理有限公司

　　　　　　　　　　　　　　　法定代表人：＿＿＿＿＿＿＿＿＿＿＿

　　　　　　　　　　　　　　　日　　期：＿＿2014 年××月××日＿＿

注：本表一式三份，建设单位、监理单位、项目监理机构各一份。

2.监理规划

监理规划是结合项目具体情况制定的指导项目监理机构全面开展监理工作的指导性文件。

监理规划是在签订监理合同及收到设计文件后,由总监理工程师主持,专业监理工程师参加编制,内容应符合《建设工程监理规范》(GB/T 50319—2013)的有关要求。

监理规划必须经监理单位技术负责人审核批准,并应在召开第一次工地会议前报送建设单位。监理规划封面应该由编制人员、总监理工程师及监理单位技术负责人签字,并加盖监理单位公章。

(1)监理规划的编制程序如下:

①监理规划应在签订委托监理合同并收到设计文件后开始编制。监理规划应由总监理工程师主持,专业监理工程师参加编制。

②监理规划编制完成后,必须经监理单位技术负责人审核批准,并应在召开第一次工地会议前报送建设单位。

③在监理工作实施过程中,如实际情况或条件发生重大变化,而需要调整监理规划时,应由总监理工程师组织专业监理工程师研究修改,按原报审程序经过批准后报建设单位。

(2)监理规划编制的依据是:①建设工程的相关法律及项目审批文件;②与建设工程项目有关的标准、设计文件、技术资料;③监理大纲、委托监理合同文件以及建设工程项目相关的合同文件。

(3)监理规划编制的内容如下:

①工程项目概况。

②监理工作范围。

③监理工作内容。

④监理工作目标。

⑤监理工作依据。

⑥项目监理机构的组织形式。

⑦监理机构的人员配备计划。

⑧项目监理机构的人员岗位职责。

⑨监理工作程序。

⑩监理工作方法及措施。

⑪监理工作制度。

⑫监理设施。

3.监理实施细则

监理实施细则是在监理规划指导下,针对工程项目中某一专业或某一方面的具体情况制定的具有实时性和可操作性的管理文件。

二级及以上工程项目或专业性强、技术复杂的项目应分专业编写监理实施细则。

监理实施细则由专业监理工程师编写,项目总监理工程师审批,其编制程序、依据和主要内容应符合《建设工程监理规范》(GB/T 50319—2013)的有关要求,并加盖项目监理机构公章。

(1)监理实施细则的编制程序如下:

①监理实施细则应在相应工程施工开始前编制完成。

②监理实施细则应由专业监理工程师编制。

③监理实施细则必须经总监理工程师批准。

④在监理工作实施过程中,监理实施细则应根据实际情况进行补充、修改和完善。

(2)编制监理实施细则的依据有:①已批准的监理规划;②与专业工程相关的标准、设计文件和技术资料;③施工组织设计。

(3)监理实施细则的主要内容为:①专业工程的特点;②监理工作流程;③监理工作方法及措施。

4.监理会议纪要

监理会议纪要是指由项目监理机构主持监理会议形成的纪要,包括工地例会纪要和专题会议纪要。

工地例会是总监理工程师定期主持召开的工地会议,其内容及程序应符合《建设工程监理规范》(GB/T 50319—2013)。

专题会议是为解决施工过程中的某一问题而召开的不定期会议,由总监理工程师或其授权的监理工程师主持,会议应有主要议题。

会议纪要应由项目监理机构负责起草,与会各方代表应签字确认。

(1)监理会议纪要主要包括:会议时间、会议地点、会议主持人、参加会议的单位、人员名单、会议内容。如表 4-3 所示。

表 4-3　监理会议纪要

工程名称:河北省××市××超市工程　　　　　　　　　　　　　　　　　　编号:001

时间:2014 年××月××日
地点:工地会议室 主持人:张×× 与会单位及人员:建设单位代表、施工单位项目经理、技术负责人等
主要议题:挖土方问题
解决或议定事项:挖土方采用自然放坡
签字: 2014 年××月××日

注:本表一式三份,建设单位、施工单位、项目监理机构各一份。

(2)工地例会会议纪要应包括以下主要内容:

①上次例会议定事项的落实情况,分析未完事项原因。

②分析工程项目进度计划完成情况,提出下一阶段进度目标及落实措施。

③分析工程项目质量状况,针对存在的质量问题提出改进措施。

④工程量核定及工程款支付情况。

⑤解决需要协调的有关事项。

⑥其他有关事宜。

5.监理日志

监理日志是项目监理机构在被监理工程施工期间每日记录气象、施工情况、监理工作及有关事项的日记。如表4-4所示。

监理日志应使用统一制式的《监理日志》,每册封面应标明工程名称、册号、记录时间段及建设、设计、施工、监理单位名称。

监理人员应及时填写监理日志,总监理工程师应定期检查。

监理日志不得隔页,不得补记,也不得扯页,以保持其原始记录。

表4-4　监理日志

工程名称:河北省××市××超市工程　　　　　　　　　　　　　　　　　　编号:001

气象		风力		温度	
施工记录: 主要事项记载: 记录人:李×× 日期:2014年××月××日 (　　页)					

6.监理月报

监理月报是项目监理机构按月向建设单位提交的监理工作和工程实施情况的报告。

监理月报是由项目总监理工程师组织各专业监理工程师编写,其内容应符合《建设工程监理规范》(GB 50319)的有关要求。

监理月报封面由项目总监理工程师签字,并加盖项目监理机构公章。

监理月报的主要内容如下:

①本月工程概况。

②本月工程形象进度。

③工程进度。如本月实际完成情况与计划进度比较、进度完成情况及采取措施效果分析。

④工程质量。如本月工程质量完成情况分析、本月采取的工程质量措施及效果。

⑤工程计量与工程款支付。如工程量审核情况、工程款审批情况及月支付情况、工程款支付情况分析、本月采取的措施及效果。

⑥工程安全。

⑦合同规定的其他事项的处理情况。如工程变更、工程延期、费用索赔等。

⑧本月监理工作小结。如本月进度、质量、工程款支付、安全监理等方面情况的综合评价,本月监理工作情况,有关本工程的意见和建议,下月监理工作的重点。

7. 监理工作联系单

工作联系单是在施工过程中,与本工程有关各方工作联系用表,即与本工程有关的某一方需向另一方或几方告知某一事项,或督促某项工作,或提出某项建议等,对方执行情况不需要书面回复的时候使用此表(见表4-5)。

表4-5中负责人指提出工作联系事项单位在本工程中的负责人。

表 4-5 工作联系单

工程名称:河北省××市××超市工程　　　　　　　　　　　　　　　　编号:001

致:_____
事由:
内容:
发文单位(章):石家庄市××工程建设监理有限公司 　　　　　　　　　负　责　人:_____ 　　　　　　　　　日　　　期:____2014年××月××日____

8. 监理工程师通知

监理工程师通知是项目监理机构在监理过程中对施工质量、安全等存在的问题下发的书面通知。监理工程师现场发出的口头指令及要求,也应采用此表予以确认。见表4-6。

表 4-6 监理工程师通知

工程名称:河北省××市××超市工程　　　　　　　　　　　　　　　　编号:001

致:河北省秦皇岛××建筑工程有限公司(施工单位)
事由:现场安全问题
内容:个别工人不戴安全帽
限__3__小时内回复
项目监理机构(章):石家庄市××工程建设监理有限公司 　　　　　　　总/专业监理工程师:_____ 　　　　　　　日　　　期:____2014年××月××日____

注:本表一式三份,项目监理机构一份,施工单位一份,报建设单位一份。

施工单位应认真执行监理工程师通知,并将执行结果用《监理工程师通知回复单》报项目监理机构复核。

具体要求如下:

(1)总监理工程师对工程项目管理体系进行审查并签发监理工程师通知书。

(2)专业监理工程师应对施工单位委托的工程验收进行审核并签发监理工程师通知书。

(3)对未经报验或验收不合格的材料、构配件、设备等,项目监理工程师应签发监理工程师通知书。

(4)对未经监理工程师验收或验收不符合标准规范、施工图设计文件的隐蔽、检验批、分项分部、子分部/中间验收、功能检查、设备运转调试等,监理工程师应向施工单位签发监理工程师通知书,施工单位应按通知书要求进行改正,达到标准后再进行工程报验。

(5)专业监理工程师应随时掌握工程进度的实际情况,并进行实际进度与计划进度的比较,当实际进度严重偏离计划进度时,应及时报总监理工程师,由总监理工程师签发监理工程师通知书。

(6)编写监理工程师通知书时应写清楚出现问题的部位、现象及违反了强制性条文标准及规范标准的具体条款,下发的监理工程师通知书应该及时编号,相应的监理工程师回执单也应该编号,并与监理工程师通知书的内容一一对应。关于需要整改的问题,逐一作出整改说明,监理工程师进行复查,签署复查意见,复查合格方可。

(7)监理通知:

①有关进度控制的监理通知(建设单位、监理单位长期保存);

②有关质量控制的监理通知(建设单位、监理单位长期保存);

③有关造价控制的监理通知(建设单位、监理单位长期保存)。

9.工程竣工总结

施工阶段监理工作结束时,监理单位应向建设单位提交工程竣工总结,总结应包括以下内容:工程概况,监理组织机构、监理人员和投入的监理设施,监理合同履行情况,监理工作成效,施工过程中出现的问题及其处理情况的建议,工程照片。

10.监理工作总结

监理工作总结包括月报总结、工程竣工总结及工程质量评估报告,在各阶段监理工作结束时,监理单位按要求编写监理工作总结提交给建设单位并归档。

(1)专题总结:建设单位长期保存,监理单位短期保存;

(2)月报总结:建设单位长期保存,监理单位短期保存;

(3)工程竣工总结:建设单位、监理单位长期保存,送城建档案管理部门保存;

(4)质量评估报告:建设单位、监理单位长期保存,送城建档案管理部门保存。

任务二　进度控制资料

1.施工进度计划报审表

(1)施工进度计划报审表是项目监理机构对承包单位所报送的工程施工进度计划(或调整计划)审批答复表。见表4-7。

(2)施工进度计划报审表应由承包单位填写编制说明和计划表,项目经理签字。监理工程师签字,工程施工进度计划的审查结果填写"同意"、"不同意"或者"应补充"的意见。

表4-7 施工组织设计报审表

共 页 第 页

工程名称	河北省××市××超市工程	施工单位	河北省××建筑工程有限公司
编制单位	现报上___河北省××市××超市工程___施工组织设计/施工方案文件,请予以审查。	主编	
		编制人	
	河北省××建筑工程有限公司/专业分包施工单位　（盖章）	技术负责人	

审核单位	总承包单位审核意见:		
	总承包单位:　（盖章）	审核人	审批人

审查单位	监理审核意见: 监理审查结论: □ 同意实施　　□ 修改后报　　□ 重新编制		
	监理单位　（盖章）	专业监理工程师	日期:2014年××月××日
		总监理工程师	日期:2014年××月××日

《施工组织设计报审表》填写说明:

经审查,该施工组织设计由项目经理主持编制、经施工单位项目技术人审批并签字。该施工组织设计具备一定的针对性、可行性,符合现行规范、标准。同意按此施工组织设计执行,并作为监理依据之一。总监理工程师负责审批,签字,并承担相应的责任。

(3)专业监理工程师应对以下几方面内容进行重点审核:

①进度安排是否符合工程项目建设总进度计划中总目标和分目标的要求;是否符合工程施工竣工日期的规定。

②施工总进度计划中项目是否有遗漏,施工顺序的安排是否符合施工工艺的要求。

③总承包单位在施工进度计划中提出的,应由建设单位保证的施工条件(资金、施工图纸、采供的物资设备等),热气供应时间和数量是否准确、合理,是否会造成建设单位违约而导致工程延期费用索赔的可能性存在。

④总包、分包单位分别编制的各单项工程施工进度计划之间是否协调,专业分工与计划衔接是否正确、合理。

⑤工程的工期是否进行了合理的优化。

（4）施工进度计划报审表应由监理机构的监理工程师进行签认，项目总监理工程师进行签认。

表格填写范例如表4-8所示。

表4-8　施工进度计划报审表

工程名称：河北省秦皇岛市××超市　　　　　　　　　　　　　　　工程编号：

致河北省秦皇岛市××超市工程监理项目部：
现报上河北省秦皇岛市××超市工程施工进度计划，请审查。 　　附件：河北省秦皇岛市××超市工程施工进度计划 　　　　　　　　　　　　　　　　施工项目部（章）： 　　　　　　　　　　　　　　　　　项目经理：＿＿＿＿＿＿＿＿＿＿＿ 　　　　　　　　　　　　　　　　　日　　　期：　2014 年××月××日
专业监理工程师审查意见：   　　　　　　　　　　　　　　　　专业监理工程师：＿＿＿＿＿＿＿＿ 　　　　　　　　　　　　　　　　日　　　期：　2014 年××月××日
总监理工程师审批意见：   　　　　　　　　　　　　　　　　监理项目部（章）： 　　　　　　　　　　　　　　　　总监理工程师：＿＿＿＿＿＿＿＿ 　　　　　　　　　　　　　　　　日　　　期：　2014 年××月××日

注：本表一式三份，由施工项目部填报，业主项目部、监理项目部各一份，施工项目部存一份。

2. 开工报审表

工程满足开工条件后，承包单位报项目监理机构复核和批复开工时间。整个项目一次开工，只填报一次，如工程项目中含有多个单位工程且开工时间不同，则每个单位工程都应填报一次。

工程名称是指相应的建设项目或单位工程名称，应与施工图的工程名称一致。

承包单位应按表中内容逐一落实，自查符合要求后，将施工现场质量管理检查记录及其要求的有关证件，建设工程施工许可证，现场专职管理人员资格证、上岗证，现场管理人员、机具、施工人员进场情况，工程主要材料落实情况等资料作为附件同时报送。

总监理工程师应指定专业监理工程师对承包单位的准备情况进行检查，除检查所报内容外，还应对施工现场临时设施是否满足开工要求、地下障碍物是否清除或查清楚、测量控制桩是否经项目监理机构审查确认等进行检查并逐项记录检查结果，报项目总监理工程师审核；总监理工程师确认具备开工条件时签署同意开工时间,并报告建设单位,否则,应简要指出不符合开工条件要求之处。

总监理工程师签发《工程开工报审表》(见表4-9)后报建设单位备案,如委托监理合同中需建设单位批准、项目总监审核后报建设单位,由建设单位批准。工期自批准开工之日起计算。

表4-9 工程开工报审表

工程名称:河北省××市××超市工程 编号:001

致 河北省××市××超市(建设单位)
石家庄市××工程建设监理有限公司(监理单位)
我方承担的河北省××市××超市工程,已完成相关准备工作,具备了开工条件,特此申请于 2014 年 ×× 月 ×× 日开工,请审批。
附件:
一、施工许可证已获政府主管部门批准;　　　　　　　　　　　　　　　1
二、征地拆迁工作满足工程进度需要;　　　　　　　　　　　　　　　　1
三、施工组织设计已获总监理工程师批准;　　　　　　　　　　　　　　1
四、现场管理人员、施工人员已进场,机具、主要工程材料已落实;　　　1
五、进场道路及水、电、通信等已满足开工要求;　　　　　　　　　　　1
六、质量管理、技术管理和质量保证的组织机构已建立;　　　　　　　　1
七、质量管理、技术管理制度已制定;　　　　　　　　　　　　　　　　1
八、专职管理人员和特种作业人员已取得资质证、上岗证。　　　　　　1
施工单位(章):＿＿＿＿＿＿＿＿＿＿
项目经理:＿＿＿＿＿＿＿＿＿＿＿＿
日　　　期:2014年××月××日
审核意见:同意
项目监理机构(章):石家庄市××工程建设监理有限公司
总监理工程师:＿＿＿＿＿＿＿＿＿＿＿
日　　　期:2014年××月××日
审批意见:同意
建设单位(章):＿＿＿＿＿＿＿＿＿＿
项目负责人:＿＿＿＿＿＿＿＿＿＿＿
日　　　期:2014年××月××日

注:本表一式四份,由建设单位审批后,施工单位、建设单位各执一份,监理单位两份(其中城建档案馆一份)。

3.工程暂停令

工程暂停令是监理单位根据施工中出现必须实行暂时停工处理情况时,向承包单位下达的指令。见表4-10。当项目监理机构发现承包单位在施工过程严重违反承包合同或者有严重质量问题或存在重大安全隐患,继续施工将造成更大或不可挽回的损害时,应果断下达工程暂停令。

　　工程暂停令应由项目监理机构填写下达工程暂停令的理由(原因)和要求承包单位在接到工程暂停令后完成的各项工作等相关内容。

　　工程暂停令应加盖项目监理机构印章,并由总监理工程师签字。

　　项目监理机构在下达工程暂停令时,应有充分的理由,并考虑由于停工可能带来的索赔事件。

　　项目监理机构在下达工程暂停令前应向建设单位说明情况,取得一致意见。

　　表格填写范例如表 4－10 所示。

表 4－10　工程暂停令

工程名称：　世纪花园二期工程　　　　　　　　编号：B1—201401

致:河北省××市××建筑工程有限公司（承包单位） 　　　由于:你方施工的世纪花园二期工程相关的开工资料及部分专项施工方案仍未报我部审批的原因,现通知你方必须于　2014　年××月××日×× 时起,对本工程的　　基础承台及地下室　　　部位(工序)实施暂停施工,并按下述要求做好各项工作: 　　　限你方在本周内,尽快将二期工程开工资料及施工方案补全,并报我部审批。   抄送:建设单位   　　　　　　　　　　　　　　项目监理机构(章):石家庄市××工程建设监理有限公司 　　　　　　　　　　　　　　总监理工程师:＿＿＿＿＿＿＿＿＿＿＿＿ 　　　　　　　　　　　　　　日　　　　期:＿＿2014 年××月××日＿＿

4. 工程延期审批表、工程临时延期审批表和工程最终延期审批表

工程临时延期审批是在承包单位提出工程临时延期申请表后,经项目监理机构研究考虑对工程工期的影响后,批准承包单位有效延期。工程最终延期审批是在影响工期事件结束,提出最后一个工程临时延期申请表批准后,经项目监理机构详细地研究评审影响工期事件全过程总工期的影响后,批准承包单位有效延期。工程延期审批表填表说明如下:

(1)总监理工程师在签认工程延期前应与建设单位、承包单位协商,与费用索赔一并考虑处理。

(2)表中"根据施工单位××条的规定,我方对你方提出的××××工程延期申请",分别填写处理本次延长工期所依据的施工合同条目和承包单位申请延长工期的原因。

(3)"工程最终延期审批表"中(第××号),填写承包单位提出的最后一个工程临时延期申请。

(4)审批意见:在影响工期事件结束,承包单位提出最后一个工程临时延期申请表批准后工程师应指定专业监理工程师复查工程延期及临时延期审批的全部情况,详细地研究评审对工程总工期的影响程度,应由建设单位承担的责任和承包单位采取缩小延期事件影响的复查结果,提出同意工期延长的日历天数或不同意延长工期的意见,报总监理工程师审批,若不符合施工合同约定的工期延长条款或经计算不影响最终工期,项目监理机构总监理工程师在不同意延长工期前"□"内打"√",需延长工期时在同意延长工期前"□"内打"√"。

任务三　质量控制资料

监理质量控制资料整理包括:施工测量放线报验表、材料/构配件/设备报验表、检验批、(分项)工程报验审核表、(分部、单位工程)工程报验审核表、(隐蔽、中间验收)工程报验审核表、(安全和功能检验、设备运转调试)工程报验审核表,不合格项处置记录,工程质量事故处理有关资料,监理抽检文件,工程质量保修前期工作报审表,解除工程质量缺陷责任书,有关工程奖罚的文件资料,检测部门检测信息反馈处理记录。

1. 施工测量放线报验单

承包单位施工测量放线完毕,自检合格后报项目监理机构复核确认。测量放线的专职测量人员资格及测量设备应是经项目监理机构确认的。填写施工测量放线报检单,见表 4-11。

(1)工程或部位的名称:工程定位测量填写工程名称,轴线、标高测量填写所测量项目部位名称。

(2)专职测量人员岗位证书编号:指承担此次测量放线工作的专职测量人员岗位证书编号。

(3)测量放线依据材料及放线成果:依据材料是指施工测量方案中提供的红线桩、水准点等材料;放线成果指承包单位测量放线所放出的控制线及其施工测量放线记录表(依据材料应是经项目监理机构确认的)。

(4)放线内容:测量放线工作内容的名称。如:轴线测量、标高测量等。

(5)备注:施工测量放线使用测绘仪器的名称、型号、编号。

(6)专业监理工程师审查意见:专业监理工程师根据对测量放线资料的审查和现场实际复测情况签署意见,符合要求在"查验合格"前"□"内打"√";不符合要求在"纠正差错后再报"前"□"内打"√",并应简要指出不符合之处。

表 4-11　施工测量放线报验单

工程名称：河北省××市××超市工程　　　　　　　　编号：

监理单位：
石家庄××工程建设监理有限公司： 　　根据合同要求,我们已完成_____河北省××市××超市_____工程的施工放线,工作清单如下,请予查验。 附件:测量及放线资料   　　　　　　　　　　　　　　　　　　　　　施工单位：_____ 　　　　　　　　　　　　　　　　　　　　　负责人：_____ 　　　　　　　　　　　　　　　　　　　　　日　期:2014 年××月××日

工程或部位名称	放 线 内 容	备　注

监理工程师审核意见：
查验合格　　　　　　　　□ 　　纠正差错后合格证　　　　□ 　　纠正差错后再报　　　　　□

专业监理工程师　　　　　　　日　期:2014 年××月××日

本表一式两份,监理单位、施工单位各一份。

2. 材料/构配件/设备报验表

　　承包单位对拟进场的主要工程材料、构配件、设备,在检验合格后报项目监理机构进行进场验收。对未经监理人负责验收或验收不合格的工程材料、构配件、设备,监理人员应拒绝签认,承包单位不得在工程上使用,并应限期将不合格的材料、构配件、设备撤出现场。建筑工程材料/设备/构配件报验表见表 4-12,填写说明如下:

　　(1)拟用于部位:拟用于部位指工程材料/构配件/设备拟用于工程的具体部位。

　　(2)工程材料/构配件/设备质量证明资料:证明资料指生产单位提供的证明工程材料/构配件/设备质量合格的证明资料,如合格证、性能检测报告等。凡无国家或省正式标准的新材料、新产品、新设备应有省级及以上有关部门鉴定文件。凡进口的材料、产品、设备应有商检的证明文件。如无出厂合格证原件,存抄件或拟件复印件亦可。但抄件或原件复印件要注明原件存放单位、抄件人和抄件、复印件单位签名并盖公章。

　　(3)自检结果:自检结果指所购材料/构配件/设备的承包单位对所购工程材料/构配件/设备,按相关规定进行自检及复试的结果。对采购的主要设备进行开箱检查,监理人员应进行见证,并在其"主要设备进行开箱检查记录"上面签字。检验报告一般应提供原件。

　　(4)监理工程师审查意见:对报验单所附的工程材料/构配件/设备、质量证明资料及自检结果认真核对,在符合要求的基础上,对进场工程材料/构配件/设备进行实物核对以及观感质量验收,查验是否与合同、质量证明资料合格证及自检结果相符、是否存在质量缺陷等问题,并将相关的检查情况记录在监理日志中,根据检查结果,如符合要求,将"不符合"用横线划掉,反之,将"符合""准许"及"同意"划掉,并指出不符合要求之处。

表 4-12　建筑工程材料/设备/构配件报验表　　　编号:

工程名称	河北省××市××超市工程

致:石家庄××工程建设监理有限公司

　　我于＿＿＿＿年＿月＿日进场的材料/构配件/设备数量如下(见附件)。

　　现将质量证明文件及自检结果报上,拟用于下述部位。

　　请予以审核。

　　附件:　1.进场验收记录

　　　　　2.质量证明文件(合格证)

　　　　　3.进场检测报告

　　　　　　　　　　　　　　　　　　　施工单位(章):

　　　　　　　　　　　　　　　　　　　项目经理:

　　　　　　　　　　　　　　　　　　　日　　　期:2014 年××月××日

审查意见:

　　□复合设计规范要求　　　　　　□不符合设计规范要求

　　□同意使用　　　　　　　　　　□不同意使用

　　　　　　　　　　　　　　项目监理机构(章):石家庄市××工程建设监理有限公司

　　　　　　　　　　　　　　总/专业监理工程师:＿＿＿＿＿＿＿＿＿＿＿＿＿

　　　　　　　　　　　　　　日　　　期:　2014 年××月××日

任务四　投资控制资料

➤一、工程款支付

　　(1)承包单位统计经专业监理工程师质量验收合格的工程量,按施工合同的约定填报工程量清单和《工程款支付申请表》(见表 4-13)。

　　(2)专业监理工程师进行现场计量,按施工合同的约定审核工程量清单和《工程款支付申请表》,报总监理工程师审定。

　　(3)总监理工程师签署《工程款支付证书》(见表 4-14),并报建设单位。

表 4 - 13　工程款支付申请表

工程名称:河北省××市××超市工程　　　　　　　　　　　　　　　　　　编号:201401

致:石家庄市××工程建设监理有限公司(监理单位)

　　我方已完成了<u>2～3 层结构的钢筋、模板及混凝土分项工程及电气敷管工作</u>,按施工合同的规定,建设单位应在<u>2014</u> 年<u>××</u>月<u>××</u>日前支付该项工程款共(大写)<u>陆佰陆拾陆万陆仟元</u>　(小写:<u>￥6666000.00 元</u>),现报上<u>××</u> 工程款申请表,请予以审查并开具工程款支付证书。

　　　　附:

　　　　　1.工程量清单;

　　　　　2.计算方法。

承包单位(章)＿＿＿＿＿＿＿＿＿＿＿＿＿

项目经理＿＿＿＿＿＿＿＿＿＿＿＿＿

日　　期　2014 年××月××日

本表由施工单位填报,建设、监理单位、施工单位各存一份。

填写说明如下:

①承包单位根据施工合同中工程款支付约定,向项目监理机构申请开具工程款支付申请表。

②申请支付工程款金额包括合同内工程款、工程变更增减费用、批准的索赔费用,扣除应扣保留金及施工合同中约定的其他费用。

③表中"我方已完成了工作"应填写经专业监理工程师验收合格的工程;定期支付进度款的,填写本支付期内经专业监理工程师验收合格工程的工作。

④工程量清单(工程计价报审表指本次付款申请中的经专业监理工程师验收合格工程的工程费),是指统计报表及专业监理工程师签认的相应工程计量报审表。

⑤计算方法,是指以专业监理工程师签认的工程量按施工合同约定采用的有关定额(或其他计价方法的单价)的工程价款计算。

⑥根据施工合同约定,由建设单位支付工程预付款的,也采用此表向监理机构申请支付。

⑦工程款申请中如有其他和付款有关的证明文件和资料时,应附有相关证明资料。

表 4 – 14　工程款支付证书

工程名称:河北省××市××超市工程　　　　　　　　　　　　　编号:201401

```
┌─────────────────────────────────────────────────────────────────┐
│  致:_____(建设单位)                      │
│      根据施工合同的规定,经审核承包单位的付款申请和报表,并扣除有关款项,同意本期支付工程款共 │
│  (大写)陆佰陆拾陆万陆仟元(小写:￥6666000 元)。请按合同规定及时付款。          │
│      其中:                                                        │
│      1.承包单位申请款为:_____陆佰陆拾陆万陆仟元_____             │
│      2.经审核承包单位应得款为:_____陆佰陆拾肆万陆仟元_____            │
│      3.本期应扣款为:_____贰万元_____                  │
│      4.本期应付款为:_____陆佰陆拾肆万陆仟元_____               │
│                                                                 │
│                                                                 │
│      附件:                                                       │
│      1.承包单位的工程付款申请表及附件;                                 │
│      2.项目监理机构审查记录。                                        │
│                                                                 │
│                      项目监理机构:石家庄市××工程建设监理有限公司        │
│                      总监理工程师:_____             │
│                      日　　　期:_____2014 年××月××日_____         │
│                                                                 │
│                                      河北省工程建设监理协会监制        │
└─────────────────────────────────────────────────────────────────┘
```

　　本表由监理单位签发,建设、监理、施工单位各留一份。

　　①工程款支付证书由项目监理机构收到承包单位的工程款支付申请表,根据施工合同和有关规定审查复核后签发的应向承包单位支付工程款的证明文件。

　　②建设单位,是指建筑施工合同中的发包人。

　　③承包单位申请款,是指承包单位向监理机构申报工程款支付中请表中申请的工程款额。

　　④经审核承包单位应得款,是指经专业监理工程师对承包单位向监理机构填报工程款支付中涉及审核后核定的工程款额,包括合同内工程款、工程变更增减费用、经批准的索赔费用等。

　　⑤本期应扣款,是指施工合同约定本期应扣除的预付款、保留金及其他应扣除的工程款的总和。

　　⑥本期应付款,是指经审核承包单位应得款额减本期应扣款额的金额。

　　⑦承包单位的工程付款申请表及附件,是指承包单位向监理机构申报的工程款支付申请表及其附件。

　　⑧项目监理机构审查记录,是指总监理工程师指定专业监理工程师,对承包单位向监理机构申报的工程款支付申请表及其附件的审查记录。

➤二、费用索赔支付

1.监理单位处理费用索赔的依据

　　(1)国家有关的法律、法规和工程项目所在地的地方法规;

　　(2)本工程的施工合同文件;

　　(3)国家、部门和地方有关的标准、规范和定额;

　　(4)施工合同履行过程中与索赔事件有关的凭证。

2.监理单位处理费用索赔的原则

　　当施工单位提出费用索赔的理由同时满足以下条件时,项目监理机构方可受理:

（1）索赔事件造成了施工单位的直接经济损失；

（2）索赔事件是由于非施工单位责任发生的；

（3）施工单位已按照施工合同的规定期限和程序提出《费用索赔申请表》（见表4-15），并附有索赔凭证材料。

表 4-15 费用索赔申请表

工程名称：河北省××市××超市工程   编号：A8001

致：石家庄市××工程建设监理有限公司（监理单位）

根据施工合同条款____×××____条的规定，由于三层1-9/A-G轴剪力墙柱已按原图施工完毕，设计单位通知修改的原因，我方要求索赔金额（大写）叁拾叁万元，请予以批准。
 	
      索赔的详细理由及经过：
 	
      三层1-9/A-G轴剪力墙柱已按原图施工完毕后，设计单位变更通知修改，以核发新图为准。因平面布置、配筋等均发生重大变动，造成我方直接经济损失。
 	
      索赔金额的计算：
 	
      附：证明材料
          设计变更通知单（编号×××）
 	
                                        承包单位：_____
                                        项目经理：_____
                                      日   期：2014年××月××日
                               河北省工程建设监理协会监制

本表由施工单位填报，建设、监理单位、施工单位各存一份。

费用索赔申请表填写说明如下：

①费用索赔申请表是承包单位向建设单位提出费用索赔，报项目监理机构审查、确认和批复。

②总监理工程师应在施工合同约定的期限签发费用索赔申请表，或发出要求承包单位提交有关费用索赔的进一步详细资料的通知。

③表中"根据合同条款条的规定"，填写提出费用索赔依据的施工合同条目。

④表中"由于原因"，填写导致费用索赔的条件。

⑤索赔的详细现场及经过，指索赔事件造成承包单位的直接经济损失，索赔事件是由于非承包单位的责任发生的详细理由及事件经过。

⑥索赔金额计算，索赔金额计算书，索赔的费用内容一般包括：人工费、设备费、材料费、管理费等。

⑦证明材料，指上述两项所涉及的各种证明材料。

3. 施工单位向建设单位提出费用索赔，项目监理机构处理费用索赔的程序

（1）施工单位在施工合同规定的期限内向项目监理机构提交对建设单位的费用索赔意向通知书，逾期可以不受理。

（2）总监理工程师指定专业监理工程师收集与索赔有关的资料。

（3）施工单位在施工合同规定的期限内向项目监理机构提交对建设单位的费用索赔申请，逾期可以不受理。

（4）总监理工程师初步审查费用索赔申请，符合索赔条件时予以受理。

(5)总监理工程师进行费用索赔审查,并在初步确定一个额度后,与施工单位和建设单位进行协商。

(6)总监理工程师在施工合同规定的期限内签署《费用索赔审批表》(见表4-16),或在施工合同规定的期限内发出要求承包单位提交有关索赔报告的进一步详细资料的通知,待收到施工单位提交的详细资料后按上述程序进行审批。

表 4 - 16　费用索赔审批表

工程名称:河北省××市××超市工程　　　　　　　　　　　　　　　　　　编号:B6001

致:＿＿＿＿＿＿＿＿＿＿＿＿＿＿＿＿＿＿＿＿＿＿＿＿(承包单位)

　　根据施工合同条款＿＿＿×××＿＿＿条的规定,你方提出的三层1-9/A-G轴剪力墙柱修改 费用索赔申请(第＿001＿号),索赔(大写)＿叁拾陆万元＿,经我方审核评估:

　　□ 不同意此项索赔。

　　□ 同意此项索赔,金额为(大写)＿叁拾肆万元＿。

　　同意/不同意索赔的理由:

　　按设计变更通知单(编号×××),施工单位已施工完三层1-9/A-G轴剪力墙柱,设计单位要求修改,需重新进行三层1-9/A-G轴剪力墙柱施工。

　　索赔金额的计算:

　　　　　　　　　　　　　项目监理机构:石家庄市××工程建设监理有限公司
　　　　　　　　　　　　　总监理工程师:＿＿＿＿＿＿＿＿＿＿＿＿＿
　　　　　　　　　　　　　日　　　期:＿2014年××月××日＿

本表由监理单位签发,建设、监理、施工单位各留一份。

工程索赔审批表是监理机构对承包商提出的费用索赔申请进行审查批准所用的表格。

审查意见包括:

①专业监理工程师应首先审查索赔事件发生后,承包单位是否在施工合同规定的期限(28天)内,向专业监理工程师递交过索赔意向通知,如果超过此期限,专业监理工程师和建设单位有权拒绝索赔要求;其次,审核承包单位的索赔条件是否成立;第三,审核承包单位报送的费用索赔报审表,包括索赔的详细理由及经过,索赔金额的计算及证明材料。如果不满足索赔条件,专业监理工程师应在"不同意此项索赔"前"□"内打"√";如符合条件,专业监理工程师就初定的索赔金额向总监理工程师报告,由总监理工程师分别与承包单位及建设单位进行协商,达成一致或监理工程师公正地自主决定后,在"同意此项索赔"前"□"内打"√",并把确定金额写明,如果承包人不同意监理工程师的决定,则可按合同中的仲裁条款提交仲裁机构仲裁。

②同意/不同意索赔的理由:索赔的理由应简要列明;对不同意索赔,或虽同意索赔,但不同意其中的不合理部分,应简要说明。

➢三、工程变更价款的支付

(1)当发生工程变更时,总监理工程师应从造价、项目的功能要求、质量和工期等方面审查工程变更的方案,并宜在工程变更实施前与建设单位、承包单位协商确定工程变更的价款。

(2)项目监理机构按施工合同约定的工程量计算规则和支付条款进行工程量计量和工程款支付。

四、工程变更审批表

工程变更审批表是承包单位收到总监理工程师签认的工程变更单后,在施工合同约定的期限内就变更工程价款报项目监理机构审核确认。总监理工程师应在施工合同规定的期限(在收到工程变更费用报审表之日起14天)内签发工程变更费用报审表,在签发工程变更费用报审表前应与建设单位、承包单位协商。

五、审查意见

总监理工程师指定专业监理工程师首先审核该项变更的各项手续是否齐全,其变更是否经总监理工程师确认;其次,审核承包人是否在工程变更确认后14天内,向专业监理工程师提出了变更价款的报告,如超过此期限,视为该项目不涉及合同价款的变更。以上条件符合要求后,专业监理工程师对工程变更单进行审核,核对工程款的计算方法是否符合施工合同的规定、计算是否准确,审查结果报工程师。总监理工程师与承包单位进行协商,达成一致,单位通报协商结果,总监理工程师应协助建设单位、各承包单位进行协调形成一致意见。如果建设单位和承包单位未能达成一致意见,监理机构应提出暂定价格,待工程竣工结算后,以建设单位和承包单位达成的协议为准。

六、竣工结算审核程序

(1)施工单位按施工合同规定填报竣工结算报表;

(2)专业监理工程师审核施工单位报送的竣工结算报表;

(3)总监理工程师审定竣工结算报表,与建设单位、施工单位协商一致后,签发竣工结算文件和最终的工程款支付证书报建设单位。

七、监理月报中有关造价控制的要求

专业监理工程师及时建立月完成工程量和工作量统计表,对实际完成量与计划量进行分析、比较,制定调整措施,在监理月报中向建设单位报告。

下面介绍一个监理投资控制资料的范例。其卷内目录见表4-17。

表4-17 卷内目录

工程名称:河北省××市××超市工程

序号	资料名称	份数	备注
1	工程款支付申请表(表4-13)		
2	工程款支付证书(表4-14)		
3	费用索赔申请表(表4-15)		
4	费用索赔审批表(表4-16)		
5	竣工结算审核意见书		

注:工程款支付申请表与工程款支付证书表、费用索赔申请表与费用索赔审批表一一对应存放,并按发生时间先后顺序编号分类汇总。

任务五　合同管理及其他资料

工程监理合同文件一般由工程监理投标书及中标通知书、建设工程委托监理合同协议书、合同标准条件、合同专用条件以及实施过程中双方共同签署的合同补充与修正文件五部分组成。

监理工程师根据各合同内容在不同阶段协助业主作好合同管理。

（1）工程建设监理一般应按下列程序进行：

①编制工程建设监理规划；

②按工程建设进度，分专业编制工程建设监理实施细则；

③按照建设监理细则进行建设监理；

④参与工程竣工预验收，签署建设监理意见；

⑤建设监理业务完成后，向项目法人提交工程建设监理档案资料，而合同管理也可以参照监理实施细则。

（2）关于合同管理制度的建立：

①向有关单位索取合同副本，了解掌握合同内容，以便进行合同的跟踪管理，包括合同各方面执行情况检查，向有关单位及时准确反映合同信息；

②审核工程设计变更和核定施工单位的实物工程量；

③督促施工单位落实工程进度计划，根据工程进度计划进行实际值与计划值的比较、分析，提出意见，准确及时提供合同执行情况的有关资料；

④专业监理工程师应随时向总监理工程师报告工作，并准确及时提供有关资料；

⑤该工程合同执行情况每月在监理月报中反映。

（3）监理合同与其他事项管理：

①工程延期报告及审批（建设单位永久保存，监理单位长期保存，送城建档案管理部门保存）；

②费用索赔报告及审批（建设单位、监理单位）长期保存；

③合同争议、违约报告及处理意见（建设单位永久保存，监理单位长期保存，送城建档案管理部门保存）；

④合同变更材料（建设单位、监理单位长期保存，送城建档案管理部门保存）。

监理要管好的几个方面合同，其中有分包单位合同。

（4）分包单位报审表。分包单位报审表是总承包中位在分包工程开工前，对分包单位的资格报项目监理机构审查确认。未经总监理工程师确认，分包单位不得进场施工，总监理工程师对分包单位资格的确认不解除总承包单位应负的责任。施工合同中已明确或经过招标确认的分包单位（即建设单位书面确认的分包单位），承包单位可不再对分包单位资质进行报审。

①分包单位：按所报分包单位企业法人营业执照全称填写。

②分包单位资质材料：指按建设部第 87 号令颁布的《建筑业企业资质管理规定》，建设行政主管部门资质审查核发的，具有专业承包企业资质等级和建筑业劳务分包企业资质的建筑业企业资质证书和企业法人营业执照副本。

③分包单位业绩材料：指分包单位近三年完成的与分包工程工作内容类似工程质量的情况。

④分包工程名称（部位）：指拟分包给所报分包单位的工程名称（部位）。

⑤工程数量：指分包工程的工作量。

⑥拟分包工程合同额:指在拟签订的分包合同中签订的金额。

⑦分包工程合同额:指分包工程工作量占全部工程工作量的百分比。

⑧专业监理工程师审查意见:专业监理工程师应对承包单位所报材料逐一进行审查,主要审查内容:对取得施工总承包企业资质等级证书的分包单位,审查其核准的营业范围与拟承担的分包工程是否相符;对取得专业承包企业资质证书的分包单位,审查其核准的等级和范围(60 类)与拟承包分包工程是否相符;对取得建筑业务劳务分包企业资质的,审核其核准的资质(13 类)与拟承包分包工程是否相符在此基础上,项目监理机构和建设单位认为必要的话,会同承包单位对分包单位进行考查,主要核实承包单位的申报材料与实际情况是否属实。

⑨专业监理工程师在审查承包单位报送分包单位有关资料,考察核实(必要时)的基础上,提出审查意见、考察报告(必要时)附报审表后,根据审查情况,如认定该分包单位具备分包条件,则批复"该分包单位具备分包条件,拟同意分包,请总监理工程师审核";如认为不具备分包条件应简要说明不符合条件。

⑩分包资质:分包单位资质材料(建设单位长期保存),见表 4-18;供货单位资质材料(建设单位长期保存),见表 4-19;试验等单位资质材料(建设单位长期保存),见表 4-20。

表 4-18 分包单位资格报审表

工程名称:河北省××市××超市工程   编号

致:石家庄市××工程建设监理有限公司(监理单位)

　　经考察,我方认为拟选择的＿＿＿＿＿＿＿＿＿＿＿＿＿(分包单位)具有承担下列工程的施工资质和施工能力,可以保证本工程项目按合同的规定进行施工。分包后,我方仍承担总包单位的全部责任。请予以审查和批准。

　　附:1.分包单位资质材料;

　　　　2.分包单位业绩材料。

分包工程名称(部位)	工程数量	拟分包工程合同额	分包工程占全部工程
合　计			

专业监理工程师审查意见:

专业监理工程师:＿＿＿＿＿＿＿＿＿＿

日　　　期:＿＿2014 年××月××日＿＿

总监理工程师审核意见:

项目监理机构:石家庄市××工程建设监理有限公司

总监理工程师:＿＿＿＿＿＿＿＿＿＿

日　　　期:＿＿2014 年××月××日＿＿

表 4-19 材料供应商资质报审表

工程名称:河北省××市××超市工程　　　　　　　　　　　　　　　　　　　　编号:

致石家庄市××工程建设监理有限公司 　　经考察,我项目部拟选择的＿＿＿＿＿＿＿＿＿＿＿＿＿＿＿＿(材料供应商)具有承担本工程的钢筋的供应能力和资质,该材料满足设计图的设计要求,可以保证本工程项目按施工合同的规定要求进行施工。请予以审查和批准。 　　附件:供应商资质材料复印件   　　　　　　　　　　　　　　　　　　　　　　　　承包单位(章):＿＿＿＿＿＿＿＿ 　　　　　　　　　　　　　　　　　　　　　　　　　　项目经理:＿＿＿＿＿＿＿＿ 　　　　　　　　　　　　　　　　　　　　　　　　　　日　　期:＿＿＿＿＿＿＿＿
监理工程师审查意见: 　　　　　　　　　　　　　　　　　　　　　　　　　　监理工程师:＿＿＿＿＿＿＿＿ 　　　　　　　　　　　　　　　　　　　　　　　　　　日　　期:＿＿＿＿＿＿＿＿
总监审核意见: 　　　　　　　　　　　　　　　　　　　　　　　　　　监理单位(章):＿＿＿＿＿＿＿＿ 　　　　　　　　　　　　　　　　　　　　　　　　总监理工程师:＿＿＿＿＿＿＿＿ 　　　　　　　　　　　　　　　　　　　　　　　　　　日　　期:＿＿＿＿＿＿＿＿

表 4 - 20　试验室资格报审表

工程名称：河北省××市××超市工程

<table>
<tr><td>

致:石家庄市××工程建设监理有限公司（监理单位）

　　经考查,我方认为拟选择的　河北省××材料检测中心　（试验室）具有与 河北省××市××超市工程相适应的试验资质及试验能力。现报上有关资料,请予以审查和批准。

　　附件：

　　　　1.试验室的资质等级及试验范围；

　　　　2.法定计量部门对试验室出具的计量检定证明；

　　　　3.试验室管理制度；

　　　　4.试验人员的资格证书；

　　　　5.本工程的试验项目及其要求。

承包单位（章）：＿＿＿＿＿＿＿

项 目 经 理：＿＿＿＿＿＿＿

日　　　　期：＿＿＿＿＿＿＿

</td></tr>
<tr><td>

监理工程师审查意见：

项目监理机构（章）：＿＿＿＿＿＿＿

监理工程师：＿＿＿＿＿＿＿

日　　　　期：＿＿＿＿＿＿＿

</td></tr>
</table>

填表说明：

1.承包单位拟用于施工试验的试验室不论是"自备"还是"外委",均应用该表报项目监理机构审查确认。

2."试验室管理制度",是指报审时列出管理制度目录。

　　（5）监理文件档案资料借阅、更改与作废。项目监理部存放的文件和档案原则上不得外借,如政府部门、建设单位或施工单位确有需要,应经过总监理工程师或其授权的监理工程师同意,并在信息管理部门办理借阅手续。

　　监理文件档案的更改应由原制定部门相应责任人执行,涉及审批程序的,由原审批责任人执行。若指定其他责任人进行更改和审批时,新责任人必须获得所依据的背景资料。监理文件档案更改后,由信息管理部门填写监理文件档案更改通知单,并负责发放新版本文件。发放过程中必须保证项目参建单位中所有相关部门都得到相应文件的有效版本。文件档案换发新版时,应由信息管理部门负责将原版本收回作废。考虑到日后有可能出现追溯需求,信息管理部门可以保存作废文件的样本以备查阅。

项目习题

一、单选题

1. 监理资料包括( )。
   A. 监理管理资料   B. 进度控制资料
   C. 施工日志   D. 质量控制资料

2. 工地例会是由( )主持召开的。
   A. 总监理工程师   B. 专业监理工程师
   C. 承包商   D. 建设单位工程师

3. 监理日志由( )进行填写。
   A. 总监理工程师   B. 专业监理工程师
   C. 承包商   D. 监理人员

4. 监理质量控制资料包括( )。
   A. 检验批   B. 不合格项处置记录
   C. 工程质量保修前期工作报表   D. 工程延期申请

5. 竣工结算报表由( )根据工地实际情况审定。
   A. 总监理工程师   B. 专业监理工程师
   C. 监理员   D. 施工员

二、简答题

1. 监理规划包括哪些内容?
2. 监理实施细则主要内容有哪些?
3. 监理月报主要内容有哪些?

拓展活动

学生通过教师提供的工程资料,以小组为单位进行监理资料文件的填写、存储、归档,并且互相查找同学填写资料中不符合相关规定和规范的地方。

项目五
施工资料管理

施工文件档案管理的内容主要包括:施工管理资料、施工技术资料、工程主要物资资料、施工检测报告、施工记录、施工试验及检查记录、施工质量验收记录、竣工验收记录、其他资料、竣工图等。

施工资料是对施工过程中的记录,每一个工序、分项、分部工程的实体合格文件由是监理工程师对现场实体进行检查和确认,以保证工程资料的真实性。施工资料如果不符合现行施工质量验收规范要求,那么工程质量就无从谈起。监理资料也要做到及时、真实、有序,在施工过程中还必须重视对施工资料的管理。对施工资料的控制也应从工序、分项、分部工程做起,细分目标,步步把关。所以,施工资料的管理是一项重要内容。

施工资料具有追诉性,日后一旦发生质量事故,也是追究施工质量责任人的证据。施工单位有义务作好施工资料的管理。为了促使施工单位对施工资料管理的重视,在第一次工地例会上就要强调施工资料的重要性,要交代有关施工报验工作的程序和基本条件。特别在施工准备阶段一定要严格把关,报验必须资料先行,各项施工资料必须真实、有效并且符合规范要求。在平时的工程例会上也要多次重申,并争取获得业主的理解和支持。

任务一　工程施工管理资料的填写与整理

工程施工技术管理资料是建设工程施工全过程中的真实记录,是施工各阶段客观产生的施工技术文件。

1. 图纸会审记录文件

图纸会审记录是对已正式签署的设计文件进行交底、审查和会审,对提出的问题予以解答并记录成书面的文件。项目经理部收到工程图纸后,应组织有关技术人员进行审查,将设计疑问及图纸存在的问题,按专业整理、汇总后报建设单位,由建设单位提交设计单位,进行图纸会审和设计交底准备。图纸会审由建设单位组织,设计、监理、施工单位负责人及有关人员参加。设计单位对设计疑问及图纸存在的问题进行交底,施工单位负责将设计交底内容按专业汇总、整理,形成图纸会审记录。由建设、设计、监理、施工单位的项目负责人签认并加盖各参加单位的公章,形成正式图纸会审记录。图纸会审记录属于正式设计文件,不得擅自在会审记录上涂改或变更其内容。

2. 工程开工报告相关资料(开工报审表、开工报告)

工程开工报告是建设单位与施工单位共同实行基本建设程序的证明文件,是施工单位承建单位工程施工工期的证明文件。

由建设单位另行分包的工程,开工时也要填写开工报告。

开工报告由施工总承包单位在完成施工准备并取得施工许可证之后填写,经施工单位的工程技术管理部门审核通过,由法人代表或委托人签字加盖法人单位公章,填写开工报审表,报送监理、建设单位审批。

符合开工条件,由监理单位总监理工程师、建设单位项目法人签字,加盖公章后即可开工。填写程序及条件如下:

(1)开工报告一般由施工总承包单位填写,分包单位只填工程开工报审表,并报监理单位审批。直接从建设单位分包的工程要填写开工报告。

(2)表格填写要求。

①"工程名称"应填写全称,与施工合同上的单位工程名称一致。

②"结构类型"以施工图中结构设计总说明为准。

③"建筑面积"按实际施工的建筑面积填写。

④工程批准文号、预算造价、计划开工日期、计划竣工日期、合同编号分别按建筑工程施工合同中的内容填写。

实际开工日期按工程正式破土动工的日期,即从开槽或破土进行打桩等地基处理开始。地基处理分包的施工单位按其交接日期填写,应在开工报告审批后,按实际开工日期补填。开工工期指甲乙双方在施工合同中明确的合同工期日历天数。开工条件说明应根据建设单位、监理单位、施工单位所做的开工准备工作情况来填写。如:提供施工图纸能否满足施工要求,是否经过自审和会审;材料准备能否满足施工需要和质量标准;施工现场质量检查是否合格;施工现场是否具备"三通一平"条件;工程预算造价是否编制完成;施工队伍和施工机械是否进场,是否满足施工需要等。

审核意见栏内建设单位、监理单位、施工单位负责人均须签字,注明日期并加盖单位公章。

3.技术、安全交底记录文件

此文件是施工单位负责人把设计要求的施工措施、安全生产条例贯彻到基层乃至每个工人的一项技术管理方法。交底主要项目为:图纸交底、施工组织设计交底、设计变更和洽商交底、分项工程技术交底、安全交底。技术、安全交底只有当签字齐全后方可生效,并发至施工班组。

4.施工组织设计(项目管理规划)文件

此文件是承包单位在开工前为工程所作的施工组织、施工工艺、施工计划等方面的设计,用来指导拟建工程全过程中各项活动的技术、经济和组织的综合性文件。参与编制的人员应在"会签表"上签字,交项目监理签署意见并在"会签表"上签字,经报审同意后执行并进行下发交底。

5.施工日志记录文件

施工日志是项目经理部的有关人员对工程项目施工过程中的有关技术管理和质量管理活动以及效果进行逐日连续完整的记录。要求对工程从开工到竣工的整个施工阶段进行全面记录,要求内容完整,并能全面地反映工程相关情况。

施工日志主要包括以下内容:

(1)生产情况。生产情况包括:现场准备、材料进场情况、施工单位、施工内容、机械作业、安全交底要求情况、班组工作及生产存在问题等。

(2)技术质量安全活动。主要包括:技术质量安全措施的贯彻实施质量检查评定验收及发生的技术问题及处理情况记录;原材料检验结果、施工检验结果的记录;安全、机械事故的记录;有无变更情况,交代的方法、对象、结果的记录;有关单位业务往来记录;有关新工艺、新材料的推广的记录;气候、气温、地质以及其停电、停水、停工待料的记录;混凝试块、砂浆试块的留置组数及28d 的强度试验报告结果的记录等。

6.设计变更文件

设计变更是在施工过程中,由于设计图纸本身差错,设计图纸与实际情况不符,施工条件变化,建设各方提出合理化建议,原材料的规格、品种、质量不符合设计要求等原因,需要对设计图纸部分内容进行修改而办理的变更设计文件。设计变更是施工图的补充和修改的记载,要及时办理,内容要求明确具体,必要时附图。不得任意涂改和事后补办。按签发的日期先后顺序编号,要求责任明确,签章齐全。

7. 工程洽商记录文件

工程洽商是施工过程中一种业主与施工单位协调、施工单位和设计单位洽商行为的记录。工程洽商分为技术洽商和经济洽商两种,通常情况下由施工单位提出。

(1)在组织施工过程中,如发现设计图纸存在问题,或因施工条件发生变化,不能满足设计要求,或某种材料需要代换时,应向设计单位提出书面工程洽商。

(2)工程洽商记录应分专业及时办理,内容翔实,必要时应附图,并逐条注明所修改图纸的图号。工程洽商记录应由设计专业负责人以及建设、监理和施工单位的相关负责人签认后生效,不允许先施工后办理洽商。

(3)设计单位如委托建设(监理)单位办理签认,应办理书面委托签认手续。

(4)分包工程的工程洽商记录,应通过总包审查后办理。

8. 工程测量记录文件

工程测量记录是在施工过程中形成的确保建设工程定位、尺寸、标高、位置和沉降量等满足设计要求和规范规定的资料统称。

(1)工程定位测量记录文件。在工程开工前,施工单位根据建设单位提供的测绘部门的放线成果、红线桩、标准水准点、场地控制网(或建筑物控制网)、设计总平面图,对工程进行准确的测量定位。检查意见及复验意见应分别由施工单位、监理单位相关负责人填写,并签认盖章。且工程定位测量完成后,应由建设单位报请规划管理部门下属具有相应资质的测绘部门进行验线。

(2)施工测量放线报验表。施工单位应在完成施工测量方案、红线桩校核成果、水准点引测成果及施工过程的各种测量记录后,填写《施工测量放线报验表》报请监理单位审核。

(3)基槽及各层测量放线记录文件。建设工程根据施工图纸给定的位置、轴线、标高进行测量与复测,以保证工程的位置、轴线、标高正确。检查意见及复验意见应分别由施工单位、监理单位相关负责人填写,并签认盖章。

(4)沉降观测记录文件。沉降观测是检查建筑物地基变形是否满足国家规范要求,对建筑物沉降观测点进行沉降的测量工作,以保证工程的正常使用。一般建设工程项目,由施工单位进行施工过程及竣工后保修期内的沉降观测工作。观测单位按设计要求和规范规定,或监理单位批准的观测方案,设置沉降观测点,绘制沉降观测点布置图,定期进行沉降观测记录,并应附沉降观测点的沉降量与时间—荷载关系曲线图和沉降观测技术报告。观测单位的测量员、质检员、技术负责人均应签字,监理工程师应审核签字,测量单位应加盖公章。

9. 施工记录文件

施工记录是在施工过程中形成的,确保工程质量和安全的各种检查、记录的统称。主要包括:工程定位测量检查记录、预检记录、施工检查记录、冬期混凝土搅拌称量及养护测温记录、交接检查记录、工程竣工测量记录等。

10. 工程质量事故记录文件

工程质量事故记录文件包括工程质量事故报告和工程质量事故处理记录。

(1)工程质量事故报告。发生质量事故应有报告,对质量事故进行分析,按规定程序报告。

(2)工程质量事故处理记录。作好事故处理鉴定记录,建立质量事故档案,主要包括:质量事故报告、处理方案、实施记录和验收记录。

11. 工程竣工文件

工程竣工文件包括竣工报告、竣工验收证明书和工程质量保修书。

竣工报告是指工程项目具备竣工条件后，施工单位向建设单位报告，提请建设单位组织竣工验收的文件。提交竣工报告的条件是施工单位在合同规定的承包项目内容全部完工后，自行组织有关人员进行检查验收，使其符合设计要求和质量标准。由施工单位生产部门填写竣工报告，经施工单位工程管理部门组织有关人员复查，确认具备竣工条件后，法人代表签字，法人单位盖章，报请监理、建设单位审批。

竣工验收证明书是指工程项目按设计和施工合同规定的内容全部完工，达到验收规范及合同要求，满足生产、使用并通过竣工验收的证明文件。建设单位接到竣工报告后，由建设单位项目负责人组织设计单位、监理单位、勘察单位、施工总包及分包单位及有关部门。以国家颁发的施工质量验收规范为依据，按设计和施工合同的内容对工程进行全面检查和验收，通过后办理《竣工验收证明书》。由施工单位填写，报建设、监理、设计等单位负责人签字并加盖公章。

建设工程实行质量保修制度，工程承包单位在向建设单位提交工程竣工验收报告时，应当向建设单位出具质量保修书。质量保修书应当明确建设工程的保修范围、保修期限和保修责任等。

任务二　施工技术资料的填写与整理

施工资料是反映工程质量、进度、造价、安全的重要内容，下面着重举例说明施工资料的填写。

（1）工程开工报审表。见表 5-1。

表 5-1　工程开工报审表

工程名称：河北省××市××超市　　　　　　　　　　　　　　　　　　编号：001

致 ＿＿＿×× 市××商超连锁有限公司＿＿＿＿（建设单位） 　　＿＿＿×× 市工程建设监理有限公司＿＿＿＿（监理单位） 　　我方承担的＿＿＿河北省××市××超市＿＿＿工程，已完成相关准备工作，具备了开工条件，特此申请于＿＿＿××××年××月××日＿＿＿开工，请审批。 附件： 　　一、施工许可证已获政府主管部门批准； 　　二、征地拆迁工作满足工程进度需要； 　　三、施工组织设计已获总监理工程师批准； 　　四、现场管理人员、施工人员已进场，机具、主要工程材料已落实； 　　五、进场道路及水、电、通信等已满足开工要求； 　　六、质量管理、技术管理和质量保证的组织机构已建立； 　　七、质量管理、技术管理制度已制定； 　　八、专职管理人员和特种作业人员已取得资质证、上岗证。 　　　　　　　　　　　　　施工单位（章）：＿＿＿×× 省××建设工程有限公司＿＿＿ 　　　　　　　　　　　　　项目经理：＿＿＿＿＿＿高××＿＿＿＿＿＿ 　　　　　　　　　　　　　日　期：＿＿＿××××年××月××日＿＿＿

续表 5-1

审核意见:**同意开工**
项目监理机构(章):××市工程建设监理有限公司 总监理工程师: 李×× 日 期: ××××年××月××日
审批意见:**同意开工**
建设单位(章):××市××商超连锁有限公司 项目负责人: 张×× 日 期: ××××年××月××日

注:本表一式四份,由建设单位审批后,施工单位、建设单位各执一份,监理单位两份(其中城建档案馆一份)。

(2)施工单位申请表(通用)。见表 5-2。

表 5-2 施工单位申请表(通用)

工程名称:河北省××市××超市 　　　　　　　　　　　　　　　　编号:008

致　石家庄市××工程建设监理有限公司(监理单位)
我单位报送的编号为 B×××01××3,B×××01××4 的试验室出具的混凝土试块强度试验报告(基础垫层,标准养护,强度等级 C15),经自查符合设计和施工规范要求,请予审查并对该混凝土检验批的质量予以认可。 施工单位(章):××省××建设工程有限公司 项目经理: 高×× 日 期: ××××年××月××日
审核意见:　　　　　　　　　**符合要求** 项目监理机构(章):××市工程建设监理有限公司 总/专业监理工程师: 李×× 日 期: ××××年××月××日

注:本表一式三份,项目监理机构一份,施工单位一份,建设单位一份。

（3）施工组织设计/方案报审表。见表 5-3。

表 5-3 施工组织设计/方案报审表

工程名称:河北省××市××超市   编号:001

致 石家庄市××工程建设监理有限公司（监理单位）

我方已完成了 河北省××市××超市 工程施工组织设计/方案的编制,并按规定完成了相关审批手续,请予以审查。
附件:施工组织设计/ 方案
 	
        施工单位(章):××省××建设工程有限公司
        项目经理: 高××
        日   期: ××××年××月××日

专业监理工程师审查意见:
 	
     该方案可行,同意按此方案组织施工
 	
        专业监理工程师: 王××
        日   期: ××××年××月××日

总监理工程师审核意见:
 	
     同意
 	
        项目监理机构(章):××市工程建设监理有限公司
        总监理工程师: 李××
        日   期: ××××年××月××日

注:本表一式三份,项目监理机构签署后自留一份,报建设单位一份,返施工单位一份。

（4）主要施工机械设备报审表。见表 5-4。

表 5-4 主要施工机械设备报审表

工程名称:河北省××市××超市   编号:004

致石家庄市××工程建设监理有限公司（监理单位）
下列施工设备已按施工组织设计(方案)要求进场,请核查并准予使用。

设备名称	规格型号	数量	进场日期	技术状况	备注
水准仪	B30	2	××××年××月××日	新	
经纬仪	DT-024	2	××××年××月××日	新	

附件：
1.有关技术说明、调试结果； 　　2.计量设备法定检测部门的鉴定证明； 　　3.设备状况证明文件。 　　　　　　　　　　　施工单位(章)：××省××建设工程有限公司 　　　　　　　　　　　项目经理：＿＿＿＿高××＿＿＿＿ 　　　　　　　　　　　日　　　期：＿××××年××月××日＿
专业监理工程师审核意见： **符合要求**   　　　　　　　　　　　项目监理机构(章)：××市工程建设监理有限公司 　　　　　　　　　　　专业监理工程师：＿＿＿＿王××＿＿＿＿ 　　　　　　　　　　　日　　　期：＿××××年××月××日＿

注:本表一式两份,项目监理机构签署后自留一份,返施工单位一份。

　　(5)施工控制测量成果报验单。见表 5－5。

表 5－5　施工控制测量成果报验单

工程名称:河北省××市××超市　　　　　　　　　　　　　　　　　　　　编号：004

致石家庄市××工程建设监理有限公司（监理单位）
我方已完成河北省××市××超市基础承台 的施工控制测量,经自检合格,请予查验。 　　专职测量人员岗位证书编号:03××221×0 　　测量设备鉴定证书编号:经纬仪 Q201300×××4,水准仪 Q2013×××99,钢尺 Q20××94×2 　　附件： 　　1.施工控制测量依据资料； 　　2.施工控制测量记录。 　　　　　　　　　　　施工单位(章)：××省××建设工程有限公司 　　　　　　　　　　　项目经理：＿＿＿＿高××＿＿＿＿ 　　　　　　　　　　　日　　　期：＿××××年××月××日＿
审查意见： **符合要求**   　　　　　　　　　　　项目监理机构(章)：××市工程建设监理有限公司 　　　　　　　　　　　专业监理工程师：＿＿＿＿王××＿＿＿＿ 　　　　　　　　　　　日　　　期：＿××××年××月××日＿

注:本表一式三份,项目监理机构两份(其中城建档案馆一份),返施工单位一份。

（6）工程材料/构配件/设备报审表。见表 5-6。

表 5-6　工程材料/构配件/设备报审表

工程名称：河北省××市××超市　　　　　　　　　　　　　　　　　　编号：001

致石家庄市××工程建设监理有限公司（监理单位）				
我方于××××年××月××日 进场的工程材料/构配件/设备数量如下（或另附清单）。 现将质量证明文件及自检结果报上，拟用于下述部位：　基础　，请予以审核。				

名　称	规　格	产　地	数　量	备　注
热轧带肋钢筋	HRB400E　20mm	河北钢铁承德分公司	58.5t	炉批号 21×7-13Y30××51
热轧带肋钢筋	HRB400E　18mm	河北钢铁承德分公司	25t	炉批号 24×8-13Y204××9
热轧带肋钢筋	HRB400E　16mm	河北钢铁承德分公司	27.6t	炉批号 2×60-13Y2××194
热轧带肋钢筋	HRB400E　14mm	河北钢铁承德分公司	22.5t	炉批号 66×1-13X30××14

附件：

1. 材料/构配件/设备进场验收记录；

2. 材料/构配件/设备质量证明资料；

3. 复试报告等。

施工单位(章)：××省××建设工程有限公司

项目经理：　　　高××　　　

日　　期：××××年××月××日

专业监理工程师审查意见：

　　经检查上述工程材料/~~构配件/设备~~，符合/~~不符合~~设计文件和规范的要求，准许/~~不准许~~进场，同意/~~不同意~~使用于拟定部位。

项目监理机构(章)：××市工程建设监理有限公司

专业监理工程师：　　　王××　　　

日　　期：××××年××月××日

注：本表一式三份，项目监理机构两份（其中城建档案馆一份），返施工单位一份。

(7)检测机构资格报审表。见表5-7。

表5-7 检测机构资格报审表

工程名称：河北省××市××超市　　　　　　　　　　　　　　　　　　编号：001

致石家庄市××工程建设监理有限公司（监理单位） 　　经考查，我方认为拟选择的　××工程质量检测有限公司　（检测机构）具有与　××市××超市工程相适应的检测资质及检测能力。现报上相关资料，请予以审查和批准。 附件： 　　1.检测机构的资质等级及检测范围； 　　2.质量技术监督部门对检测机构出具的计量鉴定证明； 　　3.检测机构管理制度； 　　4.检测人员的资格证书； 　　5.本工程的检测项目及其要求。 <div align="right">施工单位（章）：××省××建设工程有限公司 项目经理：　　　　高××　　　　 日　　　期：××××年××月××日</div>
专业监理工程师审查意见： 　　　　该实验室资料手续齐全，同意其对××市××超市工程进行试验检测。 <div align="right">项目监理机构（章）：××市工程建设监理有限公司 专业监理工程师：　　　王××　　　 日　　　期：××××年××月××日</div>

注：本表一式三份，项目监理机构签署后自留一份，报建设单位一份，返施工单位一份。

(8)施工进度计划(调整计划)报审表。见表5-8。

表5-8　施工进度计划(调整计划)报审表

工程名称:河北省××市××超市　　　　　　　　　　　　　　　　　　　编号:001

致　　<u>　石家庄市××工程建设监理有限公司　</u>　(监理单位)
兹上报　<u>　河北省××市××超市　</u>　工程施工进度计划(调整计划),请审查批准。 　　附件:施工进度计划   　　　　　　　　　　　　　　　　　施工单位(章):××省××建设工程有限公司 　　　　　　　　　　　　　　　　　项目经理:　　<u>　高××　　</u> 　　　　　　　　　　　　　　　　　日　　期:　<u>××××年××月××日</u>
审查意见: 　　√ 1.同意　　　　2.不同意　　　3.建议按以下内容修改补充   　　　　　　　　　　　　　　　　项目监理机构(章):××市工程建设监理有限公司 　　　　　　　　　　　　　　　　总监理工程师:　　<u>　李××　　</u> 　　　　　　　　　　　　　　　　日　　期:　<u>××××年××月××日</u>

注:本表一式三份,项目监理机构签署后自留一份,报建设单位一份,返施工单位一份。

(9)分包单位资格报审表。见表5-9。

表5-9　分包单位资格报审表

工程名称:河北省××市××超市　　　　　　　　　　　　　　　　　　　编号:001

致　　<u>　石家庄市××工程建设监理有限公司　　</u>　(监理单位)
经考察,我方认为拟选择的　<u>××市××岩土工程有限公司　</u>(分包单位)具有承担下列工程的施工资质和施工能力,可以保证本工程项目按合同的规定进行施工。分包后,我方仍承担总包单位的全部责任。请予以审查和批准。 附件: 　　1.分包单位资质材料; 　　2.分包单位业绩材料。

分包工程名称(部位)	工程数量	拟分包工程合同额	分包工程占全部工程
预应力混凝土管桩	565根桩	200万	9.58　　　%
			%

施工单位(章):××省××建设工程有限公司 　　　　　　　　　　　　　　　　　项目经理:　　<u>　高××　　</u> 　　　　　　　　　　　　　　　　　日　　期:　<u>××××年××月××日</u>

续表 5-9

专业监理工程师审查意见：
该岩土工程有限公司资质齐全,同意分包。 　　　　　　　　专业监理工程师：　　　王××　　　 　　　　　　　　日　　期：××××年××月××日
总监理工程师审核意见：
同意。 　　　项目监理机构(章)：××市工程建设监理有限公司 　　　总监理工程师：　　　李××　　　 　　　日　　期：××××年××月××日

注:本表一式三份,项目监理机构签署后自留一份,报建设单位一份,返施工单位一份。

(10)工程概况表。见表 5-10。

表 5-10　工程概况表

<table>
<tr><td rowspan="13">一般情况</td><td>工程名称</td><td>河北省××市××超市</td><td>建设单位</td><td>××市××商超连锁有限公司</td></tr>
<tr><td>建设用途</td><td>商业办公</td><td>设计单位</td><td>××市××建设工程设计院</td></tr>
<tr><td>建设地点</td><td>河北省××市××大街以西,××路以北</td><td>勘察单位</td><td>河北××建设工程地勘有限公司</td></tr>
<tr><td>建筑面积</td><td>25687.8m²</td><td>监理单位</td><td>××市工程建设监理有限公司</td></tr>
<tr><td>工　期</td><td>1 年</td><td>施工单位</td><td>××省××建设工程有限公司</td></tr>
<tr><td>开工日期</td><td>××××年××月××日</td><td>竣工日期</td><td>××××年××月××日</td></tr>
<tr><td>结构类型</td><td>框架</td><td>基础类型</td><td>桩基</td></tr>
<tr><td>层　数</td><td>四层</td><td>建筑檐高</td><td>21.55m</td></tr>
<tr><td>地上面积</td><td>18526.58m²</td><td>地下面积</td><td>/</td></tr>
<tr><td>人防等级</td><td>/</td><td>抗震等级</td><td>二级</td></tr>
<tr><td colspan="4"></td></tr>
<tr><td rowspan="8">构造特征</td><td>地基与基础</td><td colspan="3">基础采用预应力混凝土管桩,承台混凝土强度等级为 C35,地梁混凝土强度等级为 C30</td></tr>
<tr><td>柱、内外墙</td><td colspan="3">框架柱纵向钢筋采用电渣压力焊、内外墙采用蒸压加气混凝土砌块填充砌筑</td></tr>
<tr><td>梁、板、楼盖</td><td colspan="3">梁、板、楼盖钢筋采用绑扎连接,商品混凝土浇筑</td></tr>
<tr><td>外墙装饰</td><td colspan="3">真石漆/弧形玻璃幕墙/石材贴面</td></tr>
<tr><td>内墙装饰</td><td colspan="3">多采用白色乳胶漆墙面,卫生间及保洁室采用面砖墙面,电井、风井采用水泥砂浆墙面</td></tr>
<tr><td>楼地面装饰</td><td colspan="3">商超部分采用防水、防滑地砖地面,收货区采用细石混凝土地面,其他采用水泥砂浆地面</td></tr>
<tr><td>屋面构造</td><td colspan="3">保温采用 70mm 厚挤塑聚苯板,防水采用 1.5mm 非固化沥青+3mmSBS</td></tr>
<tr><td>防火设备</td><td colspan="3">喷淋系统、灭火器配置、机械排风及排烟系统、火灾自动报警与消防联动控制系统、疏散指示标志灯</td></tr>
<tr><td colspan="2">机电系统简要描述</td><td colspan="3">步道梯、货梯等电梯系统、空调系统、风机系统</td></tr>
<tr><td colspan="2">其他</td><td colspan="3"></td></tr>
</table>

(11)施工现场质量管理检查记录。见表 5－11。

表 5－11　施工现场质量管理检查记录

工程名称	河北省××市××超市		施工许可证(开工证)		参照施工许可证编号	
建设单位	××市××商超连锁有限公司		项目负责人		张××	
设计单位	××市××建设工程设计院		项目负责人		任××	
监理单位	××市工程建设监理有限公司		总监理工程师		李××	
施工单位	××省××建设工程有限公司	项目经理	高××	项目技术负责人		王××
序号	项　目		内　容			
1	现场质量管理制度		有图纸会审、质量例会、自检互检交接检、质量检评、质量事故处理、月评比和奖励等制度			
2	质量责任制		有岗位责任制、设计交底、定期质量检查			
3	主要专业工种操作上岗证书		齐全			
4	分包方资质与分包单位的管理制度		分包单位具备施工资质,管理制度完善			
5	施工图审查情况		有审查报告及审查批准书			
6	地质勘查资料		有工程地质勘查报告			
7	施工组织设计、施工方案及审批		有施工组织设计、施工方案及审批			
8	施工技术标准		有多种工艺标准			
9	工程质量检验制度		有原材料、构件试(检)验制度、施工试验制度			
10	搅拌站及计量设置		采用商品混凝土			
11	现场材料、设备存放与管理		现场材料、设备存放整齐,管理制度完善			
12						

检查结论：

符合要求。

　总监理工程师
(建设单位项目负责人)　　　　赵××　　　　　　　　　　　　××××年××月××日

（12）施工日志。见表 5-12。

表 5-12 施工日志

工程名称：河北省××市××超市　　　　　　　　　　　　　　　　　编号：00-00-001

日期	××××年××月××日	气象	晴	风力	3级	最高温度	20
						最低温度	15

主要施工、生产、质量、安全、技术、管理活动：

具体日常生产活动

记录人（签字）	刘××（施工员）

任务三　工程主要物资资料的填写及整理要求

工程主要物资资料包括：进场检验通用表格、进场检验专用表格、进场复试报告通用表格、进场复试报告。

（1）钢筋质量证明文件、检测报告汇总表。见表 5-13。

表 5-13 钢筋质量证明文件、检测报告汇总表

工程名称：河北省××市××超市　　施工单位：××省××建设工程有限公司　　　　编号：00-00-001

序号	名称 规格品种	生产厂家	进场		质量证明文件编号	检测报告编号	检测结论	主要使用部位及有关说明
			数量	时间				
1	HRB400E 20	河北钢铁股份承德分公司	32t	××××年×月×日	312020××	B14×××0×9	合格	塔吊基础
2	HRB400E 16	河北钢铁股份承德分公司	56t	××××年×月×日	30××6992	B14×××748	合格	塔吊基础
3	HRB400E 14	河北钢铁股份承德分公司	27t	××××年×月×日	30××977	B14X3×××47	合格	塔吊基础
4	HRB400E 12	河北钢铁股份承德分公司	51t	××××年×月×日	303××725	B14X3×××74	合格	塔吊基础

序号	名 称 规格品种	生产厂家	进场		质量证明 文 件 编 号	检测报告 编 号	检测 结论	主要使用部位 及有关说明
			数量	时间				
5	HRB400E 12	河北钢铁股份 承德分公司	23t	××××年 ×月×日	303××25	B14××××48	合格	基础主体
6	HRB400E 20	河北钢铁股份 承德分公司	56t	××××年 ×月×日	31×××046	B14X3×××14	合格	基础主体
7	HRB400E 16	河北钢铁股份 承德分公司	24t	××××年 ×月×日	30××992	B14×××144	合格	基础主体
8	HRB400E 14	河北钢铁股份 承德分公司	45t	××××年 ×月×日	30X9××	B14××××43	合格	基础主体
签字 栏	审核：王××(技术负责人)　　　　　　　　　　汇总：　田××(资料员)							

(2)水泥出厂质量证明文件及检测报告粘贴表。见表 5－14。

表 5－14　水泥出厂质量证明文件及检测报告粘贴表

编号：00－00－001

	(粘贴页)
签字 栏	审核：　王××(技术负责人)　　　整理：　田××(资料员)　　　　××××年××月××日

（3）材料、构配件进场验收记录。见表 5－15。

表 5－15　材料、构配件进场验收记录　　　　编号：00－00－001

工程名称		河北省××市××超市				验收日期		××××年××月××日	
序号	名称	规格型号	进场数量	生产厂家		外观检验项目	复试报告编号		备注
				质量证明书编号		检验结果	复验结果		
1	热轧带肋钢筋	HRB400E 20	39T	河北钢铁承德分公司		是否平直、有裂纹、油污或锈蚀	B14 × 30 × ××		
				31202×××		无锈蚀、表面无缺陷	合格		
2	热轧带肋钢筋	HRB400E 16	24T	河北钢铁承德分公司		是否平直、有裂纹、油污或锈蚀	B14 × 300 × ××		
				30406×××		无锈蚀、表面无缺陷	合格		
3	热轧带肋钢筋	HRB400E 14	35T	河北钢铁承德分公司		是否平直、有裂纹、油污或锈蚀	B14 × 300 × ××		
				30302×××		无锈蚀、表面无缺陷	合格		
4	热轧带肋钢筋	HRB400E 12	55T	河北钢铁承德分公司		是否平直、有裂纹、油污或锈蚀	B14 × 300 × ××		
				30302×××		无锈蚀、表面无缺陷	合格		
5									
6									
7									
施工单位检查意见：进场的钢筋均符合设计及规范要求，验收合格。									
监理/建设单位验收意见：同意进场。									
签字栏	监理（建设）单位	施工单位							
		技术负责人	质检员			检验员			
	李××	王××	郭××			董××			

任务四 施工检测报告

（1）钢材连接检测报告汇总表。见表 5－16。

表 5－16 钢材连接检测报告汇总表

工程名称：河北省××市××超市　　　施工单位：××省××建设工程有限公司　　　编号：02－01－001

序号	试件品种规格	连接方式	试件代表数量	原材试验统一编号	连接试验统一编号	试验结论	主要使用部位及有关说明
1	HRB400E 18mm	直螺纹接头	—	W14××0114×	W14××0179×	合格	基础主体试连接检验
2	HRB400E 20mm	直螺纹接头	—	W14××011××	W14××0179×	合格	基础主体试连接检验
3	HRB400E 22mm	直螺纹接头	—	W14××011××	W14××0179×	合格	基础主体试连接检验
4	HRB400E 25mm	直螺纹接头	—	W14××011××	W14××0179×	合格	基础主体试连接检验
5	HRB400E 18mm	直螺纹接头	500	W14××011××	W14××0200×	合格	基础地梁
6	HRB400E 18mm	直螺纹接头	300	W14××011××	W14××0200×	合格	基础地梁
7	HRB400E 20mm	直螺纹接头	200	W14××011××	W14××0200×	合格	基础地梁
签字栏	审核：王××（技术负责人）　　　　　　　　　　汇总：田××（资料员）						

（2）标准养护混凝土抗压强度检测报告汇总表。见表 5－17。

表 5－17 标准养护混凝土抗压强度检测报告汇总表

工程名称：河北省××市××超市　　　　　　　　　　　　　　　编号：00－00－001

序号	检测统一编号	施工部位	留置组数	设计强度等级	试块成型日期	龄期	试块强度代表值	备注
1	W14×××3××1	桩芯	1	C35	××××年×月×日	28	43.5	达设计强度124%
2	W14×××3××2	桩芯	1	C35	××××年×月×日	28	40.4	115%
3	W14×××3××3	桩芯	1	C35	××××年×月×日	28	39.7	113%
4	W14×××1××3	基础垫层	1	C15	××××年×月×日	28	16.7	111%

序号	检测统一编号	施工部位	留置组数	设计强度等级	试块成型日期	龄期	试块强度代表值	备注
5	W14×××1××4	基础垫层	1	C15	××××年×月×日	28	16.6	111%
6	W14×××25××	扶梯及货梯基坑	1	C30	××××年×月×日	28	39.1	130%
7	W14×××2××5	地梁	1	C30	××××年×月×日	28	38.3	129%
8	W14×××2××6	地梁	1	C30	××××年×月×日	28	40.6	135%
9	W14×××2××7	承台	1	C35	××××年×月×日	28	44.0	126%
10	W14×××2××8	承台	1	C35	××××年×月×日	28	45.7	131%
签字栏	审核：王××(技术负责人) 汇总：田××(资料员) ××××年××月××日							

(3)混凝土强度评定表。见表 5-18。

表 5-18　混凝土强度评定表

工程名称：河北省××市××超市　　施工单位：××省××建设工程有限公司　　编号：00-00-002

混凝土强度等级	C35			结构部位		承台	
配合比编号	BS20×××07			养护条件		标准养护	
验收组数 $n=6$	合格判定系数 $\lambda_1=$		$\lambda_2=$		$\lambda_3=1.15$		$\lambda_4=0.95$
同一检验批混凝土立方体抗压强度平均值 $mfcu=$			46.22				
同一检验批混凝土立方体抗压强度最小值 $fcu,min=44$							
前一检验期强度标准差							
同一检验批混凝土立方体抗压强度标准差 $Sfcu=$							
验收批各组试件强度值(MPa)：							
44	45.7	44.6	47.2	47.4	48.4		

统计方法			非统计方法
标准差已知统计法	$mfcu \geqslant fcu,k+0.7$ $fcu,min \geqslant fcu,k-0.7$ 当强度等级≤表 C20 时， $fcu,min \geqslant 0.85 fcu,k$ 当强度等级＞C20 时， $fcu,min \geqslant 0.90 fcu,k$	标准差未知统计法 $mfcu \geqslant fcu,k+\lambda_1 Sfcu$ $fcu,min \geqslant \lambda_2 fcu,k$	$mfcu \geqslant \lambda_3 fcu,k$ $fcu,min \geqslant \lambda_4 fcu,k$
依据标准：验收依据：《混凝土强度检验评定标准》(GB/T 50107－2010)			
计算： 　$mfcu = 46.22 > \lambda_3 fcu,k = 40.25$ 　$fcu,min = 44.00 > \lambda_4 fcu,k = 33.25$		结论： 采用非统计方法进行混凝土强度评定：合格 日期：　×××ד年××月××日	

签字栏	监理（建设）单位	施工单位		
		技术负责人	质检员	统计
	李××	王××	郭××	田××

任务五　施工记录

施工记录主要包括：隐蔽工程验收记录、工程定位测量记录、基槽及各层放线测量及复测记录、地基验槽记录、工程施工记录、混凝土坍落检查记录等。

1.隐蔽工程验收记录

隐蔽工程验收记录是指为下道工序所隐蔽的工程项目，关系到结构性能和使用功能的重要部位或项目的隐蔽检查记录。隐蔽工程检查是保证工程质量与安全的重要过程控制检查记录，应分专业、分系统（机电工程）、分区段、分部位、分工序、分层进行。隐蔽工程未经检查或验收未通过，不允许进行下一道工序的施工。隐蔽工程验收记录为通用施工记录，适用于各专业。

隐蔽工程验收记录资料要求如下：

（1）验收时，施工单位必须附有关分项工程质量验收及测试资料，包括原材料试（化）验单、质量验收记录、出厂合格证等，以备查验。

（2）需要进行处理的，处理后必须进行复验，并且办理复验手续，填写复验记录，并作出复验结论。

（3）工程具备隐检条件后，由施工员填写隐蔽工程验收记录，由质检员提前一天报请监理单位，验收时由专业技术负责人组织施工员、质量检查员共同参加，验收后由监理单位专业监理工程师签署验收意见及验收结论，并签字签章。

隐蔽工程验收记录的填写注意事项如下：

（1）工程名称：与施工图纸中图签一致。

（2）隐蔽项目：应按实际项目填写，具体写明（子）分部工程名称和施工工序主要内容。

（3）隐蔽部位：按实际部位填写，填写地下或地上×层；填写横轴起至横止轴、纵轴起至纵止轴，轴线数字码，英文码标注应带圆圈；填写墙柱梁板等的起止标高或顶标高。

（4）检查时间：按实际检查时间填写。

（5）隐蔽依据：施上图纸、设计变更、工程洽商及相关的施工质量验收规范、标准、规程；本工程的施工组织设计、施工方案、设计交底等。特殊的隐蔽项，如新材料、新工艺、新设备要标注具体的执行标准文号或企业标准文号。

（6）隐蔽工程检查记录编号：按专业工程分类编码填写，按组卷要求进行组卷。主要材料名称及规格、型号，按实际发生材料、设备填写，各主要材料的规格、型号要表述清楚。

（7）隐蔽内容：应将隐蔽的项目、具体内容描述清楚。还要说明主要原材料的复试报告单编号、主要连接件的复试报告编号、主要施工方法。若文字不能表述清楚，可用示意简图进行说明。

（8）审核意见：审核意见要明确，隐蔽的内容是否符合要求要描述清楚。然后给出审核结论，根据检查情况在相应的结论框中打"√"。在隐蔽工程检查中一次检查未通过的要注明质量问题，并提出复查要求。

（9）复查结论：此栏主要是针对一次检查出现的问题进行复查，因此要对质量问题改正的情况描述清楚。在复查中仍出现不合格项，按不合格品处理。

（10）建设单位、施工单位、城建档案馆各保留一份。

隐蔽工程验收记录示例如表5－19所示。

表5－19　隐蔽工程验收记录

工程名称：河北省××市××超市　　施工单位：××省××建设工程有限公司　　编号：01－06－001

隐检项目	钢筋工程		隐检部位	基础承台
图纸、变更编号	结施－4		隐检日期	××××年××月××日
施工标准名称	混凝土结构工程质量验收规范（GB 50204－2002）		照片编号	YB001、YB002
隐蔽内容	质量要求	施工单位自查情况		监理（建设）单位检验情况
钢筋的品种、级别、规格、数量	第5.5.1条	经全数检查，钢筋的品种、级别、规格和数量均符合设计要求		符合要求
钢筋的连接	第5.4.1条	经检查，符合设计及规范要求		符合要求
钢筋的间距、排距	第5.5.1条	对各构件抽查10%具有代表性的部位，合格点率达到90%以上，且检测的偏差值没有超过允许偏差的1.5倍		符合要求
钢筋保护层厚度	第5.5.1条	经检查，符合设计及规范要求		符合要求
箍筋间距	第5.5.1条	经检查，符合设计及规范要求		符合要求

说明（图示、照片可另附页）：
1. 钢筋的品种、级别、规格和数量：受力钢筋为HRB400E10、12、14、16、18、20，箍筋为HPB300φ8。
2. 钢筋的连接：采用绑扎连接。
3. 钢筋的间距、排距及箍筋间距：符合设计和规范要求，详见结施-4。
4. 钢筋的保护层厚度：40mm。
隐检内容已做完，请予以检查。

验收结论：经自查，隐蔽项目符合设计及施工规范要求，同意隐蔽，进行下道工序施工。

签字栏	监理（建设）单位	施工单位	
		技术负责人	质检员
	李××	王××	郭××

2.预检工程检查记录

预检工程检查验收(或称为技术复核)是指施工单位在施工前或施工过程中,对重要分项工程的施工质量和管理人员的工作质量,在自检的基础上进行复核的一项技术工作。它是防止施工中的差错,保证工程质量,预防质量事故发生的一项有效的技术管理制度。在全国工程建设强制性标准实施监督检查标准中,已将预检工程记录列为重要的技术资料之一。

预检工作由项目技术负责人组织,专业工长、班组长参加,质量员核定。重点工程或重要施工部位应邀请建设(监理)、设计或质监单位的代表参加。工程预检是贯彻工程质量"预防为主"的重要环节。未经预检的项目或预检不合格的项目不得进行下道工序施工。

有些预检项目可以与分项工程质量验收工作一道进行。但应有不同的侧重点,并应分别填写预检记录和质量验收表归入各自的技术档案中。

预检工程检查记录表见表5-20。

表5-20 预检工程检查记录

工程名称:河北省××市××超市 　　　　　　　　　　　　　　　　　　　　　　　编号:01-00-001

分部分项工程名称及部位	基础定位		
预检内容	1.复核现场控制水准点位置及高程。 2.校核建筑物基础定位轴线、边线及坡度等。		
		预检日期:××××年××月××日	
检查意见	经检查,符合设计及规范要求,可进行下一道工序的施工。		
要求复查时间:			
复查结论	无需复查		
签字栏	技术负责人:王×× 　　质检员:郭×× 　　　　　　施工员:刘××		

3.工程定位测量记录

工程定位测量主要包括测设建筑物位置线、现场标准水准点、坐标点(包括场地控制网或建筑物控制网、标准轴线桩等)。测绘部门根据《建设工程规划许可证》(含附件、附图)批准的建筑工程位置及标高依据,测定出建筑物红线桩。

(1)建筑物位置线。施工测量单位应根据测绘部门提供的放线成果、红线桩及场地控制网(或建筑物控制网),测定建筑物位置、主控轴线及尺寸,做出平面控制网并绘制成图。

(2)标准水准点。标准水准点由规划部门提供,用来作为引入拟建建筑物标高的水准点,一般为2~3点,在使用前必须进行校核,测定建筑物±0.00绝对高程。

(3)工程定位测量检查内容包括:①校核标准轴线桩点、平面控制网;②校核引进现场施工用水准点;③检查计算资料及成果,填写《工程定位测量记录》,报监理单位审核。

(4)工程定位测量完成后(内部自检完成)应由建设单位报请规划部门验线。

工程定位测量记录表见表5-21。

表 5-21 工程定位测量记录

工程名称:河北省××市××超市　　施测单位:××省××建设工程有限公司　　编号:00-00-001

施测部位		基础定位		施测日期	××××年××月××日
使用仪器		经纬仪 ET-02、水准仪 S3E		大气温度	7℃
测量依据	坐标	××测绘大队采用××坐标系测绘	实测结果	坐标	如下图
	高程	××规划局给点		高程	19.667

定位测量示意图及说明:

复测结果:符合施工规范和设计要求。

签字栏	监理(建设)单位	施 工 单 位			
		技术负责人	质检员	施测人	复测人
	李××	王××	郭××	秦××	王××

工程定位测量记录的填表说明如下:

(1)平面坐标依据、高程依据:应由规划部门提供,以规划部门钉桩坐标为标准。填表时写明点位编号,与交桩资料中的点位编号一致。

(2)允许误差:按《建筑施工测量技术规程》(DB11/T 446-2007)的规定。

(3)定位抄测示意图:

①应将建筑物位置线、重要控制轴线、尺寸及指北针方向、现场标准 水准点、坐标点、红线桩、周边原有建筑物等采用适当比例绘制在此栏内。

②坐标、高程依据要标注引出位置,并标出它与建筑物的关系。

③特殊情况下,可不按比例,只画示意图,但要标出主要轴线尺寸。同时注明±0.000 绝对高程。

(4)复测结果:此栏必须填写复测的具体数字,不能只写"合格"或"不合格"。

(5)签字栏:"专业技术负责人"为项目专业技术负责人;"测量负责人"为施测单位或部门主管;"施测人"是指定位仪器操作者,"复测人"是指施测单位的上一级测量人员。

4.基槽及各层放线测量及复测记录

基槽放线就是根据主控轴线、基底平面图、地基基础施工方案,检查建筑物基底外轮廓线、集水坑、电梯井坑、垫层标高(高程)、基槽断面尺寸和坡度等。

检查内容包括:建筑物基底外轮廓线位置、尺寸、集水坑、电梯井坑、垫层标高(高程)、放坡边线、坡度、基槽断面尺寸等。

基槽及各层放线测量及复测记录。见表 5 - 22。

表 5 - 22　基槽及各层放线测量及复测记录

工程名称:河北省××市××超市　　　　日期:××××年××月××日　　　　　　编号:00-00-004

工程部位	首层 6~10 轴/C~J 轴框架柱及 1#楼梯
轴线定位方法说明	使用经纬仪、钢尺和线锤及控制桩定点定位
标高确定方法说明	使用水准仪引甲方指定高程点定点标高
测量仪器名称及编号	经纬仪 DT-02LL T230002 、水准仪 B30:10:3201;50m 钢卷尺 01005
测量示意图及说明	
放线依据	《工程测量规范》(GB 50026-2007),结构施工图等
测结果	经复测,误差均在±2mm 内,符合要求
备　注	不带括号的表示轴线偏差,带括号的表示标高偏差。

签字栏	监理(建设)单位	施工单位			
	李××	技术负责人	质检员	施测人	复测人
		王××	郭××	秦××	王××

5.地基与基础工程验槽记录

地基与基础工程验槽由建设单位组织建设单位、勘察单位、设计单位、施工单位、监理单位的项目负责人或技术质量负责人共同检查验收。具体检查:地基是否满足设计、规范等有关要求;是否与地质勘查报告中土质情况相符。基坑(槽)、基地开挖到设计标高后,应进行工程地质检验,对各种组砌基础、混凝土基础(包括设备基础)、桩基础、人工地基等作好隐蔽纪录。

建筑物应进行施工验槽,检查内容包括基坑位置、平面尺寸、持力层核查、基底绝对高程和相处标高、基坑土质及地下水位等,有桩支护或桩基的工程还应进行桩的检查。见表5-23。地基验槽检查记录应由建设、勘察、设计、监理、施工单位共同验收签认。如地基验槽未通过、需要进行地基处理,应由勘察、设计单位提出处理意见并填写地基处理记录。

(1)基坑验收内容:依据地质勘察报告验收地基土质是否与报告相符合,核对基坑的土质和地下水情况,是否与勘察报告一致。依据设计图纸核查基坑的位置、平面尺寸、基槽底标高等是否符合设计文件。若地基土与报告不相符,则需办理地基土处理洽商。对人工处理的地基,应按有关规范和设计文件的要求进行验收。此外,还需要审查地基钎探报告,包括钎探点布置图及钎探记录。检查基槽底是否有无空穴、古坟、古井、防空掩体、地下埋设物及其他变异。对深基础,还应检查基坑对附近建筑物、道路、管线是否存在影响。

(2)预制桩基验收内容:施工前必须按照规范或设计要求作试桩,试桩的数量应符合规定,试桩记录和质量检验报告应满足规范和设计要求。

每根预制桩均应有完整的贯入度记录,包括锤击数、桩位图及截面尺寸、长度、入土深度、桩位偏差、施工机械、施工日期等。

沉桩过程中,应对土体侧移和隆起、超孔隙水压力、桩身应力与变形、沉桩对相邻建筑物与设施影响有无异常进行监测。

土必须按规定对桩位进行抽样检测,检测结果应合格。

(3)对钻孔或挖孔灌注桩验收内容:检查成孔过程中有无缩径和塌孔,成孔垂直度,沉渣或虚土、孔底土扰动以及持力层均应符合设计要求。

钢筋规格与钢筋笼制作应符合设计要求。

混凝土的材料、配合比、坍落度、制作方法等,均应符合规范和设计要求。

浇筑混凝土、混凝土面标高与导管管门标高控制应适当,混凝土贯入量应符合设计要求。

对大直径挖孔桩,应有专人下孔内,对开挖尺寸、有无虚土、岩土条件等进行检验。

按规定必须对桩进行抽样检测的,检验结果应合格。

(4)地基验槽检查记录填写:"验收内容"栏,应按表格设计格式填写,明确具体位置;第"4"条建筑工程无桩基,在"□"打"/"。"检查意见"栏,应经检查,基坑位置、平面尺寸、持力层核查、基底绝对高程和相对标高符合设计要求;基坑土质符合地质勘察报告(编号××),地基土局部是否存在问题,处理方案见洽商(编号××)。表格填写范例见表5-23。

表 5-23 地基验槽记录

工程名称：河北省××市××超市　　　　施工单位：××省××建设工程有限公司　　　编号：00-00-001

验槽部位	基础	项目经理	高××
开挖时间	××××年××月××日	项目技术负责人	王××
完成时间	××××年××月××日	质检员	郭××
验收时间	××××年××月××日	记录人	王××

项次	项目	查验情况	附图或说明
1	基底土壤类别	素填土及粉质黏土	
2	基底是否为老土层	基底均到老土层	
3	地基土的均匀、密实程度	地基土均与、密实	
4	地下水情况	无地下水	详见附图
5	有无坑、穴、洞、窑、墓	无坑、穴、洞、窑、墓等	
6	定位检查	符合设计要求	
7	桩、地基处理	选用先张法钢筋混凝土预制管桩	
初验结论	符合设计及规范要求，地基土质均匀无异常，与勘查报告相符。		
复验结论	同意进行下道工序施工		

签字盖章栏	建设单位（公章）	监理单位（公章）	设计单位（公章）	勘察单位（公章）	施工单位（公章）
	张××	李××	赵××	齐××	高××

6.混凝土浇灌申请书

混凝土浇灌申请书。见表 5-24。

表 5-24 混凝土浇灌申请书

工程名称：河北省××市××超市　　　　施工单位：××省××建设工程有限公司　　　编号：01-06-003

申请浇灌时间：		××××年××月××日				申请浇灌混凝土的部位：			基础承台		
混凝土强度等级：		C35				混凝土配比单编号：			BS20×××07		
材料用量	水泥		水		砂		石		外加剂 DLD-8 泵送剂		掺合料
											粉煤灰		矿粉
用量/m³	324	kg	175	kg	752	kg	1082	kg	10.3	kg		kg	32	kg	40	kg
每盘用量	648	kg	350	kg	1504	kg	2164	kg	20.6	kg		kg	64	kg	80	kg
准备工作情况	钢筋、模板工程已验收合格；施工人员就位；机械设备运转正常；隐蔽工作已完成；具备浇筑混凝土条件										

施工单位意见	同意浇筑混凝土	
		项目经理:高××
		××××年××月××日
监理(建设)单位意见	同意浇筑	
		总监/专业监理工程师:李××
		××××年××月××日

混凝土浇灌申请书填写说明如下:

(1)该表由施工单位负责填写。承包单位项目经理部应在混凝土浇筑前提出本报审表。

(2)使用商品混凝土的,可不填写水泥认可单号、黄砂认可单号、石子认可单号、添加剂认可单号,但必须提供商品混凝土生产合格证。

(3)浇筑混凝土前,施工单位应检查各项准备工作(如钢筋、模板工程检查;水电预埋检查;材料、设备及其他准备等),自检合格填写混凝土浇灌申请书报请监理单位后方可浇筑混凝土。

7.混凝土工程施工记录

混凝土工程施工记录。见表 5－25。

表 5－25　混凝土工程施工记录

工程名称:河北省××市××超市　　　施工单位:××省××建设工程有限公司　　编号:01－06－003

浇筑部位	基础承台		设计强度等级	C35	浇筑日期	××××年××月××日	
操作班组	××班组		天气情况	晴	温度(℃)	最高	21
						最低	8
混凝土搅拌类别	商品混凝土	供货厂名	××混凝土搅拌站		合同号	Q×××－合同－002－2013	
		供货强度等级	C35		配比单编号	BS2×××07	
	现场拌制	配合比通知单编号					
		混凝土配合比	材料名称	规格产地	每立方米用量(kg)	每盘用量(kg)	实际每盘用量(kg)
			水泥				
			石子				
			砂子				
			水				
			掺合料				
			外加剂				

开始时间	××××年××月××日 18:00 时		完成时间	××××年××月××日 15:30 时	
本次浇筑数量(m³)	560		试块留置情况	标养试块六组,同条件养护试块三组	
备注					
签字栏	监理(建设单位)	施 工 单 位			
		技术负责人	施工员	试验员	
	李××	王××	刘××	董××	

混凝土工程施工记录的填写要求如下：

(1)混凝土工程施工记录,由施工单位负责填写,应由单位工程施工负责人或混凝土工长在混凝土工程施工期内逐日记载(每天填写 1 份),要求记录的内容必须连续和完整。

(2)混凝土的浇筑数量和部位,应按每天实际施工的结果如实填写。施工中抽查混凝土坍落度的次数和具体情况等应如实记录;应注明试块 28 天强度。

(3)混凝土试块编号应与混凝土试验报告送样单的编号一致。

(4)混凝土工程的施工记录是指不论混凝土浇筑工程量大小,对环境条件、混凝土配合比、浇筑部位、坍落度、试块结果等进行全面真实的记录。混凝土施工过程中应抽查粗、细骨料的含水率,混凝土施工配合比及坍落度;并应重点检查施工缝的留置及处理情况、混凝土的养护方法及养护时间、混凝土试块的留置组数等,形成混凝土施工记录。

8.混凝土坍落度检查记录

混凝土坍落度检查记录。见表 5－26。

表 5－26　混凝土坍落度检查记录

工程名称:河北省××市××超市　　施工单位:××省××建设工程有限公司　　编号:01－06－002

混凝土强度等级	C15		搅拌方式	机械搅拌
时间 (年　月　日　时)	施工部位	要求坍落度	实测坍落度	备注
××年××月××日 14:00	基础垫层	140±20	160	开盘后第一次测定
××年××月××日 14:30	基础垫层	140±20	155	过程测试
××年××月××日 15:05	基础垫层	140±20	155	过程测试
××年××月××日 15:39	基础垫层	140±20	160	过程测试
××年××月××日 16:10	基础垫层	140±20	155	过程测试
××年××月××日 16:50	基础垫层	140±20	155	过程测试
××年××月××日 17:20	基础垫层	140±20	160	过程测试
××年××月××日 18:00	基础垫层	140±20	155	过程测试
××年××月××日 18:30	基础垫层	140±20	150	过程测试
××年××月××日 19:00	基础垫层	140±20	155	过程测试
签字栏	技术负责人:王××		试验员:董××	

混凝土坍落度检查记录的填写说明：

（1）混凝土坍落度的测试方法适用于骨料最大粒径不大于 40mm、坍落度不小于 10mm 的混凝土拌合物黏稠度测定。

（2）坍落度筒提离后，如混凝土发生崩坍或一边剪坏现象，则应重新取样另行测定。如第二次试验仍出现上述现象则表示该混凝土和易性不好。

（3）用捣棒在已坍落的混凝土锥体侧面轻轻敲打。此时，如果锥体逐渐下沉，则表示粘聚性良好，如果锥体倒塌、部分崩裂或出现离析现象，则表示粘聚性不好。

（4）坍落度筒提起后如有较多的稀浆从底部析出，锥体部分的混凝土也因失浆而骨料外露，则表示此混凝土拌合物的保水性不好。如坍落度筒提起后无稀浆或仅有少量稀浆自底部析出，则表示此混凝土拌合物保水性良好。

（5）坍落度试验是测定混凝土拌合物流动性的方法，是指为保证混凝土质量在浇筑时对混凝土的检查记录，检查工作在浇筑地点进行，每工作班至少两次。通过目测可检查混凝土拌合物的保水情况，评定其可塑性和稳定性，以便较全面地评定混凝土拌和易性。

任务六　施工试验及检查记录

1. 施工试验记录和见证检测报告

施工试验记录是根据设计要求和规范规定进行试验，记录原始数据和计算结果，并得出试验结论的资料统称。按照设计要求和规范规定应作施工试验。无专项施工试验表格的，可填写《施工试验记录（通用）》；采用新技术、新工艺及特殊工艺时，对施工试验方法和试验数据进行记录，应填写《施工试验记录（通用）》。

见证检测报告是指在建设单位或工程监理单位人员的见证下，由施工单位的现场试验人员对工程中涉及结构安全的试块、试件和材料在现场取样，并送至经过省级以上建设行政主管部门对其资质认可和质量技术监督部门对其计量认证的质量检测单位进行检测，并由检测单位出具检测报告。

2. 施工试验记录及检测报告编制整理

单位工程的竣工验收是对分部工程验收的汇总，而分部工程的验收主要包括：①对分部（子分部）及工程所含分项工程的质量验收；②质量控制资料的验收；③对地基基础、主体结构和设备安装等分部工程有关安全及功能的检验和抽样检测结果的验收；④观感质量的验收。质量控制资料主要包括：施工物资资料、施工记录、施工试验记录及检测报告，其中施工试验记录及检测报告是建筑工程质量控制资料中极其重要的部分。主要有以下内容：

（1）土工击实试验、回填土试验报告整理土工击实试验是研究土压实性能的基本方法，也是建筑工程必须试验的项目之一。为有效控制回填质量，国家有关标准对不同的部位土方压实度系数指标都有明确规定，土方工程应测定土的干密度，并有土工击实和压实度系数试验报告。

（2）砂浆配合比试验报告。委托单位应根据设计强度等级、技术要求、施工部位、原材料情况等，向试验部门提出砂浆配合比申请单，试验部门依据配合比申请单签发配合比设计报告。

（3）砂浆抗压强度试验报告整理。

①承重结构的砌筑砂浆试块，应按规定实行见证取样和送检。

②检验方法及要求：检查报告单上各项目是否齐全，所有子项必须填写清楚、具体、不空项。应按照图纸要求，检查砂浆配合比及砂浆强度报告中砂浆种类、强度等级与使用的原材料种类、

试验编号对应其原材试验报告、配合比通知单及砂浆强度报告中相应项是否相吻合,试件成型日期、实际龄期、养护方法、组数、试验结果及结论是否符合设计要求和施工规范规定,准确、真实、无未了项,试验室签字盖章是否齐全;检查试验编号、委托编号是否填写。试验数据是否达到规范规定标准值;若发现问题应及时报有关部门处理,并将处理结论通知委托单位。

(4)砌筑砂浆试块强度统计、评定记录整理。

①单位工程试块抗压强度评定应按砌筑砂浆的验收批进行(分为地坑基础、主体结构完成后,工程所用各品种、各强度等级的砂浆都应分别进行统计评定),配合比和原材料基本相同的同品种强度等级砂浆划分为同一批。

②砌筑砂浆的验收批,同一类型、强度等级的砂浆试块应不小于 3 组。当同一验收批只有一组试块时,该组试块抗压强度的平均值必须大于或等于设计强度等级所对应的立方体抗压强度。砂浆强度进行标准养护,以龄期为 28 天的试块抗压试验结果为准。砂浆试件取样留置应满足下列要求:

A. 每一检验批且不超过 250m³ 砌体的各种类型及强度等级的砌筑砂浆,每台搅拌机应至少取样一次。

B. 建筑地面工程水泥砂浆强度试件,每一层(或检验批)不应小于 1 组,与每一层(或检验批)建筑地面工程面积大于 1000m² 时,每增加 1000m² 应增做一组试件,剩余不足 1000m² 的按 1000m² 计。当配合比不同时,应相应制作不同试件。

C. 同盘砂浆只应制作一组试件。

(5)混凝土配合比试验报告。

①现场搅拌混凝土应有配合比申请单和配合比通知单。预拌混凝土应有试验室签发的配合比通知单。委托单位应依据设计强度等级、技术要求、施工部位、原材料情况等向试验部门提出配合比申请单,试验部门依据配合比申请单签发配合比通知单。

②混凝土拌制前,先测定砂、石含水率并根据测试结果调整材料用量,提出施工配合比,检查数量,每工作班检查一次;主要检查含水率测试结果和施工配合比通知单。

(6)混凝土抗压强度检验报告整理。

①应有按规定留置龄期为 28 天的标准养护试块和相应数量同条件养护试块的抗压强度试验报告。

②抗压强度试块、抗渗性能试块、同条件养护试块留置方式和取样数量应符合下列规定:

A. 每拌制 100 盘且不超过 100m³ 的同配合比的混凝土,取样不得少于一次。

B. 每工作班拌制的同一配合比的混凝土不足 100m³,取样不得少于一次。

C. 当一次连续浇筑超过 1000 m³ 时,同一配合比的混凝土每 200 m³ 取样不得少于一次。每一楼层、同一配合比的混凝土,取样不得少于一次。

D. 建筑地面工程混凝土强度试件每一层(或检验批),每 1000 m² 取样不得少于一次,每增加 1000m² 应增取一次,不足 1000 m² 的按 1000 m² 计。当改变配合比时,亦应相应增加制作试件取样次数。

E. 基坑工程的地下连续墙每 50m³ 应取样一次,每幅槽段不得少于一次。

F. 灌注桩每浇筑 50m³ 混凝土应取样一次,单桩单柱时,每根桩必须有一组试件。比对设计成熟、生产数量较少的大型构件,在不作结构承载力检验时,混凝土取样按每 5 m³ 且不超过半个工作班生产的同配合比混凝土,留置一组试件。

G. 非大体积粉煤灰混凝土每拌制 100m³,至少取样一次,大体积粉煤灰混凝土每拌制

500m³，至少取样一次；不足以上规定数量时，每台班至少取样一次。

H.混凝土配合比开盘鉴定时应至少留置一组标准养护试件，作为验证配合比的依据。

I.每次取样应至少留置一组标准养护试件，同条件养护试件的留置组数应根据实际需要确定。

③承重结构的混凝土抗压强度试块，应按规定实行见证取样和送检。结构若有不合格批的，或未按规定留置试块的，应有结构处理的相关资料；需要检测的，应由有资质的检测机构出具检测报告。

(7)混凝土试块强度统计、评定记录整理。

①单位工程试块抗压强度数理统计应按分部分项工程的验收批进行（分为地基基础、主体结构；如为预拌混凝土应按不同供应单位分开，分别进行统计评定）。混凝土统计评定验收批的划分：同一验收项目、同强度等级、(28天龄期，标养)配合比基本相同（是指施工配制强度相同，并能在原材料有变化时，及时调整配合比使试配配制强度目标值不变）、生产工艺条件基本相同的混凝土为一验收批。

②"结论"栏应填写该批混凝土是否符合验评标准，评定是否合格。

(8)混凝土抗渗试验报告。

打抗渗要求的混凝土应留置检验抗渗性能的试块，留置原则可依据《地下防水工程质量验收规范》(GB 50208—2011)，对连续浇筑混凝土每500m³应留置一组抗渗试块，且每项工程不得少于两组。采用预拌混凝土的抗渗试块，留置组数应视结构的规模和要求而定。连续浇筑混凝土每500 m³应留置一组抗渗试件（一组为6个抗渗试件），预拌混凝土当连续浇筑混凝土每500 m³应留置不少于两组试件，且每部位(底板、侧墙)的试件不少于两组，每增加250～500 m³混凝土，应增加留置两组抗渗试块。每项工程不得少于两组，其中一组作为标养，一组作为同条件养护。混凝土抗渗性能，应采用标准养护条件下养护混凝土抗渗试件的试验结果评定。抗渗性能试验应符合现行《普通混凝土长期性和耐久性能试验方法》中的规定。

(9)钢筋连接试验报告整理。

①用于焊接、机械连接钢筋的力学性能和工艺性能应符合现行国家标准。

②正式焊(连)接工程开始前及施工过程中，应对每批进场钢筋，在现场条件下进行工艺检验。工艺检验合格后方可进行钢筋焊接或机械连接的施工。

③钢筋焊接接头或焊接制品、机械连接接头应按焊(连)接类型和验收批的划分进行质量验收并现场取样复试。承重结构工程中的钢筋连接接头应按规定实行见证取样和送检的处理。

④对于采用新型钢筋焊(连)接施工工艺的，技术提供单位必须提供有效检测机构出具的检测报告。焊(连)接操作工人必须经考试合格并取得有关主管部门的岗位证书，持证工人应在其考试合格项以及认可范围内施焊。

⑤报告单上各项填写齐全，试验结果及结论准确、真实，试验室签字盖章齐全；试验编号、委托编号正确填写、试验数据是否达到规范规定标准值；若发现问题应及时取双倍试样作复试或报有关部门处理品，并将复试合格单或处理结论附于此单后一并存档；核对使用日期，不允许先使用后试验。不同规格的钢筋接头其力学性能检验应从外观检查合格的成品接头或制品中按批随机抽取试件分别作拉伸、弯曲或抗剪等检验，其批次应符合下列要求：凡钢筋牌号、直径及尺寸相同的焊接网和焊接骨架为同一验收批，且每300件为一批，一周内不足300件亦按一批。闪光对焊以同一台班、同一焊工完成的300个同牌号、同直径的钢筋焊接接头作为一批，当同一台班内焊接的接头数量较少时，在一周内累计，若累计仍不足300个接头，则亦按一批。

(10)结构实体混凝土强度检验记录。

①依据《混凝土结构工程施工质量验收规范》(GB 50204—2011)的规定编制。涉及混凝土结构安全的重要部位应进行结构实体检验,在混凝土结构子分部工程验收前进行,其检验范围涉及安全的柱、墙、梁等结构构件的重要部位,并实行见证取样和送检(结构实体检验应采用由各方参与的见证抽样方法,以保证检验结果的公正性)。

②用于结构实体检验用的同条件养护试件,应在达到等效养护龄期时进行强度试验。试件从养护地点取出后,应尽快试验,以免试件内部的温湿度发生显著变化。同条件自然养护试件的等效养护龄期,宜根据当地的气温和养护条件,按日平均气温(当日温度最高值和最低值的平均值)逐日累计达到 600℃时所对应的龄期及零度以下的龄期不计入;等效养护龄期不应小于 14 天,也不宜大于 60 天,结构实体检验报告应由有相应资质等级的试验(检测)单位提供。

③对于结构实体检验用同条件试件的取样部位,应由监理(建设)、施工等各方根据结构构件的重要性共同选定。对混凝土结构工程中的各种混凝土强度等级,应留置同条件养护试块,其留置数量应根据混凝土工程的重要性确定,不宜多于 10 组,且不应少于 3 组。同条件养护试件试验后,按《普通混凝土力学性能试验方法标准》(GB/T 50081—2002)的规定确定,将同组试件的强度代表值乘以折算系数 1.10 修正后,再按现行国家标准《混凝土强度检验评定标准》(GBJ 50107—2010)进行评定。

(11)结构实体钢筋保护层厚度检验记录。

①钢筋保护层厚度检验的结构部位和构件数量应符合下列要求:钢筋保护层厚度检验的结构部位,应由监理(建设)、施工等各方根据结构构件的重要性共同选定。

对梁类、板类构件,应各抽取构件数量的 2 个且不少于 5 个构件进行检验;当有悬挑构件,抽取的构件中悬挑梁类、板类构件所占比例均不宜小于 50%。

对选定的梁类构件,应对全部纵向受力钢筋的保护层厚度进行检验;对选定的板类构件应抽取不少于 6 根纵向受力钢筋的保护层厚度进行检验;对每根钢筋,应在有代表性的部位测量一点。

钢筋保护层厚度的检验,可采用非破损或局部破损的方法,也可采用非破损方法并采用局部破损方法进行校准。采用非破损方法检验时,所使用的检测仪器应经过鉴定,检测操作应符合相应规程的规定。钢筋保护层厚度检验的检测误差不应大于 1mm。

②结构实体钢筋保护层厚度验收合格应符合下列规定:当全部钢筋保护层厚度检验的合格点率为 90% 及以上时,钢筋保护层厚度的检验结果应判为合格。当全部钢筋保护层厚度检验的合格点率小于 90% 不小于 80% 时,可再抽取相同数墩的构件进行检验;当按两次抽样总和计算的合格点率为 90% 及以上时,钢筋保护层厚度的检验结果仍应判为合格。每次抽样检验结果中不合格点的最大偏差均不应大于规定的允许偏差的 1.5 倍。

③层高、轴线开间、柱、墙垂直度及平整度等的实测,由建设、监理、施工等各方根据结构实际情况而定,每次取不少于 10% 的房间,且不少于 3 间,每间检测的点数不少于 3 点。

(12)屋面淋水(蓄水)试验记录。屋面淋(蓄)水试验记录的基本要求和内容应符合下列规定:

①屋面防水工程完成后,应进行淋水或蓄水试验。

②屋面淋(蓄)水试验应符合设计要求及现行国家标准《屋面工程质量验收规范》(GB 50207—2012)规定,填写应完整,数据应真实。

③屋面淋(蓄)水试验应进行监理旁站,并作好旁站记录。无监理的工程项目,旁站应由建设

单位负责。

④屋面淋(蓄)水试验记录应由项目专业质检员及监理工程师签认,手续应齐全。

⑤屋面泛水、变形缝、出屋面管道根部、过水孔以及易出现渗漏水的薄弱部位,在淋(蓄)水试验时应重点控制。

⑥坡屋面(斜屋面)采用2小时淋水试验,或有监理(建设)签认的经一场2小时以上的大雨记录。有条件的平屋面宜采用蓄水试验,蓄水时间不应少于24小时,对于蓄水屋面则必须进行蓄水试验,实验结果应符合设计要求,应符合《屋面工程质量验收规范》(GB 50207—2012)的规定。

(13)建筑物沉降观测记录。

建筑物沉降观测记录的基本要求和内容应符合下列规定:

①建筑物沉降观测应测定建筑物地基的沉降量、沉降差及沉降速度并计算基础倾斜、局部倾斜、相对弯曲及构件倾斜。

②沉降观测点的布置,应以能全面反映建筑物地基变形特征并结合地质情况及建筑结构特点确定。点位宜选设在下列位置:

A.建筑物的四角、大转角处及沿外墙每10~15m处或每隔2~3根柱基上。

B.高低层建筑物、新旧建筑物、纵横墙等交接处的两侧。

C.建筑物裂缝和沉降缝两侧、基础埋深相差悬殊处、人工地基与天然地基接壤处、不同结构的分界处及填挖方分界处。

D.宽度大于等于15m或小于15m而地质复杂以及膨胀土地区的建筑物,在承重内隔墙中部设内墙点,在室内地面中心及四周设地面点。

E.邻近堆置重物处、受震动有显著影响的部位及基础下的暗浜(沟)处。

F.框架结构建筑物的每个或部分柱基上或沿纵横轴线设点。

G.片筏基础、箱形基础底板或接近基础的结构部分之四角处及其中部位置。

H.重型设备基础和动力设备基础的四角、基础型式或埋深改变处以及地质条件变化处两侧。

I.电视塔、烟囱、水塔、油罐、炼油塔、高炉等高耸建筑物,沿周边在与基础轴线相交的对称位置上布点,点数不少于4个。

③沉降观测的标志,可根据不同的建筑结构类型和建筑材料,采用墙(柱)标志、基础标志和隐蔽式标志(用于宾馆等高级建筑物)等型式。各类标志的立尺部位应加工成半球形或有明显的突出点,并涂上防腐剂。标志的埋设位置应避开如雨水管、窗台线、暖气片、暖水管、电气开关等有碍设标与观测的障碍物,并应视立尺需要离开墙(柱)面和地面一定距离。隐蔽式沉降观测点标志的型式,可按《建筑物沉降观测技术规程》附录C第C.0.1条规定执行。

④沉降观测点的施测精度,应按《建筑物沉降观测技术规程》第3.2.2条的有关规定确定。未包括在水准线路上的观测点,应以所选定的测站高差中误差作为精度要求施测。

⑤沉降观测的周期和观测时间,可按下列要求并结合具体情况确定。

A.建筑物施工阶段的观测,应随施工进度及时进行。一般建筑,可在基础完工后或地下室砌完后开始观测,大型、高层建筑,可在基础垫层或基础底部完成后开始观测。观测次数与间隔时间应视地基与加荷情况而定。民用建筑可每加高1~5层观测一次;工业建筑可按不同施工阶段(如回填基坑、安装柱子和屋架、砌筑墙体、设备安装等)分别进行观测。如建筑物均匀增高,应至少在增加荷载的25%、50%、75%和100%时各测一次。施工过程中如暂时停工,在停工时及重新开工时应各观测一次。停工期间，可每隔 2~3 个月观测一次。

B.建筑物使用阶段的观测次数，应视地基土类型和沉降速度大小而定。除有特殊要求者外，一般情况下，可在第一年观测 3~4 次，第二年观测 2~3 次，第三年后每年 1 次，直至稳定为止。观测期限一般不少于如下规定：砂土地基 2 年，膨胀土地基 3 年，黏土地基 5 年，软土地基 10 年。

C.在观测过程中，如有基础附近地面荷载突然增减、基础四周大量积水、长时间连续降雨等情况，均应及时增加观测次数。当建筑物突然发生大量沉降、不均匀沉降或严重裂缝时，应立即进行逐日或几天一次的连续观测。

D.沉降是否进入稳定阶段，应由沉降量与时间关系曲线判定。对重点观测和科研观测工程，若最后三个周期观测中每周期沉降量不大于 $2\sqrt{2}$ 倍测量中误差可认为已进入稳定阶段。一般观测工程，若沉降速度小于 0.01~0.04mm/d，可认为已进入稳定阶段，具体取值宜根据各地区地基土的压缩性确定。

⑥沉降观测点的观测方法和技术要求，除按《建筑物沉降观测技术规程》第 3.3、3.4 节的有关规定执行外，还应符合下列要求：对二级、三级观测点，除建筑物转角点、交接点、分界点等主要变形特征点外，可允许使用间视法进行观测，但视线长度不得大于相应等级规定的长度。观测时，仪器应避免安置在有空压机、搅拌机、卷扬机等振动影响的范围内，塔式起重机等施工机械附近也不宜设站。每次观测应记载施工进度、增加荷载量、仓库进货吨位、建筑物倾斜裂缝等各种影响沉降变化和异常的情况。

（14）节能、保温测试记录。

①建筑节能围护结构现场实体检验记录的基本要求和内容应符合下列规定：

A.墙体节能工程当采用外保温定型产品或成套技术时，其型式检验报告中应包括安全性和耐候性检验。

B.墙体节能工程应对下列部位或内容进行隐蔽工程验收，并应有详细的文字记录和必要的图像资料：

a.保温层附着的基层及其表面处理；

b.保温层黏结或固定；

c.锚固件；

d.增强网铺设；

e.墙体热桥部位处理；

f.预制保温板或预制保温墙板的板缝及构造节点；

g.现场喷涂或浇筑有机类保温材料的界面；

h.被封闭的保温材料厚度；

i.保温隔热砌块填充墙体。

j.墙体节能工程的保温材料在施工过程中应采取防潮、防水等保护措施。

C.墙体节能工程验收的检验批划分应符合下列规定：

a.采用相同材料、工艺和施工做法的墙面，每 500~1000m² 面积划分为一个检验批，不足 500m² 也为一个检验批。

b.检验批的划分也可根据与施工流程相一致且方便施工与验收的原则，由施工单位与监理（建设）单位共同商定。

②墙体节能工程的施工,应符合下列规定:

A.保温隔热材料的厚度必须符合设计要求。

B.保温板材与基层及各构造层之间的黏结或连接必须牢固。黏结强度和连接方式应符合设计要求。保温板材与基层的黏结强度应作现场拉拔试验。

C.保温浆料应分层施工。当采用保温浆料做外保温时,保温层与基层及各层之间的黏结必须牢固,不应脱层、空鼓和开裂。

D.当墙体节能工程的保温层采用预埋或后置锚固件固定时,锚固件数量、位置、锚固深度和拉拔力应符合设计要求。后置锚固件应进行锚固力现场拉拔试验。

检验方法:观察;手扳检查;保温材料厚度采用钢针插入或剖开尺量检查;黏结强度和锚固力核查试验报告;核查隐蔽工程验收记录。

检查数量:每个检验批抽查不少于3处。

③外墙采用预置保温板现场浇筑混凝土墙体时,保温板的验收应符合相关规定。

A.保温板的安装位置应正确、接缝严密,保温板在浇筑混凝土过程中不得移位、变形,保温板表面应采取界面处理措施,与混凝土黏结应牢固。

混凝土和模板的验收,应按《混凝土结构工程施工质量验收规范》(GB 50204)的相关规定执行。

检验方法:观察检查;核查隐蔽工程验收记录。

检查数量:全数检查。

B.当外墙采用保温浆料作保温层时,应在施工中制作同条件养护试件,检测其导热系数、干密度和压缩强度。保温浆料的同条件养护试件应见证取样送检。

检验方法:核查试验报告。

检查数量:每个检验批应抽样制作同条件养护试块不少于3组。

C.墙体节能工程各类饰面层的基层及面层施工,应符合设计和《建筑装饰装修工程质量验收规范》(GB 50210)的要求,并应符合下列规定:

a.饰面层施工的基层应无脱层、空鼓和裂缝,基层应平整、洁净,含水率应符合饰面层施工的要求。

b.外墙外保温工程不宜采用粘贴饰面砖做饰面层;当采用时,其安全性与耐久性必须符合设计要求。饰面砖应作黏结强度拉拔试验,试验结果应符合设计和有关标准的规定。

c.外墙外保温工程的饰面层不得渗漏。当外墙外保温工程的饰面层采用饰面板开缝安装时,保温层表面应具有防水功能或采取其他防水措施。

d.外墙外保温层及饰面层与其他部位交接的收口处,应采取密封措施。

检验方法:观察检查;核查试验报告和隐蔽工程验收记录。

检查数量:全数检查。

D.保温砌块砌筑的墙体,应采用具有保温功能的砂浆砌筑。砌筑砂浆的强度等级应符合设计要求。砌体的水平灰缝饱满度不应低于90%,竖直灰缝饱满度不应低于80%。

检验方法:对照设计核查施工方案和砌筑砂浆强度试验报告,用百格网检查灰缝砂浆饱满度。

检查数量:每楼层的每个施工段至少抽查一次,每次抽查5处,每处不少于3个砌块。

E.采用预制保温墙板现场安装的墙体,应符合下列规定:

a.保温板应有型式检验报告,型式检验报告中应包含安装性能的检验。

b. 保温墙板的结构性能、热工性能及与主体结构的连接方法应符合设计要求,与主体结构连接必须牢固。

c. 保温墙板的板缝处理、构造节点及嵌缝做法应符合设计要求。

d. 保温墙板板缝不得渗漏。

检验方法:核查型式检验报告、出厂检验报告、对照设计观察和淋水试验检查;核查隐蔽工程验收记录。

检查数量:型式检验报告、出厂检验报告全数核查;其他项目每个检验批抽查5%,并不少于3块(处)。

F. 当设计要求在墙体内设置隔气层时,隔汽层的位置、使用的材料及构造做法应符合设计要求和相关标准的规定。隔汽层应完整、严密,穿透隔汽层处应采取密封措施。隔汽层冷凝水排水构造应符合设计要求。

检验方法:对照设计观察检查;核查质量证明文件和隐蔽工程验收记录。

检查数量:每个检验批抽查5%,并不少于3处。

G. 外墙或毗邻不采暖空间墙体上的门窗洞口四周的侧面,墙体上凸窗四周的侧面,应按设计要求采取节能保温措施。

检验方法:对照设计观察检查,必要时抽样剖开检查;核查隐蔽工程验收记录。

检查数量:每个检验批抽查5%,并不少于5个洞口。

H. 严寒和寒冷地区外墙热桥部位,应按设计要求采取节能保温等隔断热桥措施。

检验方法:对照设计和施工方案观察检查;核查隐蔽工程验收记录。

检查数量:按不同热桥种类,每种抽查20%,并不少于5处。

(15)室内环境质量检测报告。

①民用建筑工程及室内装修工程的室内环境质量验收,应在工程完工至少7天以后、工程交付使用前进行。

②民用建筑工程及其室内装修工程验收时,应检查下列资料:

A. 工程地质勘察报告、工程地点土壤中氡浓度或氡析出率检测报告、工程地点土壤天然放射性核素镭-226、钍-232、钾-40含量检测报告。

B. 涉及室内新风量的设计、施工文件,以及新风量的检测报告。

C. 涉及室内环境污染控制的施工图设计文件及工程设计变更文件。

D. 建筑材料和装修材料的污染物含量检测报告,材料进场检验记录,复验报告。

E. 与室内环境污染控制有关的隐蔽工程验收记录、施工记录。

F. 样板间室内环境污染物浓度检测报告(不做样板间的除外)。

③民用建筑工程所用建筑材料和装修材料的类别、数量和施工工艺等,应符合设计要求和本规范的有关规定。

④民用建筑工程验收时,必须进行室内环境污染物浓度检测,其限量应符合相关规定。

⑤民用建筑工程验收时,采用集中中央空调的工程,应进行室内新风量的检测,检测结果应符合设计要求和现行国家标准《公共建筑节能设计标准》(GB 50189)的有关规定。

⑥民用建筑工程室内空气中氡的检测,所选用方法的测量结果不确定度不应大于25%,方法的探测下限不应大于10 Bq/m³。

⑦民用建筑工程室内空气中甲醛的检测方法,应符合现行国家标准《公共场所空气中甲醛测定方法》(GB/T 18204.26)中酚试剂分光光度法的规定。

⑧民用建筑工程室内空气中甲醛检测,也可采用简便取样仪器检测方法,甲醛简便取样仪器应定期进行校准,测量结果在 $0.01mg/m^3 \sim 0.60mg/m^3$ 测定范围内的不确定度应小于 20%。当发生争议时,应以现行国家标准《公共场所空气中甲醛检验方法》(GB/T 18204.26)中酚试剂分光光度法的测定结果为准。

⑨民用建筑工程室内空气中苯的检测方法,应符合《民用建筑工程室内环境污染控制规范》附录 F 的规定。

⑩民用建筑工程室内空气中氨的检测方法,应符合现行国家标准《公共场所空气中氨测定方法》(GB/T 18204.25)中靛酚蓝光光度法的规定。

⑪民用建筑工程室内空气中总挥发性有机化合物(TVOC)的检测方法,应符合《民用建筑工程室内环境污染控制规范》附录 G 的规定。

⑫民用建筑工程验收时,应抽检每个建筑单体有代表性的房间室内环境污染物浓度,氡、甲醛、氨、苯、TVOC 的抽检数量不得少于房间总数的 5%,每个建筑单体不得少于 3 间,当房间总数少于 3 间时,应全数检测。

⑬民用建筑工程验收时,凡进行了样板间室内环境污染物浓度检测且检测结果合格的,抽检量减半,并不得少于 3 间。

⑭民用建筑工程验收时,室内环境污染物浓度检测点数应按规定设置。

⑮当房间内有 2 个及以上检测点时,应采用对角线、斜线、梅花状均衡布点,并取各点检测结果的平均值作为该房间的检测值。

⑯民用建筑工程验收时,环境污染物浓度现场检测点应距内墙面不小于 0.5m、距楼地面高度 0.8~1.5m。检测点应均匀分布,避开通风道和通风口。

⑰民用建筑工程室内环境中甲醛、苯、氨、总挥发性有机化合物(TVOC)浓度检测时,对采用集中空调的民用建筑工程,应在空调正常运转的条件下进行;对采用自然通风的民用建筑工程,检测应在对外门窗关闭 1 小时后进行。对甲醛、氨、苯、TVOC 取样检测时,装饰装修工程中完成的固定式夹具,应保持正常使用状态。

⑱民用建筑工程室内环境中氡浓度检测时,对采用集中空调的民用建筑工程,应在空调正常运转的条件下进行;对采用自然通风的民用建筑工程,应在房间的对外门窗关闭 24 小时以后进行。

⑲当室内环境污染物浓度的全部检测结果符合《民用建筑工程室内环境污染控制规范》规定时,可判定该工程室内环境质量合格。当室内环境污染物浓度检测结果不符合《民用建筑工程室内环境污染控制规范》的规定时,应查找原因并采取措施进行处理。采取措施进行处理后的工程,可对不合格项进行再次检测。再次检测时,抽检量应增加 1 倍,并应包含同类型房间及原不合格房间。再次检测结果全部符合本规范的规定时,应判定为室内环境质量合格。

⑳室内环境质量验收不合格的民用建筑工程,严禁投入使用。

(16)交接检查记录

不同工程或施工单位之间工程交接,当前一专业工程施工质量对后续专业工程施工质量产生直接影响时,应进行交接检查,填写《交接检查记录》。移交单位、接收单位和见证单位共同对移交工程进行验收,并对质量情况、遗留问题、工序要求、注意事项、成品保护等进行记录。《交接检查记录》中"见证单位"的规定:当在总包管理范围内的分包单位之间移交时,见证单位为"总包单位";当在总包单位和其他专业分包单位之间移交时,见证单位应为"建设(监理)单位"。

(17)砂浆抗压强度检测报告汇总表。见表5-27。

表 5-27 砂浆抗压强度检测报告汇总表

工程名称：河北省××市××超市　　　　施工单位：××省××建设工程有限公司　　　　编号：00-00-001

序号	检测统一编号	施工部位	设计强度等级	试块成型日期	龄期	砂浆试块强度代表值	备注达到设计
1	W148880866	基础砖砌体	M5.0	××年-××月-××日	28	10.9	218%
2	W148810812	基础砖砌体	M5.0	××年-××月-××日	28	8.7	174%
3	W148810866	首层填充墙	Ma5	××年-××月-××日	28	8.7	174%
4	W148805867	首层填充墙	Ma5	××年-××月-××日	28	11.8	236%
5	W148811910	二层填充墙	Ma5	××年-××月-××日	28	13.4	268%
6	W148811909	二层填充墙	Ma5	××年-××月-××日	28	17.3	346%
7	W148811908	三层填充墙	Ma5	××年-××月-××日	28	8.9	178%
8	W148841907	三层填充墙	Ma5	××年-××月-××日	28	9.5	190%
9	W148844585	四层填充墙	Ma5	××年-××月-××日	28	6.8	136%
10	W14884587	四层填充墙	Ma5	××年-××月-××日	28	9.6	192%
11	W14884586	五层填充墙	Ma5	××年-××月-××日	28	8.2	164%
签字栏	审核:靳××			汇总:王××			
					××年××月××日		

(18)砂浆强度评定表。见表5-28。

表 5-28 砂浆强度评定表

工程名称：河北省××市××超市　　　　施工单位：××省××建设工程有限公司编号：　02-03-001

砂浆强度等级	M5		结构部位	填充墙
配合比编号	PHB00256		养护条件	标准养护

验收批各组试件强度值（MPa）：

8.7	11.8	13.4	17.3	8.9	9.5	6.8	9.6	8.2	

验收组数（n）	砂浆设计强度 f_2（MPa）	平均值 vfm（MPa）	最小值 fm,min（MPa）	$0.85f$
9	5	10.47	6.8	4.25

砂浆品种符合设计要求,强度必须符合下列规定：

　　1.同一验收批砂浆试块强度平均值大于或等于设计强度等级值 f_2 的1.10倍；

　　2.同一验收批砂浆试块抗压强度的最小一组平均值大于或等于设计强度等级值 f_2 的85%；

　　3.同一验收批砂浆只有1组或2组试块时,每组试块抗压强度平均值大于或等于设计强度等级值 f_2 的1.10倍。

依据标准：	
验收依据:《砌体工程施工质量验收规范》(GB 50203—2011)	
计算	结论
$vfm＝10.47＞1.1×f_2＝5.50$ $fm,min＝6.80＞0.85×f_2＝4.25$	砂浆强度评定:合格 日期:××××年××月××日

签字栏	监理(建设)单位	施工单位		
		技术负责人	质检员	统计
	李××	靳××	郭××	王××

(19)建筑物垂直度、标高、全高测量记录。见表5－29。

表 5－29　建筑物垂直度、标高、全高测量记录

工程名称:河北省××市××超市　　　　施工单位:××省××建设工程有限公司　　　　编号:02－00－001

检测部位	河北省××市××超市		施工阶段		主体			检测日期	××××年 ××月××日
垂直度测量	检测点部位编号	1	2	3	4	5	6	7	8	累计偏差
	允许偏差(mm)	≤5mm	≤5mm	≤5mm	≤5mm	≤5mm	≤5mm	≤5mm	≤5mm	—
	实测值(mm)	2	3	2	4	2	4	1	3	—
	说明									
标高测量	允许偏差(mm)	±15mm	±15mm	±15mm	±15mm	±15mm	±15mm	±15mm	±15mm	—
	实测值(mm)	3	8	4	7	5	9	4	5	—
	说明									
全高测量	允许偏差(mm)	≤30mm	≤30mm	≤30mm	≤30mm	≤30mm	≤30mm	≤30mm	≤30mm	—
	实测值(mm)	9	10	7	5	8	11	8	9	—
	说明	全高允许偏差不应超过$H/1000$且≤30mm								
检测点布置示意图	略									
结论	合格									
签字栏	监理(建设)单位				施工单位				
					项目技术负责人		质检员		记录人
	李××				靳××		郭××		王××

注:允许偏差根据检测部位所对应的规范规定填写。

填写说明：

①超过允许偏差的偏差值在表中用"～ ～"标出。

②在备注栏中应注明建筑物标高、全高的设计值；每层所测的具体位置或轴线未描述清楚的也可在备注栏中标出或另外作出详细记录。

③主体结构验收前，应对建筑物每层楼面标高、各大角或转角垂直度进行测量；房屋竣工验收前，也应对各大角或转角垂直度进行测量，故本表每个工程均应有两张。测量由监理单位会同施工单位进行，测量数据作为验收的依据之一。

④砌体结构外墙垂直度全高查阳角，不应少于 4 处。每层每 20m 查一处；内墙按有代表性的自然间抽 10％，但不应少于 3 间，每间不应少于 2 处，柱不少于 5 根。混凝土结构按楼层、结构缝或施工段划分检验批。在同一检验批中，对梁、柱，应抽查构件数量的 109％，且不少于 3 件对墙和板，应按有代表性的自然间抽查 10％，且不少于 3 间；对大空间结构，墙可按相邻轴线间高度 5m 左右划分检查面，板可按纵横轴线划分检查面，抽查 10％，且均不少于 3 面。

(20)同条件养护混凝土试件测温记录。见表 5-30。

表 5-30 同条件养护混凝土试件测温记录

工程名称：河北省××市××超市　　　　混凝土强度等级：C35　　　　编号：01-06-002

部位		承台	养护方式		同条件养护	测温方法	人工测温
测温日期		测温时间				日平均温度(℃)	累计温度(℃)
	2时	8时	14时	20时		
××××年××月××日	13.0	20.0	25.0	18.0	19.0	360.0
××××年××月××日	12.0	16.0	17.0	13.0	14.5	374.5
××××年××月××日	11.0	15.0	18.0	14.0	14.5	389.0
××××年××月××日	6.0	14.0	19.0	11.0	12.5	401.5
××××年××月××日	9.0	15.0	19.0	13.0	14.0	415.5
××××年××月××日	8.0	16.0	21.0	13.0	14.5	430.0
××××年××月××日	9.0	16.0	22.0	15.0	15.5	445.5
××××年××月××日	11.0	17.0	21.0	15.0	16.0	461.5
××××年××月××日	11.0	16.0	18.0	13.0	14.5	476.0
××××年××月××日	6.0	15.0	22.0	13.0	14.0	490.0
××××年××月××日	8.0	15.0	17.0	10.0	12.5	502.5
××××年××月××日	4.0	13.0	18.0	9.0	11.0	513.5
××××年××月××日	10.0	16.0	19.0	13.0	14.5	528.0
××××年××月××日	13.0	18.0	19.0	14.0	16.0	544.0
××××年××月××日	9.0	16.0	20.0	13.0	14.5	558.5
××××年××月××日	10.0	15.0	17.0	12.0	13.5	572.0
××××年××月××日	9.0	14.0	16.0	11.0	12.5	584.5
××××年××月××日	10.0	14.0	14.0	10.0	12.0	596.5
累积温度·天数	同条件养护 43d，等效养护龄期为 596.5℃·d，达到送样检测条件。						
签字栏	技术负责人：　　　　靳××			记录人：　　　　王××			

(21)淋(蓄)水试验记录(通用)。见表5-31、表5-32。

表5-31　淋(蓄)水试验记录(通用)

工程名称：河北省××市××超市　　　施工单位：××省××建设工程有限公司　　　编号：03-01-004

试水部位	一层卫生间、保洁室地面		防水做法	2mm厚高分子卷材防水		
试水日期	××年××月××日	8	时起			
	××年××月××日	8	时止			
试水简况	对地面进行泼水试验,排水方向符合设计要求;蓄水24h,水高20mm					
检查结果	检查管道四周、墙体根部等处无渗漏等现象;排水后地面无积水					
复查结果	初检合格,无需复查					
评定意见	经蓄水试验,防水系统合格,同意验收　　　　　　　　　　　××年××月××日					
签字栏	监理(建设)单位		施工单位			
	李××		技术负责人	质检员	试验员	
			靳××	郭××	张××	

表5-32　淋(蓄)水试验记录(通用)

工程名称：河北省××市××超市　　　施工单位：××省××建设工程有限公司　　　编号：04-00-001

试水部位	屋面		防水做法	SBS卷材防水
试水日期	××××年××月××日	9	时起	
	××年××月××日	15	时止	
试水简况	中雨转雷阵雨,持续性降水			
检查结果	对所有楼层房间进行逐间检查,未发现渗漏			
复查结果	除监理人员还邀请建设单位参加,对逐间检查未发现渗漏			
评定意见	合格　　　　　　　　　　　　　　　　2014年9月2日			
签字栏	监理(建设)单位		施工单位	
	李××		技术负责人　　　质检员　　　试验员	
			靳××　　　郭××　　　张××	

(22)通风(烟)道检查记录。见表 5-33。

表 5-33　通风(烟)道检查记录

工程名称:河北省××市××超市　　施工单位:××省××建设工程有限公司　　编号:08-02-001

检查部位	检查部位和检查结果				检查人	复查人
	主通风(烟)道		副通风(烟)道			
	通风道	烟道	通风道	烟道		
一层 A 轴交 3 轴	√				郭××	靳××
一层 C 轴交 5～轴	√				郭××	靳××
二层 E 轴交 9 轴	√				郭××	靳××
二层 G 轴交 7～轴	√				郭××	靳××
三层 A 轴交 3 轴	√				郭××	靳××
三层 C 轴交 5～轴	√				郭××	靳××
四层 E 轴交 9 轴	√				郭××	靳××
四层 G 轴交 7～轴	√				郭××	靳××
结论	经检查,符合设计和规范要求。　　　　　　　　　　　　××××年××月××日					
签字栏	监理(建设)单位	施工单位				
	李××	技术负责人		质检员		记录人
		靳××		郭××		王××

(23)灌水(满水)试验记录。见表 5-34。

表 5-34　灌水(满水)试验记录

工程名称:河北省××市××超市　　施工单位:××省××建设工程有限公司　　编号:05-02-001

分项工程名称	室内排水系统管道安装分项		试验日期	××××年××月××日	
试验依据:《建筑给水排水及采暖工程施工质量验收规范》(GB 50242—2002)					
试验部位 (设备、器具)	灌(满)水情况	灌(满)水后持续 试验时间(min)	液面检查情况	渗漏检查情况	结论
±0.00 以下 P-1 排水系统	灌水试验	60	不降	无渗漏	合格
±0.00 以下 P-2 排水系统	灌水试验	60	不降	无渗漏	合格
±0.00 以下 P-3 排水系统	灌水试验	60	不降	无渗漏	合格
±0.00 以下 P-4 排水系统	灌水试验	60	不降	无渗漏	合格
±0.00 以下 P-5 排水系统	灌水试验	60	不降	无渗漏	合格
±0.00 以下 P-6 排水系统	灌水试验	60	不降	无渗漏	合格
±0.00 以下 P-7 排水系统	灌水试验	60	不降	无渗漏	合格
签字栏	监理(建设)单位	施工单位			
	王××	专业技术负责人	专业质检员		操作人
		文××	刘××		毛××

(24)系统(分段)强度、严密性试验记录。见表 5-35。

表 5-35 系统(分段)强度、严密性试验记录

工程名称:河北省××市××超市　　施工单位:××省××建设工程有限公司　　编号:05-01-001

分项工程名称	室内给水管道及配件安装		试验系统(部位)	±0.00 以下 J1 给水系统
工作压力(设计压力)	0.6MPa		压力表编号	108
管道材质	PP-R		连接方式	热熔连接
试验依据:《建筑给水排水及采暖工程施工质量验收规范》(GB 50242—2002)				
试验记录		试验介质	水	
		环境温度(℃)	28	
		试验压力表设置位置	埋地管段	
	强度试验	试验压力(Mpa)	0.9	
		持续时间(min)	60	
		压力降(MPa)	0.01	
		渗漏情况	无渗漏	
		破裂及塑性变形情况	/	
	严密性试验	试验压力(MPa)	0.69	
		持续时间(min)	120	
		压力降(MPa)	0.01	
		渗漏情况	无渗漏	
试验结论:符合设计要求和规范规定,评定合格。　　　　　　　　　　　　　　　　××××年××月××日				
签字栏	监理(建设)单位	施工单位		
	王××	专业技术负责人	专业质检员	操作人
		文××	刘××	毛××

（25）管道通水试验记录。见表 5-36。

表 5-36 管道通水试验记录

工程名称：河北省××市××超市　　　　施工单位：××省××建设工程有限公司　　　　编号：05-01-001

分项工程名称	给水系统管道安装分项		试验部位		给水系统	
试验依据	《建筑给水排水及采暖工程施工质量验收规范》(GB 50242—2002)		试验日期		××××年××月××日	
管线名称/编号	通水起止时间		给水（排水）通畅情况	渗漏情况		试验结论
J1	16:00～16:30		畅通	无渗漏		合格
J2	16:00～16:30		畅通	无渗漏		合格
J3	16:00～16:30		畅通	无渗漏		合格
签字栏	监理（建设）单位		施工单位			
	王××		专业技术负责人	专业质检员		操作人
			文××	刘××		毛××

（26）冲洗（吹扫/擦洗/脱脂）记录。见表 5-37。

表 5-37 冲洗（吹扫/擦洗/脱脂）记录

工程名称：河北省××市××超市　　　　施工单位：××省××建设工程有限公司　　　　编号：05-01-001

分项工程名称	给水系统管道安装分项	部位	J1、J2、J3 给水系统
试验介质	水	日期	2014 年 7 月 23 日
冲洗（吹扫/擦洗/脱脂）　　要求： 系统各出水口的水色透明度与进水目测一致			
冲洗（吹扫/擦洗/脱脂）　　记录： 采用介质水进行冲洗系统管道，压力为 0.6MPa，水流速为 2m/s，冲洗次数 3 次			
检查结论：合格			

签字栏	监理（建设）单位	施工单位		
	王××	专业技术负责人	专业质检员	操作人
		文××	刘××	毛××

（27）管道通球试验记录。见表 5-38。

表 5-38　管道通球试验记录

工程名称：河北省××市××超市　　　施工单位：××省××建设工程有限公司　　　编号：05-02-002

分项工程名称	室内排水系统管道安装分项		试验部位	地上排水系统	
试验依据	《建筑给水排水及采暖工程施工质量验收规范》（GB 50242—2002）		试验日期	××××年××月××日	
管线名称/编号	管道类型	管道规格	球径	检查情况	结论
P-1	PVC-U 排水管道	De110	DN75	畅通	合格
P-2	PVC-U 排水管道	De110	DN75	畅通	合格
P-3	PVC-U 排水管道	De110	DN75	畅通	合格
P-4	PVC-U 排水管道	De110	DN75	畅通	合格
P-5	PVC-U 排水管道	De50	DN40	畅通	合格
P-6	柔性铸铁排水管道	DN100	DN75	畅通	合格
P-7	柔性铸铁排水管道	DN100	DN75	畅通	合格
签字栏	监理（建设）单位		施工单位		
	王××		专业技术负责人	专业质检员	操作人
			文××	刘××	毛××

（28）接地电阻测试记录。见表 5-39。

表 5-39　接地电阻测试记录

工程名称：河北省××市××超市　　　施工单位：××省××建设工程有限公司　　　编号：06-07-001

分部名称		建筑电气工程		测试日期	××××年××月××日		
仪表型号		ZC-8型接地电阻测试仪	天气情况	晴	气温	25℃	
接地类型		防雷接地	保护接地	重复接地	工作接地	综合　接地	（　）接地
组别及实测数据	1					0.36	
	2					0.31	
	3					0.33	
	4					0.35	
	5					0.35	
	6						
	7						
设计要求	≤　Ω	≤　Ω	≤　Ω	≤　Ω	≤1　Ω	≤　Ω	
测试结论	经摇表遥测，接地电阻最大值为 0.36×2.2＝0.79Ω＜1Ω，符合设计要求和规范要求。 ××××年××月××日				季节系数	2.2	
签字栏	监理（建设）单位		施工单位				
	吕××		专业技术负责人	专业质检员	测试人		
			高××	肖××	董××		

接地电阻测试记录表填写要注意的地方：

①测试结果＝实测阻值×季节系数(测试月 2、3 月系数＝ 1.0；4、9 月＝系数 1.6；5、6 月系数＝1.95；7、8 月系数＝2.4；10、11 月系数＝1.55；1、12 月系数＝1.2)。

②接地电阻应定期(至少每季度一次)进行测试。

③测试人为电工，监测人可以是班长、技术员等。

接地电阻测试记录表填写说明：

①名称：填写被测对象名称，即产品名称或零部件名称。

②型号：填写被测对象的型号或规格，即产品或零部件型号、规格。

③测试日期：填写测试的详细日期。

④气候：填写测试试样周边环境的详细温度和湿度。

(29)线路绝缘电阻测试记录。见表5-40。

表5-40 线路绝缘电阻测试记录

工程名称：河北省××市××超市　　　　施工单位：河北省××建设工程有限公司　　　　编号：06-05-001

分部(分项)名称	建筑电气分部				测试日期	××××年××月××日	
仪表型号					工作电压	220V	
天气情况	晴				环境温度	24℃	
层段、设备线路、名称	总箱	一层	二层	三层	四层		
绝缘电阻(MΩ) A-B	500	490	480	480	490		
B-C	480	490	500	480	480		
C-A	490	480	460	480	470		
A-N	500	480	490	470	480		
B-N	510	490	480	470	480		
C-N	490	480	490	500	480		
A-E	500	480	470	490	480		
B-E	490	500	490	480	490		
C-E	510	490	480	480	490		
N-E	500	480	470	480	470		

测试结论：合格

××××年××月××日

签字栏	监理(建设)单位	施工单位		
	吕××	专业技术负责人	专业质检员	测试人
		高××	肖××	董××

(30)避雷接地电阻测试记录。见表 5－41。

表 5－41　避雷接地电阻测试记录

工程名称：河北省××市××超市　　　施工单位：××省××建设工程有限公司　　　编号：06－07－001

施工图号		电施－25				测试日期	××××年××月××日	
项目	编号(部位)	材质	规格	长度(m)	埋深(m)	连接方式	防腐处理	
避雷装置	屋面避雷带	镀锌圆钢	10			焊接	沥青漆	
接地及引线	柱内2根主筋	钢筋	25			电渣焊		
接地干线	基础	镀锌扁钢	4×40			焊接	沥青漆	
简图	略	设计电阻：1Ω				评定意见：1.6		
		测验电阻：0.35Ω						
		仪表编号：				××××年××月××日		
签字栏	监理(建设)单位	施工单位						
	吕××	专业技术负责人		专业质检员		测试人		
		高××某		肖××		董××		

填表说明如下：

①分项工程名称：填接地装置安装。

②仪表型号：按实填写，采用什么型号按地测试仪应标明。

③名词解释。

A. 防雷接地：为防止直击雷、侧击雷、感应过电压等所采取的接地。

B. 保护接地：为了防止人身触电，将电气设备的外露可导电部分对地直接的电气连接。

C. 重复接地：一般指 TN 供电系统，线路在建筑物的进线处，PEN 或 PE 线所做的再次接地。

D. 静电接地：为了防止在使用过程中产生静电并对正常工作造成影响而进行的接地。

E. 其他：以上接地包括不了的接地。

④接地类型：对照名词解释，按该建筑工程所发生的接地类型填入相应栏目。

⑤系统：是指将某一接地类型的多组接地装置全连接起来测得的数值。

⑥测试结论：将各组实测值与设计要求值相比较，当实测值小于等于设计要求值时填写满足设计要求。

(31)电气器具通电安全检查记录。见表5-42。

表5-42　电气器具通电安全检查记录

工程名称：河北省××市××超市　　　施工单位：××省××建设工程有限公司　　　编号：06-05-001

楼门单元或区域场所	主体照明系统							检查日期			××××年××月××日													
层数或房间	开关								灯具								插座							
	1	2	3	4	5	6	7	8	1	2	3	4	5	6	7	8	1	2	3	4	5	6	7	8
1层	√	√	√	√	√	√	√	√	√	√	√	√	√	√	√	√	√	√	√	√	√	√	√	√
	√	√	√	√	√	√	√	√	√	√	√	√	√	√	√	√	√	√	√	√	√	√	√	√
									√	√	√	√	√	√	√	√								
2层	√	√	√	√	√	√	√	√	√	√	√	√	√	√	√	√	√	√	√	√	√	√	√	√
	√	√	√	√	√	√	√	√	√	√	√	√	√	√	√	√	√	√	√	√	√	√	√	√
									√	√	√	√	√	√	√	√								
3层	√	√	√	√	√	√	√	√	√	√	√	√	√	√	√	√	√	√	√	√	√	√	√	√
	√	√	√	√	√	√	√	√	√	√	√	√	√	√	√	√	√	√	√	√	√	√	√	√
									√	√	√	√	√	√	√	√								
4层	√	√	√	√	√	√	√	√	√	√	√	√	√	√	√	√	√	√	√	√	√	√	√	√
																	√	√	√	√	√	√	√	√
楼梯道	√	√	√	√	√	√	√	√	√	√	√	√	√	√	√	√								
	√								√															
检查结论	符合设计和规范要求　　　　　　　　　　　　　　　　　　　　　　　××××年××月××日																							

签字栏	监理（建设）单位	施工单位		
		专业技术负责人	专业质检员	操作人
	吕××	高××	肖××	董××

（32）照明全负荷试验记录。见表 5-43。

表 5-43　照明全负荷试验记录

工程名称：河北省××市××超市　　　施工单位：××省××建设工程有限公司　　　编号：06-05-002

被测系统	照明系统	采用标准	《建筑电气工程施工质量验收规范》(GB 50303—2002)
试验要求	连续通电运行 24h 内无故障	试验日期	××××年××月××日
测试、检验情况	1. 开关灵活正常。 2. 照具发光正常。 3. 亮度符合设计要求。 4. 连续照明 24h，照明正常，无异状。		
测试结论	符合设计及规范要求。 ××××年××月××日		

签字栏	监理（建设）单位	施工单位		
	吕××	专业技术负责人	专业质检员	操作人
		高××	肖××	董××

填写基本要求和内容如下：

①电气照明工程安装施工完毕，应对照明配电箱、线路、开关、插座和灯具等作通电试验和电气照明系统全负荷试运行，以检验施工质量和设计的预期功能。

②在电气照明系统全负荷试运行之前，应对电气照明系统进行通电测试，并符合下列规定：

A. 照明配电箱内电器、仪表等通电工作应正常；开关的整定值应符合设计要求，其可动部分动作应灵活，分、合闸应迅速可靠；漏电保护装置的动作电流应不大于 30mA，动作时间不大于 0.1s，模拟动作试验应正常、可靠；照明、插座回路控制应正确，且有名称或回路编号标识。

B. 总照明配电盘（箱）内的照明系统的接地型式应按施工图的设计要求正确接线。

C. 开关应切断相线，且操作灵活、接触可靠，通断位置应一致，控制应有序无错位。

D. 插座接线应正确，采用能切断电源的带开关插座，开关应断开相线。

E. 灯具应能正常发光，相线应经开关控制后再接到灯头。

F. 风扇运转时扇叶、防护罩应无明显颤动和异常声响；调速开关控制应有序不错位。

G. 测试过程若发现问题，应查明原因，及时处理，作好记录。

H. 填写电气照明系统通电测试情况，并经有关人员签证齐全。

③电气照明系统全负荷试运行是对建筑物整个电气照明系统在单位（子单位）工程竣工验收前进行最终的综合性检验，其应在电气照明系统通电测试合格后进行，并应符合下列规定：

A. 试运行时所有照明灯具均应开启，连续试运行时间内应无故障。

B.民用住宅照明系统通电连续试运行时间应为 8h。

C.公用建筑照明系统通电连续试运行时间应为 24h。

D.填写电气照明系统全负荷试运行情况,试运行情况每 2h 记录一次,试运行过程所出现的质量问题或故障以及排除结果应有记录,并经有关人员签证齐全。

④电气照明系统通电测试和电气照明系统全负荷试运行时,专业监理人员(建设单位专业人员)应在现场检查签证确认。

任务七 施工质量验收记录

▶一、关于施工质量验收的术语

1.验收

验收是指建筑工程在施工单位自行质量检查评定的基础上,参与建设活动的有关单位共同对检验批、分项、分部、单位工程的质量进行抽样复检,根据相关标准以书面形式对工程质量达到合格与否作出确认。

2.进场验收

进场验收是指对进入施工现场的材料、构配件、设备等按相关标准规定要求进行检验,对产品达到合格与否作出确认。

3.检验批

检验批是指按同一的生产条件或按规定的方式汇总起来供检验用的,由一定数量样本组成的检验体。

4.检验

检验是指对检验项目中的性能进行量测、检查、试验等,并将结果与标准规定要求进行比较,以确定每项性能是否合格所进行的活动。

5.见证取样检测

见证取样检测是指在监理单位或建设单位监督下,由施工单位有关人员现场取样,并送至具备相应资质的检测单位所进行的检测。

6.抽样检验

抽样检验是指按照规定的抽样方案,随机地从进场的材料、构配件、设备或建筑工程检验项目中,按检验批抽取一定数量的样本所进行的检验。

7.抽样方案

抽样方案是指根据检验项目的特性所确定的抽样数量和方法。

8.观感质量

观感质量是指通过观察和必要的量测所反映的工程外在质量。

9.质量控制资料

质量控制资料是指包含材料出厂合格证、试验报告单、各施工工序的施工记录、隐蔽工程的验收记录及技术复核资料等。

▶二、相关记录及说明

工程施工质量验收资料是建设工程施工全过程中按照国家现行工程质量检验标准,对施工项目进行单位工程、分部工程、分项工程及检验批的划分,再由检验批、分项工程、分部工程、单位工程逐级对工程质量作出综合评定的工程质量验收资料。但是,由于各行业、各部门的专业特点不同,各类工程的检验评定均有相应的技术标准,工程质量验收资料的建立均应按相关的技术标准办理。具体内容为:

1. 施工现场质量管理检查记录

为督促工程项目做好施工前准备工作,建设工程应按一个标段或一个单位(子单位)工程检查填报施工现场质量管理记录。专业分包工程也应在正式施工前由专业施工单位填报施工现场质量管理检查记录。施工单位项目经理部应建立质量责任制度、现场管理制度及检验制度,健全质量管理体系,配备施工技术标准,审查资质证书、施工图、地质勘察资料和施工技术文件等。按规定,在开工前由施工单位现场负责人填写"施工现场质量管理检查记录"。报项目总监理工程师(或建设单位项目负责人)检查,并作出检查结论。

2. 单位(子单位)工程质量竣工验收记录

在单位工程完成后,施工单位经自行组织人员进行检查验收。质量等级达到合格标准,并经项目监理机构复查认定质量等级合格后,向建设单位提交竣工验收报告及相关资料,由建设单位组织单位工程验收的记录。且单位(子单位)工程质量控制资料核查记录、单位(子单位)工程安全和功能检验资料核查及主要功能抽查记录、单位(子单位)工程观感质量检查记录相关内容应齐全并均符合规范规定的要求。

3. 分部(子分部)工程质量验收记录文件

分部工程质量验收资料包括:地基与基础分部工程质量验收报告、主体结构分部工程质量验收报告、分部(子分部)工程质量验收记录。

地基与基础分部工程质量验收报告是对已完成的地基与基础分部的质量进行检查和验收,并确认是否可以继续下一步施工的记录资料。

(1)实体质量检查情况。总监理工程师组织相关责任主体单位对地基与基础分部工程所涉及的分项工程作为实体质量和工程质量文件检查验收,形成统一意见后由总监理工程师填写,包括该分部所涉及的相关分项观感质量、主控项目、一般项目的检查情况。若对存在隐患处或缺陷处进行过处理,应写明(如某柱钢筋出现移位,由法定单位鉴定检测,设计单位复核认可等)。

(2)质量文件核查情况。相关责任主体单位对地基与基础分部工程质量文件汇总表所涉及的、应该有的内容逐一检查核对,项数为相关序号项目的累积,由总监填写。

(3)责任主体单位验收意见,除施工单位评定意见由项目负责人填写外,其余由相关签字人填写。内容应根据各自职责,填明验收的结论性意见(如是否复核经审查批准的设计图纸和施工规范要求、质量合格与否、能否进入下道工序施工等),并且签字盖章。

(4)质量监督机构在分部监督检查后应签署监督意见,填明各责任主体单位是否参与相关检查验收,程序是否合法,是否同意验收。

➤ 三、相关记录的填写举例

(1)土方开挖工程质量验收记录。见表5-44。

表 5-44　土方开挖工程质量验收记录

工程名称	河北省××市××超市		分项工程名称	土方开挖		验收部位	基础
施工单位	××省××建设工程有限公司					项目经理	高××
施工执行标准名称及编号	《建筑地基基础工程施工质量验收规范》(GB 50202—2002)					专业工长	刘××
分包单位	/		分包项目经理	/		施工班组长	/

检控项目	序号	质量验收规范的规定					施工单位检查评定记录	监理(建设)单位验收记录
主控项目		项目	允许偏差(mm)				量测值(mm)	符合要求
			柱基基坑基槽 □	挖方场地平整 人工 □ / 机械 □	管沟 □	地(路)面基层 □		
	1	标高	−50	±30 / ±50	−50	−50	−24　−1　−48　−33　−17　−27　−48　−12　−2　−46	
	2	长度、宽度(由设计中心线向两边量)	+200/−50	+300/−100 / +500/−150	+100		126　107　−13　78　132　88　187　41　17　171	
	3	边坡	符合设计要求				经检查,符合设计和质量验收规范和设计要求	
一般项目	1	表面平整度	20	20 / 50	20	20	2　16　0　2　3　10　18　0　3　6	符合要求
	2	基底土性	符合设计要求				经相关部门进行地基验槽,符合设计要求	
施工单位检查评定结果	主控项目全部合格,一般项目满足规范规定要求;检查评定合格							
	项目专业质量检查员:郭××					××××年××月××日		
监理(建设)单位验收结论	验收合格							
	监理工程师(建设单位项目专业技术负责人):李××					××××年××月××日		

注:量测值只填一种分项工程,属哪项在允许偏差栏中此项上打"√"。

填写说明如下:

按照工程所用的检验评定标准,分为主控项目和一般项目,主控项目必须合格,一般项目按照标准要求的允许偏差和方法、点数进行检查,评定合格率。有的标准(比如公路标准)评定是按照"代表值"评定,代表值计算有公式。最后把检查的内容(按照标准要求内容)和计算出来的合格率填到表格里,注意各地、各类工程所用的表格不完全一样,要与工程质量监督部门沟通好用什么标准和表格。

(2)基础回填工程报验单。见表 5-45。

表 5-45 基础回填工程报验单

工程名称:河北省××市××超市　　　　　　　　　　　　　　　　编号:

致　石家庄市××工程建设监理有限公司　（监理单位） 　　我方已完成基础土方回填 工程,按设计文件及有关规范进行了自检,质量合格,请予审查和验收。 　　附件:1.工程质量控制资料;　　　　　　　　　□ 　　　　2.安全和功能检验(检测)记录;　　　　　□ 　　　　3.观感质量验收记录;　　　　　　　　　□ 　　　　4.隐蔽工程验收记录;　　　　　　　　　□ 　　　　5.填土工程质量验收记录。　　　　　　　□ 　　　　　　　　　　　　　施工单位(章):××省××建设工程有限公司 　　　　　　　　　　　　　项目经理:　　　　高×× 　　　　　　　　　　　　　日　　期:　××××年××月××日

审查/验收意见:

□ 所报隐蔽工程的技术资料齐全/~~不齐全~~,且符合/~~不符合~~ 要求,经现场检测、核查合格/~~不合格~~,同意/~~不同意~~隐蔽。

□ 所报检验批的技术资料齐全/~~不齐全~~,且符合/~~不符合~~要求,经现场检测、核查合格/~~不合格~~,同意/~~不同意~~进行下道工序。

□ 所报检验批的技术资料基本齐全,且基本符合要求,因砂浆/混凝土试块强度检测报告未出具,暂同意进行下道工序施工,待砂浆/混凝土试块强度检测报告补报后,予以质量认定。

□ 所报分项工程的各验收批的验收资料完整/不完整 ,且全部/未全部达到合格要求,所以核查为合格/~~不合格~~。

□ 所报分部(子分部)工程的技术资料齐全/~~不齐全~~,且符合/~~不符合~~要求,经现场检测核查合格/~~不合格~~。

　　　　　　　　　　　　　项目监理机构(章):××市工程建设监理有限公司
　　　　　　　　　　　　　总/专业监理工程师:　　　　李××
　　　　　　　　　　　　　日　　期:　××××年××月××日

注:本表一式两份,项目监理机构签署后自留一份,返施工单位一份。

（3）承台、地梁钢筋原材料工程报验单。见表 5 - 46。

表 5 - 46 承台、地梁钢筋原材料工程报验单

工程名称：河北省××市××超市   编号：

致　　石家庄市××工程建设监理有限公司   （监理单位）

我方已完成　承台、地梁钢筋原材料　工程，按设计文件及有关规范进行了自检，质量合格，请予审查和验收。

附件：　1.工程质量控制资料；　　　　　　　　　　　　　　□

　　　　2.安全和功能检验（检测）记录；　　　　　　　　　□

　　　　3.观感质量验收记录；　　　　　　　　　　　　　　□

　　　　4.隐蔽工程验收记录；　　　　　　　　　　　　　　□

　　　　5.钢筋原材料检验批质量验收记录。　　　　　　　　□

施工单位（章）：　××省××建设工程有限公司

项目经理：　　　　　高××

日　　期：　××××年××月××日

审查/验收意见：

□ 所报隐蔽工程的技术资料齐全/~~不齐全~~，且符合/~~不符合~~要求，经现场检测、核查合格/~~不合格~~，同意/~~不同意~~隐蔽。

□ 所报检验批的技术资料齐全/~~不齐全~~，且符合/~~不符合~~要求，经现场检测、核查合格/~~不合格~~，同意/~~不同意~~进行下道工序。

□ 所报检验批的技术资料基本齐全，且基本符合要求，因砂浆/混凝土试块强度检测报告未出具，暂同意进行下道工序施工，待砂浆/混凝土试块强度检测报告补报后，予以质量认定。

□ 所报分项工程的各验收批的验收资料完整/~~不完整~~，且全部/~~未全部~~达到合格要求，所以核查为合格/~~不合格~~。

□ 所报分部（子分部）工程的技术资料齐全/~~不齐全~~，且符合/~~不符合~~要求，经现场检测核查合格/~~不合格~~。

项目监理机构（章）：××市工程建设监理有限公司

总/专业监理工程师：　　　　李××

日　　期：　××××年××月××日

注：本表一式两份，项目监理机构签署后自留一份，返施工单位一份。

(4)承台、地梁钢筋加工工程报验单。见表5－47。

表5－47 承台、地梁钢筋加工工程报验单

工程名称：河北省××市××超市   编号：

致　石家庄市××工程建设监理有限公司　（监理单位）

　　我方已完成　承台、地梁钢筋加工　工程，按设计文件及有关规范 进行了自检，质量合格，请予审查和验收。

　　附件：1.工程质量控制资料；　　　　　　　　　　　　□
　　　　　2.安全和功能检验（检测）记录；　　　　　　　□
　　　　　3.观感质量验收记录；　　　　　　　　　　　　□
　　　　　4.隐蔽工程验收记录；　　　　　　　　　　　　□
　　　　　5.钢筋加工检验批质量验收记录。　　　　　　　□

施工单位（章）：××省××建设工程有限公司
项目经理：　　　　高××
日　　　期：××××年××月××日

审查/验收意见：

　　□ 所报隐蔽工程的技术资料齐全/~~不齐全~~，且符合/~~不符合~~要求，经现场检测、核查合格/~~不合格~~，同意/~~不同意~~隐蔽。

　　□ 所报检验批的技术资料齐全/~~不齐全~~，且符合/~~不符合~~要求，经现场检测、核查合格/~~不合格~~，同意/~~不同意~~进行下道工序。

　　□ 所报检验批的技术资料基本齐全，且基本符合要求，因砂浆/混凝土试块强度检测报告未出具，暂同意进行下道工序施工，待砂浆/混凝土试块强度检测报告补报后，予以质量认定。

　　□ 所报分项工程的各验收批的验收资料完整/~~不完整~~，且全部/~~未全部~~达到合格要求，所以核查为合格/不合格。

　　□ 所报分部（子分部）工程的技术资料齐全/~~不齐全~~，且符合/~~不符合~~要求，经现场检测核查合格/~~不合格~~。

项目监理机构（章）：××市工程建设监理有限公司
总/专业监理工程师：　　　　李××
日　　　期：××××年××月××日

注：本表一式两份，项目监理机构签署后自留一份，返施工单位一份。

(5)承台、地梁钢筋连接工程报验单。见表5-48。

表 5-48 承台、地梁钢筋连接工程报验单

工程名称：河北省××市××超市   编号：

| 致石家庄市××工程建设监理有限公司（监理单位） |

致<u>石家庄市××工程建设监理有限公司</u>（监理单位）

我方已完成<u>承台、地梁钢筋连接</u>工程,按设计文件及有关规范进行了自检,质量合格,请予审查和验收。

附件:1.工程质量控制资料；   □
     2.安全和功能检验（检测）记录；   □
     3.观感质量验收记录；   □
     4.隐蔽工程验收记录；   □
     5.　<u>钢筋连接检验批</u>　质量验收记录。   □

施工单位(章)：<u>××省××建设工程有限公司</u>
项目经理：<u>　　　　高××　　　　</u>
日　　　期：<u>　××××年××月××日　</u>

审查/验收意见：

□ 所报隐蔽工程的技术资料齐全/~~不齐全~~,且符合/~~不符合~~要求,经现场检测、核查合格/~~不合格~~,同意/~~不同意~~隐蔽。

□ 所报检验批的技术资料齐全/~~不齐全~~,且符合/~~不符合~~要求,经现场检测、核查合格/~~不合格~~,同意/~~不同意~~进行下道工序。

□ 所报检验批的技术资料基本齐全,且基本符合要求,因砂浆/混凝土试块强度检测报告未出具,暂同意进行下道工序施工,待砂浆/混凝土试块强度检测报告补报后,予以质量认定。

□ 所报分项工程的各验收批的验收资料完整/~~不完整~~,且全部/~~未全部~~达到合格要求,所以核查为合格/~~不合格~~。

□ 所报分部(子分部)工程的技术资料齐全/~~不齐全~~,且符合/~~不符合~~要求,经现场检测核查合格/~~不合格~~。

项目监理机构(章)：<u>××市工程建设监理有限公司</u>
总/专业监理工程师：<u>　　　　李××　　　　</u>
日　　　期：<u>　××××年××月××日　</u>

注:本表一式两份,项目监理机构签署后自留一份,返施工单位一份。

（6）承台、地梁钢筋安装工程报验单。见表 5 - 49。

表 5 - 49 承台、地梁钢筋安装工程报验单

工程名称：河北省××市××超市　　　　　　　　　　　　　　　　编号：

致石家庄市××工程建设监理有限公司（监理单位）

　　我方已完成承台、地梁钢筋安装 工程，按设计文件及有关规范进行了自检，质量合格，请予审查和验收。

　　附件：1. 工程质量控制资料；　　　　　　　　　　　　　　　□
　　　　　2. 安全和功能检验（检测）记录；　　　　　　　　　□
　　　　　3. 观感质量验收记录；　　　　　　　　　　　　　　□
　　　　　4. 隐蔽工程验收记录；　　　　　　　　　　　　　　□
　　　　　5. 钢筋安装检验批质量验收记录。　　　　　　　　　□

施工单位（章）：××省××建设工程有限公司
项目经理：　　　　　高××
日　　期：　××××年××月××日

审查/验收意见：

　　□ 所报隐蔽工程的技术资料齐全/~~不齐全~~，且符合/~~不符合~~要求，经现场检测、核查合格/~~不合格~~，同意/~~不同意~~隐蔽。

　　□ 所报检验批的技术资料齐全/~~不齐全~~，且符合/~~不符合~~要求，经现场检测、核查合格/~~不合格~~，同意/不~~同意~~进行下道工序。

　　□ 所报检验批的技术资料基本齐全，且基本符合要求，因砂浆/混凝土试块强度检测报告未出具，暂同意进行下道工序施工，待砂浆/混凝土试块强度检测报告补报后，予以质量认定。

　　□ 所报分项工程的各验收批的验收资料完整/~~不完整~~，且全部/~~未全部~~达到合格要求，所以核查为合格/~~不合格~~。

　　□ 所报分部（子分部）工程的技术资料齐全/~~不齐全~~，且符合/~~不符合~~要求，经现场检测核查合格/~~不合格~~。

项目监理机构（章）：××市工程建设监理有限公司
总/专业监理工程师：　　　　　李××
日　　期：　××××年××月××日

注：本表一式两份，项目监理机构签署后自留一份，返施工单位一份。

(7)承台、地梁模板拆除工程报验单。见表5-50。

表 5-50 承台、地梁模板拆除工程报验单

工程名称:河北省××市××超市 　　　　　　　　　　　　　　　　编号:

致石家庄市××工程建设监理有限公司（监理单位） 　　我方已完成承台、地梁模板拆除 工程,按设计文件及有关规范进行了自检,质量合格,请予审查和验收。 　　附件:1.工程质量控制资料;　　　　　　　　　　　□ 　　　　2.安全和功能检验（检测）记录;　　　　　　□ 　　　　3.观感质量验收记录;　　　　　　　　　　　□ 　　　　4.隐蔽工程验收记录;　　　　　　　　　　　□ 　　　　5.模板拆除检验批质量验收记录。　　　　　　□ 　　　　　　　　　　　　　　　　施工单位（章）:××省××建设工程有限公司 　　　　　　　　　　　　　　　　项目经理:　　　　高×× 　　　　　　　　　　　　　　　　日　　期:　　××××年××月××日
审查/验收意见: 　　□ 所报隐蔽工程的技术资料齐全/~~不齐全~~,且符合/~~不符合~~要求,经现场检测、核查合格/~~不合格~~,同意/~~不同意~~隐蔽。 　　□ 所报检验批的技术资料齐全/~~不齐全~~,且符合/~~不符合~~要求,经现场检测、核查合格/~~不合格~~,同意/~~不同意~~进行下道工序。 　　□ 所报检验批的技术资料基本齐全,且基本符合要求,因砂浆/混凝土试块强度检测报告未出具,暂同意进行下道工序施工,待砂浆/混凝土试块强度检测报告补报后,予以质量认定。 　　□ 所报分项工程的各验收批的验收资料完整/~~不完整~~,且全部/未全部达到合格要求,所以核查为合格/~~不合格~~。 　　□ 所报分部（子分部）工程的技术资料齐全/~~不齐全~~,且符合/~~不符合~~要求,经现场检测核查合格/~~不合格~~。 　　　　　　　　　　　　　　　　项目监理机构（章）:××市工程建设监理有限公司 　　　　　　　　　　　　　　　　总/专业监理工程师:　　　李×× 　　　　　　　　　　　　　　　　日　　期:　　××××年××月××日

注:本表一式两份,项目监理机构签署后自留一份,返施工单位一份。

(8)基础承台混凝土施工工程报验单。见表5-51。

表5-51　基础承台混凝土施工工程报验单

工程名称：河北省××市××超市　　　　　　　　　　　　　　　　编号：

致　石家庄市××工程建设监理有限公司　　（监理单位）

　　我方已完成　基础承台混凝土施工　工程,按设计文件及有关规范进行了自检,质量合格,请予审查和验收。

　　附件:1.工程质量控制资料；　　　　　　　　　　　　　　　□
　　　　　2.安全和功能检验（检测）记录；　　　　　　　　　　□
　　　　　3.观感质量验收记录；　　　　　　　　　　　　　　　□
　　　　　4.隐蔽工程验收记录；　　　　　　　　　　　　　　　□
　　　　　5.混凝土施工检验批质量验收记录。　　　　　　　　　□

　　　　　　　　　　　　　　　　　　施工单位（章）：××省××建设工程有限公司
　　　　　　　　　　　　　　　　　　项目经理：　　　　高××
　　　　　　　　　　　　　　　　　　日　　　期：　××××年××月××日

审查/验收意见：

　　□ 所报隐蔽工程的技术资料齐全/~~不齐全~~,且符合/~~不符合~~要求,经现场检测、核查合格/~~不合格~~,同意/~~不同意~~隐蔽。

　　□ 所报检验批的技术资料齐全/~~不齐全~~,且符合/~~不符合~~要求,经现场检测、核查合格/~~不合格~~,同意/~~不同意~~进行下道工序。

　　□ 所报检验批的技术资料基本齐全,且基本符合要求,因砂浆/混凝土试块强度检测报告未出具,暂同意进行下道工序施工,待砂浆/混凝土试块强度检测报告补报后,予以质量认定。

　　□ 所报分项工程的各验收批的验收资料完整/~~不完整~~,且全部/~~未全部~~达到合格要求,所以核查为合格/~~不合格~~。

　　□ 所报分部（子分部）工程的技术资料齐全/~~不齐全~~,且符合/~~不符合~~要求,经现场检测核查合格/~~不合格~~。

　　　　　　　　　　　　　　　　　　项目监理机构（章）：××市工程建设监理有限公司
　　　　　　　　　　　　　　　　　　总/专业监理工程师：　　　李××
　　　　　　　　　　　　　　　　　　日　　　期：　××××年××月××日

注:本表一式两份,项目监理机构签署后自留一份,返施工单位一份。

（9）承台、地梁混凝土现浇结构工程报验单。见表 5 - 52。

表 5 - 52　承台、地梁混凝土现浇结构工程报验单

工程名称：河北省××市××超市　　　　　　　　　　　　　　　　编号：

致　石家庄市××工程建设监理有限公司　（监理单位） 　　我方已完成　承台、地梁混凝土现浇结构　工程，按设计文件及有关规范进行了自检，质量合格，请予审查和验收。 　　附件：1.工程质量控制资料；　　　　　　　　　　　　　　□ 　　　　　2.安全和功能检验（检测）记录；　　　　　　　　□ 　　　　　3.观感质量验收记录；　　　　　　　　　　　　　□ 　　　　　4.隐蔽工程验收记录；　　　　　　　　　　　　　□ 　　　　　5.现浇结构外观质量与尺寸允许偏差检验批质量验收记录。□ 　　　　　　　　　　　　　　　　　施工单位（章）：××省××建设工程有限公司 　　　　　　　　　　　　　　　　　项目经理：　　　　郭×× 　　　　　　　　　　　　　　　　　日　　　期：　××××年××月××日
审查/验收意见： 　　□ 所报隐蔽工程的技术资料齐全/~~不齐全~~，且符合/~~不符合~~要求，经现场检测、核查合格/~~不合格~~，同意/~~不同意~~隐蔽。 　　□ 所报检验批的技术资料齐全/~~不齐全~~，且符合/~~不符合~~要求，经现场检测、核查合格/~~不合格~~，同意/~~不同意~~进行下道工序。 　　□ 所报检验批的技术资料基本齐全，且基本符合要求，因砂浆/混凝土试块强度检测报告未出具，暂同意进行下道工序施工，待砂浆/混凝土试块强度检测报告补报后，予以质量认定。 　　□ 所报分项工程的各验收批的验收资料完整/~~不完整~~，且全部/~~未全部~~达到合格要求，所以核查为合格/~~不合格~~。 　　□ 所报分部（子分部）工程的技术资料齐全/~~不齐全~~，且符合/~~不符合~~要求，经现场检测核查合格/~~不合格~~。 　　　　　　　　　　　　　　　　　项目监理机构（章）：××市工程建设监理有限公司 　　　　　　　　　　　　　　　　　总/专业监理工程师：　　　李×× 　　　　　　　　　　　　　　　　　日　　　期：　××××年××月××日

注：本表一式两份，项目监理机构签署后自留一份，返施工单位一份。

(10)现浇结构外观质量与尺寸允许偏差检验批质量验收记录。见表5-53。

表5-53　现浇结构外观质量与尺寸允许偏差检验批质量验收记录

工程名称	河北省××市××超市		分项工程名称	现浇结构外观质量与尺寸偏差		验收部位				承台、地梁		
施工单位	××省××建设工程有限公司						项目经理			高××		
施工执行标准名称及编号	《混凝土结构工程施工质量验收规范》(GB 50204—2002)						专业工长			刘××		
分包单位	/		分包项目经理	/			施工班组长			费××		

检控项目	序号	质量验收规范的规定			施工单位检查评定记录								监理(建设)单位验收记录
主控项目	1	现浇结构的外观质量不应有严重缺陷		8.2.1条	经检查混凝土外观无露筋、孔洞、夹渣、疏松、裂缝等严重缺陷								符合要求
	2	现浇结构尺寸允许偏差的检查与验收		8.3.1条	无影响结构性能或使用功能的尺寸偏差								
一般项目	1	现浇结构的外观质量不宜有一般缺陷		8.2.2条	符合设计和质量验收规范要求								符合要求
		现浇结构拆模后尺寸		允许偏差(mm)	量测值(mm)								
	2	轴线位置	基础	15	7	0	16	12	9	9	5	10 2 8	
			独立基础	10									
			墙、柱、梁	8	6	5	7	5	6	5	7	5 8 7	
			剪力墙	5									
	3	垂直度	层高 ≤5m	8									
			层高 >5m	10									
			全高(H)	H/1000且≤30									
	4	标高	层高	±10									
			全高	±30									
	5	截面尺寸		+8,-5	6	11	-1	7	-5	8	-5	4	4 -2	
	6	电梯井	井筒长、宽对定位中心线	+25,0									
			井筒全高(H)垂直度	H/1000且≤30									
	7	表面平整度		8	0	5	6	3	5	7	7	8 0 2	
	8	预埋设施中心线位置	预埋件	10	4	3	3	2	0	3	2	13 9 5	
			预埋螺栓	5									
			预埋管	5									
	9	预留洞中心线位置		15									
	注:检查轴线、中心线位置时,应沿纵、横两个方向量测,并取其中的较大值												
施工单位检查评定结果	主控项目全部合格,一般项目满足规范规定要求;检查评定合格。 项目专业质量检查员:郭××　　　　　　　　　××××年××月××日												

监理（建设） 单位验收结论	验收合格 　　　　　监理工程师 （建设单位项目专业技术负责人）：李××　　　　　　　　××××年××月××日

（11）承台、地梁模板拆除工程报验单。见表 5－54。

表 5－54　承台、地梁模板拆除工程报验单

工程名称：河北省××市××超市　　　　　　　　　　　　　　　　　　编号：

致　　　石家庄市××工程建设监理有限公司　　　（监理单位） 　　我方已完成　　承台、地梁模板拆除　　工程，按设计文件及有关规范进行了自检，质量合格，请予审查和验收。 　　附件：1.工程质量控制资料；　　　　　　　　　　　　　　　□ 　　　　　2.安全和功能检验（检测）记录；　　　　　　　□ 　　　　　3.观感质量验收记录；　　　　　　　　　　　　□ 　　　　　4.隐蔽工程验收记录；　　　　　　　　　　　　□ 　　　　　5.拆除检验批质量验收记录。　　　　　　　　　□ 　　　　　　　　　　　　　　　　　施工单位（章）：××省××建设工程有限公司 　　　　　　　　　　　　　　　　　项目经理：　　　　高×× 　　　　　　　　　　　　　　　　　日　　期：　××××年××月××日
审查/验收意见： 　　□ 所报隐蔽工程的技术资料齐全/~~不齐全~~，且符合/~~不符合~~要求，经现场检测、核查合格/~~不合格~~，同意/~~不同意~~隐蔽。 　　□ 所报检验批的技术资料齐全/~~不齐全~~，且符合/~~不符合~~要求，经现场检测、核查合格/~~不合格~~，同意/~~不同意~~进行下道工序。 　　□ 所报检验批的技术资料基本齐全，且基本符合要求，因砂浆/混凝土试块强度检测报告未出具，暂同意进行下道工序施工，待砂浆/混凝土试块强度检测报告补报后，予以质量认定。 　　□ 所报分项工程的各验收批的验收资料完整/~~不完整~~，且全部/~~未全部~~达到合格要求，所以核查为合格/~~不合格~~。 　　□ 所报分部（子分部）工程的技术资料齐全/~~不齐全~~，且符合/~~不符合~~要求，经现场检测核查合格/~~不合格~~。 　　　　　　　　　　　　　　　　项目监理机构（章）：××市工程建设监理有限公司 　　　　　　　　　　　　　　　　总/专业监理工程师：　　　李×× 　　　　　　　　　　　　　　　　日　　期：　××××年××月××日

注：本表一式两份，项目监理机构签署后自留一份，返施工单位一份。

➤ 四、分部工程质量验收资料

1. 主体结构分部工程质量验收报告

主体结构分部工程质量验收报告是对已完成的主体结构分部的质量进行检查和验收，并确认是否可以继续下一步施工的记录资料。

（1）实体质量检查情况：总监理工程师组织相关责任主体单位对主体结构分部工程所涉及的分项工程作为实体质量和工程质量文件检查验收，形成统一意见后由总监理工程师填写，包括该分部所涉及的相关分项观感质量、主控项目、一般项目的检查情况。若对存在隐患处或缺陷处进行过处理，应写明（如现浇板负筋保护层偏大，由法定单位鉴定检测，设计单位复核认可等）。

（2）质量文件核查情况：相关责任主体单位对主体结构分部工程质量文件汇总表所涉及的、应该有的内容逐一检查核对，项数为相关序号项目的累积，由总监填写。

（3）责任主体单位验收意见，除施工单位评定意见由项目负责人填写外，其余由相关签字人填写。内容应更具各自职责，填明验收的结论性意见（如是否复核经审查批准的设计图纸和施工规范要求、质量合格与否、能否进入下道工序施工等），并且签字盖章。

（4）质量监督机构在分部监督检查后应签署监督意见，填明各责任主体单位是否参与相关检查验收，程序是否合法，是否同意验收。

2. 分部（子分部）工程质量验收记录

分部（子分部）工程质量验收记录是对该分部工程所有分项工程的质量验收记录进行汇总、核查，并查验质量控制资料、安全和功能控制检验（检测）报告、观感质量是否满足要求的记录资料。

（1）由于各分项工程的性质不尽相同，因此作为分部工程质量验收，不是将所包含各分项工程简单地加以组合，而是进行综合验收。

①分项工程。按分项工程第一个检验批施工先后的顺序，将分项工程名称填写上，在第二格栏内分别填写各分项工程实际检验批数量，及分项工程验收表上的检验批数量，并将各分项工程评定表按顺序附在表后。

施工单位评定栏，填写施工单位自行检查评定结果。同时核查一下各分项工程是否都通过验收。

②质量控制资料。逐项进行核查单位工程质量控制资料，能基本反映工程质量情况，达到保证结构安全和使用功能的要求，即可通过验收。

质量控制资料，根据工程不同可按子分部工程进行资料验收，也可按分部工程进行资料验收，不强求统一。

③安全和功能检验（检测）报告。主要包括屋面淋（防）水试验、给水管道通水试验、通电试验、排水立管通球、泼水试验、接地电阻测试等报告。这部分是指竣工抽样检验的项目，但能在分部工程监测的，尽量放在分部工程中检测。涉及安全和使用功能的地基基础、主体结构、有关安全及重要使用功能的安装分部工程应进行有关见证取样、送样试验或抽样检测。测试内容按照《施工质量验收规范》附录 G 表 G.O.1－3 确定。

施工单位自检评定时要注意：

A. 开工之前确定的项目是否都进行了检测。

B. 检查各检测报告、各检测项目的检测方法与程序是否符合标准规定。

C. 是否达到规范要求，检测报告的审批程序签字是否完整，是否在每个报告上标明审查同意。

④观感质量验收。该项验收难以定量,由个人主观印象判断,检查结果并不给出"合格"或"不合格"的结论,而是综合给出"好""一般"或"差"的质量评价。对"差"的检查点一般应通过返修处理等措施补救。对不影响结构安全和使用功能的,亦可采用协商解决的方法进行验收,并在验收表上注明。

(2)建筑工程分部(子分部)的划分,应符合《建筑工程施工质量验收统一标准》4.0.3 条规定;验收应计列的子分部、分项工程内容应按《建筑工程施工质量验收统一标准》第 4.0.4 条执行。

(3)分部(子分部)合格质量应符合《建筑工程施工质量验收统一标准》第 5.0.3 条的规定。

(4)分部(子分部)工程的验收应由参与验收的相关单位项目负责人签字方可有效。

分部(子分部)工程完成,施工单位自检合格后,应填报"_____分部(子分部)工程质量验收记录表",由总监理工程师(建设单位项目负责人)组织有关设计单位及施工单位项目负责人(项目经理)和技术、质量负责人等到场共同验收并签认。分部工程按部位和专业性质确定。

分部(子分部)工程所含的分项工程全部通过验收,承包单位整理验收资料,在自检评定合格后填写"分部(子分部)工程报验单",附"分部(子分部)工程质量验收记录"及工程质量验收规范要求的质量控制资料、安全和功能检验(检测)报告等向项目监理机构报验。

注意:承包单位应在验收前 72 小时之内以书面形式通知监理验收内容、验收时间和地点。总监理工程师按时组织承包单位项目经理(项目负责人)和技术、质量负责人等进行验收;地基与基础、主体结构分部工程的勘察、设计单位工程项目负责人和承包单位技术、质量部门负责人也应参加相关分部工程验收。

分部(子分部)工程质量验收报验资料核查和实体质量抽样检测(检查)。分部(子分部)工程所含分项工程的质量均已验收合格;质量控制资料完整;地基与基础、主体结构和设备安装等分部工程有关安全及功能的检验和抽样检测结果均符合有关规定,观感质量验收符合要求。总监理工程师应予以确认,在"分部(子分部)工程质认验收记录"签署验收意见,各位参加验收的项目负责人签字。否则,总监理工程师应指出不符合之处,要求承包单位整改。如果分部工程验收不合格,可以按以下方式处理:

①经返工重做或更换器具、设备的检验批,应重新进行验收。

例:某住宅楼五层砖砌体,验收时发现砂浆强度等级为 M5,不符合设计要求 M10,推倒后重新用 M10 砂浆砌筑,其砖砌体工程的质量,应重新按程序进行验收。

②经有资质的检测单位检测鉴定能够达到设计要求的检验批,应予以验收。

例:钢筋混凝土结构办公楼,一层柱混凝土设计强度等级为 C50,留置混凝土标准试块在标准养护条件下 28 天抗压强度为 46MPa,小于 50MPa,经委托法定检测单位对一层柱检验批的实体混凝土强度进行检测,检测结果为 55MPa,大于 50MPa,应给予验收。

③经有资质的检测单位检测鉴定达不到设计要求,但经原设计单位核算认可能够满足结构安全和使用功能的检验批,可予以验收。

例:上例中,经委托法定检测单位对一层柱检验批的实体混凝土强度进行检测,检测结果为 46MPa,经设计单位证实强度最低要求是 45MPa,为提供安全度而选用 C50。现实体检测结果满足要求,可予以验收。

④经返修或加固处理的分项、分部工程,虽然改变外形尺寸但仍能满足安全使用要求,可按技术处理方案和协商文件进行二次验收。

例:钢筋混凝土结构办公楼,一层柱混凝土设计强度等级为C50,留置混凝土标准试块在标准养护条件下28天抗压强度为46MPa,小于50MPa,经委托法定检测单位对一层柱检验批的实体混凝土强度进行检测,检测结果为40MPa,原设计强度是45MPa。不满足要求,经协商采用加大截面法加固,加固后正方形截面边长增大100mm,经确认加固施工质量符合加固技术文件要求,应按加固处理技术文件给予验收。

⑤经过返修和加固处理仍不能满足安全使用要求的分部工程、单位(子单位)工程,严禁验收。发生这种情况通常是在制定加固技术方案之前,就已经知道加固补强措施效果不会太好,或者加固费用太高不值得加固处理,或者加固后仍达不到保证安全功能的情况,这种情况就应该坚决撤除。这条是强制性条文,必须严格执行。

具体填写记录举例见表5-55至表5-65。

表5-55 首层填充墙砌筑工程报验单

工程名称:河北省××市××超市　　　　　　　　　　　　　　　　　　编号:

致石家庄市××工程建设监理有限公司(监理单位)
我方已完成首层填充墙砌筑 工程,按设计文件及有关规范进行了自检,质量合格,请予审查和验收。 　　附件:1.工程质量控制资料;　　　　　　　　　　　　　　　　□ 　　　　2.安全和功能检验(检测)记录;　　　　　　　　　　□ 　　　　3.观感质量验收记录;　　　　　　　　　　　　　　　□ 　　　　4.隐蔽工程验收记录;　　　　　　　　　　　　　　　□ 　　　　5.填充墙砌体工程检验批质量验收记录。　　　　　　　□ 　　　　　　　　　　　　　　　　施工单位(章):××省××建设工程有限公司 　　　　　　　　　　　　　　　　项目经理:　　　　高×× 　　　　　　　　　　　　　　　　日　　期:　　××××年××月××日
审查/验收意见: 　　□ 所报隐蔽工程的技术资料齐全/~~不齐全~~,且符合/~~不符合~~要求,经现场检测、核查合格/~~不合格~~,同意/~~不同意~~隐蔽。 　　□ 所报检验批的技术资料齐全/~~不齐全~~,且符合/~~不符合~~要求,经现场检测、核查合格/~~不合格~~,同意/~~不同意~~进行下道工序。 　　□ 所报检验批的技术资料基本齐全,且基本符合要求,因砂浆/混凝土试块强度检测报告未出具,暂同意进行下道工序施工,待砂浆/混凝土试块强度检测报告补报后,予以质量认定。 　　□ 所报分项工程的各验收批的验收资料完整/~~不完整~~,且全部/~~未全部~~达到合格要求,所以核查为合格/~~不合格~~。 　　□ 所报分部(子分部)工程的技术资料齐全/~~不齐全~~,且符合/~~不符合~~要求,经现场检测核查合格/~~不合格~~。 　　　　　　　　　　　　　　　项目监理机构(章):××市工程建设监理有限公司 　　　　　　　　　　　　　　　总/专业监理工程师:　　　　李×× 　　　　　　　　　　　　　　　日　　期:　　××××年××月××日

注:本表一式两份,项目监理机构签署后自留一份,返施工单位一份。

表 5-56　混凝土结构子分部工程质量验收记录表

工程名称	河北省××市××超市	结构类型	框架	层数	四层
施工单位	××省××建设工程有限公司	技术部门负责人	闫××	质量部门负责人	董××
分包单位	/	分包单位负责人	/	分包技术负责人	/

序号	分项工程名称	检验批数	施工单位检查评定	验收意见
1	模板	60	合格	
2	钢筋	108	合格	
3	混凝土	43	合格	
4	现浇结构外观质量与尺寸偏差	27	合格	
5	混凝土设备基础尺寸允许偏差	1	合格	同意验收
/	/	/	/	

质量控制资料	项	质量控制资料齐全、有效	同意验收
安全和功能检验(检测)报告	项	检验报告齐全、有效,符合设计及规范要求	同意验收
观感质量验收		好	同意验收

验收单位	分包单位	项目经理:王××	年　月　日
	施工单位	项目经理:高××	××××年××月××日
	勘察单位	项目负责人:贾××	××××年××月××日
	设计单位	项目负责人:邓××	××××年××月××日
	监理(建设)单位	总监理工程师:李×× (建设单位项目专业负责人)	××××年××月××日

表 5－57　主体结构分部工程质量验收记录表

工程名称	河北省××市××超市	结构类型	框架	层数	四层
施工单位	××省××建设工程有限公司	技术部门负责人	闫××	质量部门负责人	董××
分包单位	/	分包单位负责人	/	分包技术负责人	/

序号	子分部工程名称	分项工程数	施工单位检查评定	验收意见
1	混凝土结构	6	合格	
2	砌体结构	2	合格	
/	/	/	/	同意验收

质量控制资料		项	质量控制资料齐全、有效	同意验收
安全和功能检验（检测）报告		项	检验报告齐全、有效，符合设计及规范要求	同意验收
观感质量验收			好	同意验收

验收单位	分包单位	项目经理:王××	××××年××月××日
	施工单位	项目经理:高××	××××年××月××日
	勘察单位	项目负责人:贾××	××××年××月××日
	设计单位	项目负责人:邓××	××××年××月××日
	监理（建设）单位	总监理工程师:李××（建设单位项目专业负责人）	××××年××月××日

表 5－58　主体分部工程验收记录(一)

工程名称	河北省××市××车间		结构类型	钢结构		层数	一层
施工单位	××省××建设工程有限公司		技术部门负责人			质量部门负责人	
分包单位	/		分包单位负责人	/		分包技术负责人	/
序号	分项工程名称		检验批数	施工单位检查评定		验收意见	
1	钢结构零部件加工分项工程		6	合格		各分项工程检验批验收合格,符合施工质量验收规范要求	
2	钢结构焊接分项工程		12	合格			
3	单层钢构件安装分项工程		6	合格			
4	钢构件组装分项工程		6	合格			
5	钢结构涂装分项工程		6	合格			
6	压型金属板分项工程		1	合格			
7	砖砌体分项工程		1	合格			
质量控制资料				齐全,合格		同意验收	
安全和功能检验(检测)报告				齐全,合格		同意验收	
观感质量验收				合格		同意验收	
验收单位	分包单位			项目经理		年　　月　　日	
	施工单位	××省××建设工程有限公司		项目经理		年　　月　　日	
	勘察单位			项目负责人		年　　月　　日	
	设计单位			项目负责人		年　　月　　日	
	监理(建设)单位	监理工程师(建设单位项目专业技术负责人)				年　　月　　日	

表5－59　主体分部工程验收记录(二)

工程名称	河北省××市××超市		结构类型	框架 砖混结构	层数	四层
施工单位	××省××建设工程有限公司		技术部门负责人		质量部门负责人	
分包单位	/		分包单位负责人	/	分包技术负责人	/
序号	分项工程名称		检验批数	施工单位检查评定	验收意见	
8	钢筋分项工程		12	合格	各分项工程检验批验收合格，符合施工质量验收规范要求	
9	模板分项工程		12	合格		
10	混凝土分项工程		12	合格		
质量控制资料				齐全,合格	同意验收	
安全和功能检验(检测)报告				齐全,合格	同意验收	
观感质量验收				合格	同意验收	
验收单位	分包单位		项目经理　　　　　　　　年　　月　　日			
	施工单位	××省××建设工程有限公司	项目经理　　　　　　　　年　　月　　日			
	勘察单位		项目负责人　　　　　　　年　　月　　日			
	设计单位		项目负责人　　　　　　　年　　月　　日			
	监理(建设)单位	监理工程师(建设单位项目专业技术负责人)	年　　月　　日			

表 5-60　地基与基础分部工程验收记录

工程名称	河北省××市××超市	结构类型	/	层数		/
施工单位	××省××建设工程有限公司	技术部门负责人		质量部门负责人		
分包单位	/	分包单位负责人	/	分包技术负责人		/

序号	分项工程名称	检验批数	施工单位检查评定	验收意见
1	土方分项工程	2	合格	各分项工程检验批验收合格,符合施工质量验收规范要求
2	钢筋分项工程	4	合格	
3	模板分项工程	4	合格	
4	混凝土分项工程	6	合格	
质量控制资料			齐全,合格	同意验收
安全和功能检验(检测)报告			齐全,合格	同意验收
观感质量验收			合格	同意验收

验收单位	分包单位		项目经理	年　月　日
	施工单位	××省××建设工程有限公司	项目经理	年　月　日
	勘察单位		项目负责人	年　月　日
	设计单位		项目负责人	年　月　日
	监理(建设)单位	监理工程师(建设单位项目专业技术负责人)		年　月　日

表 5-61 建筑给、排水及采暖分部工程验收记录

工程名称	器材棚工程		结构类型	钢结构	层数	一层
施工单位			技术部门负责人		质量部门负责人	
分包单位	/		分包单位负责人	/	分包技术负责人	/

序号	分项工程名称	检验批数	施工单位检查评定	验收意见
1	室内采暖管道及配件安装分项工程	1	合格	各分项工程检验批验收合格,符合施工质量验收规范要求
2	室内采暖辅助设备及散热器及金属辐射板安装分项工程	1	合格	

质量控制资料		齐全,合格	同意验收
安全和功能检验(检测)报告		齐全,合格	同意验收
观感质量验收		合格	同意验收

验收单位	分包单位	项目经理	年 月 日
	施工单位	项目经理	年 月 日
	勘察单位	项目负责人	年 月 日
	设计单位	项目负责人	年 月 日
	监理(建设)单位	监理工程师(建设单位项目专业技术负责人)	年 月 日

表 5 - 62 建筑装饰装修分部工程验收记录

工程名称	河北省××市××超市		结构类型	框架结构	层数		四层
施工单位	××省××建设工程有限公司		技术部门负责人		质量部门负责人		
分包单位	/		分包单位负责人	/	分包技术负责人		/

序号	分项工程名称	检验批数	施工单位检查评定	验收意见
1	一般抹灰分项工程	6	合格	各分项工程检验批验收合格,符合施工质量验收规范要求
2	水性涂料涂饰分项工程	6	合格	
3	门窗分项工程	4	合格	
4	地面分项工程	10	合格	
5	特种门安装	1	合格	
质量控制资料			齐全,合格	同意验收
安全和功能检验(检测)报告			齐全,合格	同意验收
观感质量验收			合格	同意验收

验收单位	分包单位		项目经理	年　　月　　日
	施工单位	××省××建设工程有限公司	项目经理	年　　月　　日
	勘察单位		项目负责人	年　　月　　日
	设计单位		项目负责人	年　　月　　日
	监 理（建设）单位	监理工程师（建设单位项目专业技术负责人）		年　　月　　日

表 5-63　建筑屋面分部工程验收记录

工程名称	河北省××市××超市		结构类型		框架	层数		四层
施工单位	××省××建设工程有限公司		技术部门负责人			质量部门负责人		
分包单位	/		分包单位负责人		/	分包技术负责人		/
序号	分项工程名称		检验批数	施工单位检查评定		验收意见		
1	屋面找平层分项工程		1	合格		各分项工程检验批验收合格,符合施工质量验收规范要求		
2	屋面保温层分项工程		1	合格				
3	屋面卷防水层分项工程		1	合格				
质量控制资料			齐全,合格			同意验收		
安全和功能检验(检测)报告			齐全,合格			同意验收		
观感质量验收			合格			同意验收		
验收单位	分包单位		项目经理			年　月　日		
	施工单位	××省××建设工程有限公司		项目经理		年　月　日		
	勘察单位		项目负责人			年　月　日		
	设计单位		项目负责人			年　月　日		
	监理(建设)单位	监理工程师(建设单位项目专业技术负责人)				年　月　日		

表 5 - 64　建筑给、排水及采暖分部工程验收记录

工程名称	器材库工程		结构类型	框架结构	层数	一层
施工单位	××省××建设工程有限公司		技术部门负责人		质量部门负责人	
分包单位	/		分包单位负责人	/	分包技术负责人	/
序号	分项工程名称		检验批数	施工单位检查评定	验收意见	
1	室内给水管道及配件安装		1	合格	各分项工程检验批验收合格，符合施工质量验收规范要求	
2	室内排水管道及配件安装		1	合格		
3	室内采暖管道及配件安装		1	合格		
4	室内采暖辅助设备及金属辐射板安装		1	合格		
质量控制资料				齐全,合格	同意验收	
安全和功能检验(检测)报告				齐全,合格	同意验收	
观感质量验收				合格	同意验收	
验收单位	分包单位			项目经理	年　月　日	
	施工单位	××省××建设工程有限公司		项目经理	年　月　日	
	勘察单位			项目负责人	年　月　日	
	设计单位			项目负责人	年　月　日	
	监理（建设)单位	监理工程师(建设单位项目专业技术负责人)			年　月　日	

表 5-65　建筑电气分部工程验收记录

工程名称	河北省××超市工程		结构类型	框架	层数	一层
施工单位	××省××建设工程有限公司		技术部门负责人		质量部门负责人	
分包单位	/		分包单位负责人	/	分包技术负责人	/
序号	分项工程名称		检验批数	施工单位检查评定	验收意见	
1	电线、电缆穿管和线槽敷线分项工程		1	合格	各分项工程检验批验收合格,符合施工质量验收规范要求	
2	电线导管、电缆导管和线槽敷设分项工程		1	合格		
3	灯具安装分项工程		1	合格		
4	开关、插座、风扇安装分项工程		1	合格		
5	建筑物照明通电试运行分项工程		1	合格		
质量控制资料			齐全,合格		同意验收	
安全和功能检验(检测)报告			齐全,合格		同意验收	
观感质量验收			合格		同意验收	
验收单位	分包单位		项目经理	年	月	日
	施工单位	××省××建设工程有限公司	项目经理	年	月	日
	勘察单位		项目负责人	年	月	日
	设计单位		项目负责人	年	月	日
	监理(建设)单位	监理工程师(建设单位项目专业技术负责人)		年	月	日

3.分项工程质量验收记录文件

(1)分项工程质量验收记录是指对该分项所包含的检验批(一个或若干个)的质量验收记录进行汇总检查的记录资料。

(2)分项工程质量验收记录相关要求如下:

①由监理工程师组织项目专业技术负责人在检验批验收合格的基础上进行。一般检验批和分项工程具有相同或相近性质,只是批量大小不同。故分项工程质量验收主要是起一个归纳整

理的作用,是一个统计表,没有实质性的验收内容,只需先将相关的检验批汇集成一个分项工程,再行验收即可。

②检验批部位、区段按相应的检验批质量验收记录汇总。

③分项工程合格质量应符合《建筑工程质量验收统一标准》(GB 50300—2013)规定。

④分项工程质量验收由施工项目专业技术员填写检查结论,监理工程师填写验收结论。

(3)分项工程完成(即分项工程所包含的检验批均已完工),施工单位自检合格后,应填报"_____分项工程质量验收记录表",由监理工程师(建设单位项目专业技术负责人)组织项目专业技术负责人进行验收并签认。分项工程按主要工种、材料、施工工艺、设备类别等划分。见表 5-66 至表 5-69。

表 5-66　墙体节能工程分项工程质量验收汇总表

GB50411—2007　　　　　　　　　　　　　　　　　　　1000□□00

工程名称				检验批数量	
设计单位			监理单位		
施工单位			项目经理	技术负责人	
分包单位		/	项目经理	/	技术负责人	/
序号	检验批部位、区段、系统		施工单位检查评定结果	监理(建设)单位验收结果	
1					
2					
3					
4					
5					
6					
7					
8					
9					
施工单位检查结论: 项目质量(技术)负责人: 　　　　　年　　月　　日			验收结论: 监理工程师 (建设单位项目技术负责人): 　　　　　年　　月　　日		

表 5－67 墙体节能保温层报验申请表

工程名称：＿＿＿＿＿＿＿＿＿＿＿＿＿＿＿＿ 编号：＿＿＿＿＿

致：＿＿＿＿＿＿＿＿＿＿＿＿＿＿＿（监理单位）：

　　我单位已完成＿＿＿＿＿＿＿＿＿＿＿工程保温层工作，并已自检合格，现报上该工程报验申请表，请予以审查和验收。

　　附件：1.＿＿＿＿＿＿＿＿＿＿＿＿＿工程保温层检验批质量验收记录表 1（份）
　　　　　2.＿＿＿＿＿＿＿＿＿＿＿＿＿工程保温层隐蔽图像 1（份）

　　　共＿页

　　　　　　　　　　　　　　　　　　　　　承包单位(章)：＿＿＿＿＿＿＿＿＿

　　　　　　　　　　　　　　　　　　　　　项目经理：＿＿＿＿＿＿＿＿＿

　　　　　　　　　　　　　　　　　　　　　日　　期：＿＿＿＿＿＿＿＿＿

审查意见：

　　　　　　　　　　　　　　　　　　　　　项目监理机构：＿＿＿＿＿＿＿＿＿

　　　　　　　　　　　　　　　　　　　　　总/专业监理工程师：＿＿＿＿＿＿＿＿＿

　　　　　　　　　　　　　　　　　　　　　日　　期：＿＿＿＿＿＿＿＿＿

表 5－68　墙体节能工程检验批质量验收记录表(一)

GB50411－2007　　　　　　　　　　　　　　100001□□

工程名称				分项工程名称	墙体节能	验收部位		
施工单位				专业工长		项目经理		
施工执行标准名称及编号				《建筑节能工程施工质量验收规范》(GB 50411—2007)				
分包单位			/	分包项目经理	/	施工班组长		/
							施工单位检验评定记录	监理(建设)单位验收记录
主控项目	1	材料进场检验	各批质量文件、外观检验		第4.2.1条		符合要求	
			保温隔热材料主要性能指标		第4.2.2条		符合要求	
			保温材料导热系数		第4.2.3条		符合要求	
			密度、抗压、压缩强度				符合要求	
			黏结材料黏结强度				符合要求	
			增强网力学和抗腐蚀性能					
			寒冷地区黏结材料冻融实验		第4.2.4条			
	2	基层	表面处理		第4.2.5条		符合保温层施工方案要求	
	3	各构造层	构造做法		第4.2.6条			
	4	保温层	保温层厚度		第4.2.7条		符合要求	
			保温板与基层黏结强度,现场拉拔实验					
			保温浆料与基层的黏结情况				符合要求	
			保温层锚固件数量、位置、锚固力试验后置锚固件现场拉拔试验					
			预置保温板安装正确严密		第4.2.8条			
			保温浆料层同条件养护试件性能		第4.2.9条		保温砂浆同条件养护试件送检合格	
	5	饰面层	基层无脱层、空鼓和裂缝等		第4.2.10条			
			用饰面砖的安全性、耐久性措施					
			饰面砖的黏结强度					
			防水措施与渗漏检验					
	6	保温砌块墙	砌体灰缝饱满度		第4.2.11条			
施工单位检查评定结果			项目专业质量检查员:　　　　　　　　　　　　　___年___月___日					
监理(建设)单位验收结论			监理工程师(建设单位技术负责人):　　　　　　　___年___月___日					

表 5-69 墙体节能工程检验批质量验收记录表(二)

GB50411—2007   100001□□□

工程名称					分项工程名称	墙体节能	验收部位	
施工单位					专业工长		项目经理	
施工执行标准名称及编号					《建筑节能工程施工质量验收规范》(GB 50411—2007)			
分包单位		/			分包项目经理	/	施工班组长	/
							施工单位检查评定记录	监理(建设)单位验收记录
主控项目	7	预置保温墙板现场安装	墙板型式检验报告	第4.2.12条			/	
			连接牢固性				/	
			板缝处理、构造接点及嵌缝做法				/	
			保温板缝渗漏检验				/	
	8	隔汽层	完整与严密度	第4.2.13条			/	
	9	外墙窗、凸窗	洞口四周的侧面节能保温措施	第4.2.14条			符合要求	
	10	外墙冷热桥	隔断冷热桥的措施	第4.2.15条			符合要求	
一般项目	1	材料进场检验	外观及包装检查	第4.3.1条			符合要求	
	2	加强网	加强网铺贴与搭接,不得褶皱、外露	第4.3.2条			/	
			加强网的密实性与平整性				/	
	4	保温层	空调房间的外墙热桥处理措施	第4.3.3条			符合要求采取	
			穿墙套管、脚手眼等的隔断热桥措施	第4.3.4条			符合要求	
			保温板材接缝平整、严密	第4.3.5条			/	
			保温浆料的连续施工,厚度均匀与平顺密实度	第4.3.6条			符合要求	
			特殊部位保温加强措施	第4.3.7条			符合要求	
			有机类保温材料陈化时间	第4.3.8条			/	
施工单位检查评定结果			项目专业质量检查员: 年 月 日					
监理(建设)单位验收结论			监理工程师(建设单位技术负责人): 年 月 日					

4.检验批质量验收记录文件

检验批是指按同一的生产条件或按规定的方式汇总起来供检验用的、由一定数量样本组成的检验体。它是工程验收的最小单位,也是分项工程乃至整个建筑工程质量验收的基础

(1)"检验批质量验收记录"是在分项工程划分确定的原则下,根据施工及质量控制和专业验收需要,按楼层、施工段、变形缝等划分施工的子项,并以此进行工程质量验收的记录资料。

(2)检验批质量验收记录要求如下:

①分项工程可由一个或若干个检验批组成。检验批应按《建筑工程质量验收统一标准》第4.0.4条划分的分项工程的基础上,再按4.0.5条和各专业规范的有关要求进行划分。

②检验批的质量验收,其合格质量应符合《建筑工程质量验收统一标准》第5.0.1条规定。

③检验批的质量验收应由监理工程师(或建设单位项目技术负责人)组织项目专业质量检查员进行验收。

(3)检验批施工完成,施工单位自检合格后,应由项目专业质量检查员填报"_____检验批质量验收记录表",按照建设部施工质量验收系列标准表格执行。检验批质量验收应由监理工程师(建设单位项目专业技术负责人)组织项目专业质量检查员等进行验收并签认。检验批的划分原则:分项工程的检验批划分应便于质量控制和验收;划分的大小不能过分悬殊;能取得较完整的技术数据及检查记录;符合统一标准和配套施工质量验收规范规定。通常可根据施工及质量控制和专业验收需要按楼层、施工段、变形缝、系统或设备等进行划分。同时项目应在施工技术资料(如施工组织设计、施工方案、方案技术交底)中预先明确工程各分项工程检验批的划分原则,使检验批质量验收更加合理化、规范化、科学化。

表5-70至表5-75为所示样表。

表5-70 钢筋原材料检验批质量验收记录

工程名称		河北省××市××超市		分项工程名称	钢筋	验收部位	承台、地梁
施工单位		××省××建设工程有限公司			项目经理		高××
施工执行标准名称及编号		《混凝土结构工程施工质量验收规范》(GB 50204—2002)			专业工长		刘××
分包单位		/		分包项目经理	/	施工班组长	吴××
检控项目	序号	质量验收规范的规定			施工单位检查评定记录		监理(建设)单位验收记录
主控项目	1	钢筋进场检验		5.2.1条	钢筋质量符合有关标准规定,有钢筋合格证和进场复验报告		
	2	抗震框架结构用钢筋		5.2.2条	符合设计和质量验收规范要求		

检控项目	序号	质量验收规范的规定		施工单位检查评定记录	监理(建设)单位验收记录
主控项目	(1)	抗拉强度与屈服强度比值	≥1.25	符合设计和质量验收规范要求	符合要求
	(2)	屈服强度与强度标准值比值	≤1.30	符合设计和质量验收规范要求	
	(3)	钢筋的最大力下总伸长率	不应小于9%	符合设计和质量验收规范要求	
	3	钢筋脆断、性能不良等的检验	5.2.3条	符合要求	
一般项目	1	钢筋外观质量	5.2.4条	符合质量验收规范要求	符合要求
施工单位检查评定结果	主控项目全部合格,一般项目满足规范规定 项目专业质量检查员:郭××　　　　　　　　　　　　　×××
×年××月××日				
监理(建设)单位验收结论	验收合格 监理工程师:李×× (建设单位项目专业技术负责人)　　　　　　　×××
×年××月××日				

表 5-71　钢筋加工检验批质量验收记录

工程名称		河北省××市××超市	分项工程名称	钢筋							验收部位		承台、地梁
施工单位		河北省××建设工程有限公司									项目经理		高××
施工执行标准名称及编号		《混凝土结构工程施工质量验收规范》(GB 50204—2002)									专业工长		刘××
分包单位		/	分包项目经理	/							施工班组长		吴××
检控项目	序号	质量验收规范的规定		施工单位检查评定记录							监理(建设)单位验收记录		
主控项目	1	钢筋的弯钩和弯折	5.3.1条	符合质量验收规范的要求							符合要求		
	2	箍筋弯钩形式	5.3.2条	符合质量验收规范的要求									
	3	钢筋调直后的检验	5.3.2A条	符合要求									
一般项目	1	钢筋的无延伸功能的机械调直与冷拉调直	5.3.3条	符合质量验收规范的要求							符合要求		
		项　目	允许偏差(mm)	量测值(mm)									
	2	受力钢筋顺长度方向全长的净尺寸	±10	10	−6	−14	6	−6	−2	−1	−5	−1	−7
	3	弯起钢筋的弯折位置	±20	−6	9	29	20	−18	7	−8	−8	13	8
	4	箍筋内净尺寸	±5	6	−5	3	−2	5	4	0	2	−3	−2

施工单位检查评定结果	主控项目全部合格,一般项目满足规范规定要求;检查评定合格 项目专业质量检查员:郭××　　　　　　　　××××年××月××日
监理(建设)单位验收结论	验收合格 　监理工程师:李×× (建设单位项目专业技术负责人)　　　　　××××年××月××日

表 5-72　钢筋连接检验批质量验收记录

工程名称	河北省××市××超市	分项工程名称	钢筋	验收部位	承台、地梁
施工单位	××省××建设工程有限公司			项目经理	高××
施工执行标准名称及编号	《混凝土结构工程施工质量验收规范》(GB 50204—2002)			专业工长	刘××
分包单位	/	分包项目经理	/	施工班组长	吴××

检控项目	序号	质量验收规范的规定		施工单位检查评定记录	监理(建设)单位验收记录
主控项目	1	纵向受力钢筋连接	5.4.1条	符合设计要求	符合要求
	2	接头的试件检验	5.4.2条	符合设计和质量验收规范要求	
一般项目	1	钢筋接头位置的设置	5.4.3条	符合设计和质量验收规范要求	符合要求
	2	接头的外观检查	5.4.4条	符合设计和质量验收规范要求	
	3	钢筋连接头的设置规定	5.4.5条	符合设计和质量验收规范要求	
	4	钢筋绑扎接头	5.4.6条	符合设计和质量验收规范要求	
	5	梁、柱类构件的箍筋配置	5.4.7条	符合设计和质量验收规范要求	
施工单位检查评定结果	主控项目全部合格,一般项目满足规范规定 项目专业质量检查员:　　　　　　　　　　××××年××月××日				
监理(建设)单位验收结论	验收合格 监理工程师:李×× (建设单位项目专业技术负责人)　　　　　　××××年××月××日				

表 5-73 钢筋安装检验批质量验收记录

工程名称	河北省××市××超市		分项工程名称		钢筋			验收部位		承台、地梁
施工单位	××省××建设工程有限公司							项目经理		高××
施工执行标准名称及编号	《混凝土结构工程施工质量验收规范》(GB 50204—2002)							专业工长		刘××
分包单位	/		分包项目经理		/			施工班组长		吴××

检控项目	序号	质量验收规范的规定			施工单位检查评定记录										监理(建设)单位验收记录
主控项目	1	受力钢筋的品种、级别、规格与数量		5.5.1条	受力钢筋的品种、级别、规格和数量符合设计要求										符合要求
一般项目			项目	允许偏差(mm)	量测值(mm)										符合要求
	1	绑扎钢筋网	长、宽	±10	8	11	1	−5	−2	−14	0	4	−2	2	
			网眼尺寸	±20	7	−13	7	−5	15	17	−20	−5	16	0	
	2	绑扎钢筋骨架	长	±10	−14	10	6	3	−6	0	6	−10	−1	5	
			宽、高	±5	−3	−4	−2	−2	−2	−7	−5	3	5	5	
	3	受力钢筋	间距	±10	3	−4	10	10	−2	−4	9	11	7	−7	
			排距	±5	1	3	−3	−4	−2	3	2	4	4	4	
		保护层厚度	基础	±10	10	8	9	4	4	−3	7	9	−15	6	
			柱、梁	±5	4	−2	4	4	−2	5	4	2	3	5	
			板、墙、壳	±3											
	4	绑扎箍筋、横向钢筋间距		±20	15	−24	8	−20	8	−18	12	−14	1	10	
	5	钢筋弯起点位置		20											
	6	预埋件	中心线位置	5											
			水平高差	+3,0											

注:(1)检查预埋件中心线位置时,应沿纵、横两个方向量测,并取其中的较大值

　　(2)表中梁类、板类构件上部纵向受力钢筋保护层厚度的合格点率应达到90%及以上,且不得有超过表中数值1.5倍的尺寸偏差

施工单位检查评定结果	主控项目全部合格,一般项目满足规范规定要求;检查评定合格 项目专业质量检查员:郭×× 　　　　　　　　　××××年××月××日
监理(建设)单位验收结论	验收合格 监理工程师:李×× 　　　　　　　　　××××年××月××日 (建设单位项目专业技术负责人)

表5-74 混凝土施工检验批质量验收记录

工程名称	河北省××市××超市		分项工程名称	混凝土	验收部位	基础承台
施工单位	××省××建设工程有限公司				项目经理	高××
施工执行标准名称及编号	《混凝土结构工程施工质量验收规范》(GB 50204—2002)				专业工长	刘××
分包单位	/		分包项目经理	/	施工班组长	费××

检控项目	序号	质量验收规范的规定		施工单位检查评定记录	监理(建设)单位验收记录
主控项目	1	混凝土试件的取样与留置规定	7.4.1条	符合设计和质量验收规范要求	符合要求
	2	抗渗混凝土试件的留置	7.4.2条		
	3	混凝土原材料每盘称量偏差	7.4.3条	商品混凝土	
	1)	水泥、掺合料	±2%	商品混凝土	
	2)	粗、细骨料	±3%	商品混凝土	
	3)	水、外加剂	±2%	商品混凝土	
	4	混凝土运输、浇筑及间歇的全部时间	7.4.4条	符合质量验收规范要求	
一般项目	1	施工缝的位置与处理	7.4.5条		符合要求
	2	后浇带的留置位置和浇筑	7.4.6条		
	3	混凝土养护措施规定	7.4.7条	符合质量验收规范要求	

施工单位检查评定结果	主控项目全部合格,一般项目满足规范规定 项目专业质量检查员:郭×× ××××年××月××日
监理(建设)单位验收结论	验收合格 监理工程师:李×× (建设单位项目专业技术负责人) ××××年××月××日

表 5－75　现浇结构模板安装检验批质量验收记录

工程名称	河北省××市××超市		分项工程名称		模板		验收部位	承台、地梁
施工单位	××省××建设工程有限公司						项目经理	高××
施工执行标准名称及编号	《混凝土结构工程施工质量验收规范》(GB 50204—2002)						专业工长	刘××
分包单位	/		分包项目经理		/		施工班组长	冯××
检控项目	序号	质量验收规范的规定			施工单位检查评定记录			监理(建设)单位验收记录
主控项目	1	模板、支架、立柱及垫板		4.2.1条	符合要求			
	2	涂刷隔离剂		4.2.2条	模板隔离剂涂刷符合要求,无沾污钢筋和混凝土接槎现象			符合要求
一般项目	1	模板安装		4.2.3条	符合质量验收规范要求			
	2	用作模板的地坪、胎膜		4.2.4条				符合要求
	3	模板起拱		4.2.5条				
		项目		允许偏差(mm)	量测值(mm)			
	4	预埋钢板中心线位置		3				
	5	预埋管、预留孔中心线位置		3				
	6	插筋	中心线位置	5				
			外露长度	+10,0				
	7	预埋螺栓	中心线位置	2				
			外露长度	+10,0				
	8	预留洞	中心线位置	10				
			尺寸	+10,0				
	9	模板轴线位置		5	2　3　5　0　6　1　4　5　3　0			
	10	底模上表面标高		±5				
	11	截面内部尺寸	基础	±10	−15　9　9　−2　−10　4　−9　0　−4　0			
			柱、墙、梁	+4,−5	−3　0　−6　−4　0　2　5　2　−2　−1			
	12	层高垂直度	不大于5m	6				
			大于5m	8				
	13	相邻两板表面高低差		2	2　1　1　1　2　0　2　1　2　1			
	14	表面平整度		5	3　1　1　2　5　4　5　1　0　3			
施工单位检查评定结果	主控项目全部合格,一般项目满足规范规定要求;检查评定合格 项目专业质量检查员:郭××　　　　　　　　　　　××××年××月××日							

监理(建设)单位验收结论	验收合格		
	监理工程师(建设单位项目专业技术负责人):	李××	××××年××月××日

任务八 竣工验收记录

➤一、工程竣工验收备案的概念及范围

竣工验收备案是指建设单位应当自工程竣工验收合格之日起 15 日内,依照《房屋建筑和市政基础设施工程竣工验收备案管理办法》规定,向工程所在地的县级以上地方人民政府建设行政主管部门(以下简称备案机关)备案(即将工程的相关行政审批文件、质量验收文件、工程质量保修文件等送备案机关审查存档)。同意备案文件作为工程竣工交付使用和办理房屋产权登记的必备文件。

根据《房屋建筑和市政基础设施工程竣工验收备案管理办法》,在中华人民共和国境内新建、扩建、改建各类房屋建筑工程和市政工程均要求进行竣工验收备案。

➤二、工程竣工验收备案的文件

(1)工程竣工验收备案表。

(2)工程竣工验收报告。竣工验收报告应当包括工程报建日期,施工许可证号,施工图设计文件审查意见,勘察、设计、施工、工程监理等单位分别签署的质量合格文件及验收人员签署的竣工验收原始文件,市政基础设施的有关质量检测和功能性试验资料以及备案机关认为需要提供的有关资料。

(3)法律、行政法规规定应当由规划、公安消防、环保等部门出具的认可文件或者准许使用文件。

(4)施工单位签署的工程质量保证书。

(5)法规、规章规定必须提供的其他文件。

商品住宅还应提交《住宅质量保证书》和《住宅使用说明书》。

➤三、工程竣工验收备案的程序

(1)建设单位应当自工程竣工验收合格之日起 15 日内向备案机关报送竣工验收备案文件。

(2)工程质量监督机构应当在工程竣工验收之日起 5 日内,向备案机关提交工程质量监督报告。

(3)备案机关收到建设单位报送的竣工验收备案文件以及工程质量监督机构提交的工程质量监督报告后,验证文件是否齐全,审查后决定是否同意备案。

任务九　工程竣工验收备案的实施

建设单位是建设活动的总负责方,同时也是工程竣工验收备案资料的最终提交方。备案制度明确了参与工程建设各方在质量管理和竣工验收备案中的质量责任。

本节仅对施工单位竣工验收备案的实施进行介绍。

➤一、施工准备阶段施工单位的备案基础工作

1.施工单位应积累建设项目的基本文件依据

文件依据指适用于工程项目通用的、具有普遍指导意义和必须遵守的基本文件。具体包括:工程承包合同文件,设计施工图文件,国家及政府部门颁布的有关质量管理方面的法律、法规和规章,有关质量检验与控制的技术与技术管理规定、标准和规范。上述四类文件施工现场项目部都必须在开工阶段及时收集、分类、编号,这是做好备案工作必需的准备工作。

2.施工单位项目开工前的质量控制

(1)施工准备阶段的质量控制要点。

①掌握工程的特点和关键。

②调查并创造有利施工的条件。

③合理部署和选择施工队伍。

④预测施工风险和作好应变准备。

(2)做好项目开工前的准备工作。

①施工组织准备。

②施工技术准备。

③施工物资准备。

④施工现场准备。

⑤施工队伍准备。

3.施工单位项目开工前的备案配合工作

(1)配合建设单位办理建设工程质量监督申报手续。

(2)配合建设单位填写《建设工程从业人员资格审查表》。

(3)施工单位参与首次监督工作会议。

(4)施工单位接受首次监督检查。

(5)理解和执行建设工程质量监督方法。

➤二、施工过程中施工单位的备案实施要点

施工过程中,施工单位对各项影响施工因素应实施有效的管理和控制,这过程是确保施工生产负荷设计意图及国家标准要求的重要环节。施工单位强化施工过程的质量管理控制既能确保施工生产实现设计意图,达到国家质量标准要求,也是适应政府强化监督实施备案要求所必需的基础工作。

1.施工单位必须加强施工过程中的质量管理与控制

(1)明确质量控制关键环节。

(2)确立工序质量控制点。

（3）严格隐蔽工程验收程序。

（4）建立缺陷纠正程序。

（5）建立半成品与成品保护措施。

（6）抓好技术复核工作。

（7）严格质量试验与检测手段。

（8）加强对分包单位的管理。

2.施工过程中施工单位的质量评定

施工单位在施工过程中,应及时按照《建筑工程质量验收统一标准》的要求,组织相关人员对检验批、分项工程、分部工程质量进行验收评定,单位工程完工后,施工单位应自行组织有关人员进行检查评定,合格后,及时向监理单位提交竣工验收报告。

3.施工单位对工程质量问题的处理

质量事故处理的目的是为了消除质量缺陷,达到建筑物安全可靠和正常使用的各项功能要求,并保证施工的正常进行。

因此,当施工过程中出现质量问题时,应及时按照《建筑工程质量验收统一标准》和相关规定的要求进行处理。

4.施工过程中施工单位的备案参与工作

（1）接受质量监督机构的工作质量抽查。

（2）接受监理单位、建设单位的日常质量监督检查。

（3）参与工程质量验收。

（4）对工程质量达不到合格标准的,认真进行质量整改。

➤三、竣工验收阶段施工单位备案实施要点

（1）施工单位必须保证单位工程达到竣工验收标准。

①对单位工程施工质量文件进行检查确认。

②对工程项目质量的自评验收。

③填写施工单位工程质量验收记录。

④要求整改的问题已整改完毕,并报监理单位验收合格。

⑤按合同约定承担工程质量保修期的责任。

（2）协助建设单位、监理单位查阅并帮助整理工程项目全过程竣工档案材料。

（3）积极配合建设单位做好单位工程竣工验收工作。

（4）如实填写工程款支付证明文件。

（5）积极配合建设单位填写《建设工程竣工验收备案表》。

（6）服从主管部门备案结论,妥善保存有关备案资料。

相关表格见表5-76至表5-79。

表5-76 工程竣工验收单

工程名称	河北省××市××超市工程	工作内容		承包范围	
建设单位		施工单位			
建筑面积		原预算价		合同价	
开工日期	××××年××月××日	竣工日期	××××年××月××日	验收日期	××××年××月××日

交工验收意见	建设单位意见： 参加验收人员：
	监理单位意见： 参加验收人员：
	施工单位意见： 参加验收人员：

验收结论	

建设单位签章		监理单位签章		施工单位签章	

表 5-77 单位(子单位)工程质量控制资料核查记录

编号：00-00-001

工程名称		河北省××市××超市工程		施工单位	××省××建设工程有限公司	
序号	项目	资料名称	份数	检查意见	核查人	
1	建筑与结构	图纸会审、设计变更、洽商记录	15	符合要求	郭××	
2		工程定位测量、放线记录	28	符合要求		
3		出厂质量证明文件及进场材料检测报告	202	符合要求		
4		施工检测报告	210	符合要求		
5		隐蔽工程验收记录	78	符合要求		
6		施工记录	213	符合要求		
7		施工试验及检查记录	6	符合要求		
8		地基基础、主体结构检验及抽样检测资料	9	符合要求		
9		分项、分部工程质量验收记录	65	符合要求		
10		工程质量事故及事故调查处理资料				
11		新材料、新工艺施工记录				
12						
1	给排水与采暖	图纸会审、设计变更、洽商记录	3	符合要求	刘××	
2		材料、配件、设备出厂质量证明文件及进场检测报告	25	符合要求		
3		管道、设备强度试验、严密性试验记录	6	符合要求		
4		隐蔽工程验收记录	7	符合要求		
5		系统清洗、灌水、通水、通球试验记录	6	符合要求		
6		施工记录				
7		分项、分部工程质量验收记录	10	符合要求		
8						
1	建筑电气	图纸会审、设计变更、洽商记录	4	符合要求	肖××	
2		材料、配件、设备出厂出厂质量证明文件及进场检测报告	33	符合要求		
3		设备调试记录				
4		接地、绝缘电阻测试记录	2	符合要求		
5		隐蔽工程验收记录	36	符合要求		
6		施工记录	3	符合要求		
7		分项、分部工程质量验收记录	21	符合要求		

续表 5－77

序号	项目	资料名称	份数	检查意见	核查人
1	通风与空调	图纸会审、设计变更、洽商记录			李××
2		材料、配件、设备出厂出厂质量证明文件及进场检测报告		符合要求	
3		制冷、空调、水管道强度试验、严密性试验记录	4	符合要求	
4		隐蔽工程验收记录		符合要求	
5		制冷设备运行调试记录		符合要求	
6		通风、空调系统调试记录	1	符合要求	
7		施工记录		符合要求	
8		分项、分部工程质量验收记录	26	符合要求	
1	电梯	土建布置图纸会审、设计变更、洽商记录			齐××
2		设备出厂质量证明文件及开箱检验记录	25	符合要求	
3		隐蔽工程验收记录	1	符合要求	
4		施工记录	2	符合要求	
5		接地、绝缘电阻测试记录	6	符合要求	
6		负荷试验、安全装置检查记录	21	符合要求	
7		分项、分部工程质量验收记录	20	符合要求	
1	建筑智能化	图纸会审、设计变更、洽商记录、竣工图及设计说明			
2		材料、设备出厂质量证明文件及进场检测报告			
3		隐蔽工程验收记录			
4		系统功能测定及设备调试记录			
5		系统技术、操作和维护手册			
6		系统管理、操作人员培训记录			
7		系统检测报告			
8		分项、分部工程质量验收记录			
1	建筑节能	材料、设备出厂质量证明文件及进场检测报告	26	符合要求	靳××
2		隐蔽工程验收记录	24	符合要求	
3		施工检测报告	4	符合要求	
4		施工记录			
5		设备系统试运行和调试记录			
6		分项、分部工程质量验收记录	8	符合要求	
7					

结论：	合　格		合　格	
施工单位项目经理：高××		总监理工程师（建设单位项目负责人）：	李××	
××××年××月××日			××××年××月××日	

说明:最后归档的工程资料中不应存在不合格资料。一般情况下,不合格现象在最基层的验收单位检验批时就应发现并及时处理,否则将影响后续检验批和相关的分项工程、分部工程的验收。因此所有质量隐患必须尽快消灭在萌芽状态。

表 5-78 单位(子单位)工程安全和功能检验资料
核查及主要功能抽查记录

编号:00-00-001

工程名称		河北省××市××超市工程		施工单位	××省××建设工程有限公司		
序号	项目	安全和功能检查项目	份数	核查意见	抽查结果	核查(抽查)人	
1	建筑与结构	屋面淋水试验记录	1	符合要求	合格	郭××	
2		地下工程渗漏水检测记录					
3		有防水要求的地面蓄水试验记录	4	符合要求	合格		
4		建筑物垂直度、标高、全高测量记录	1	符合要求	合格		
5		通风(烟)道检查记录	1	符合要求	合格		
6		幕墙及外窗性能检测报告	1	符合要求	合格		
7		节能构造钻芯检测报告					
8		沉降观测测量记录					
9		节能、保温测试记录					
10		室内环境检测报告	1	符合要求	合格		
1	给排水与采暖	给水管道通水试验记录	1	符合要求	合格	刘××	
2		暖气管道、散热器压力试验记录					
3		满水试验记录	2	符合要求	合格		
4		消防管道、燃气管道压力试验记录					
5		排水干管通球试验记录	2	符合要求	合格		
6							
1	电气	照明全负荷试验记录	1	符合要求	合格	肖××	
2		大型灯具牢固性试验记录					
3		避雷接地电阻测试记录	1	符合要求	合格		
4		电气器具通电安全检查记录	1	符合要求	合格		
5							
1	通风与空调	通风、空调系统试运行记录	1	符合要求	合格	李××	
2		风量、温度测试记录	4	符合要求	合格		
3		洁净室洁净度测试记录					
4		制冷机组试运行调试记录	1	符合要求	合格		
5							

序号	项目	安全和功能检查项目	份数	核查意见	抽查结果	核查 (抽查)人
1	电梯	电梯运行记录	1	符合要求	合格	齐××
2		电梯安全装置检测报告	1	符合要求	合格	
1	智能建筑	系统试运行记录				
2		系统电源及接地检测报告				
3						

结论：　　　　合格　　　　　　　　　　　　　　　合格

施工单位项目经理:高××　　　　　　　　　总监理工程师
　　　　　　　　　　　　　　　　　　（建设单位项目负责人）：　李××

　　　　　　　　　　　×××× 年 ×× 月 ×× 日　　　　　×××× 年 ×× 月 ×× 日

注:抽查项目由验收组协商确定。

表 5－79　单位(子单位)工程观感质量检查记录

工程名称		河北省××市××超市工程	施工单位		××省××建设工程有限公司			
序号		项目	抽查质量状况			质量评价		
						好	一般	差
1	建筑与结构	室外墙面	√ √ √ √ √ √ √ √ √ √			√		
2		变形缝						
3		水落管、屋面	√ √ ○ √ √ √ ○ √ √ √			√		
4		室内墙面	√ √ √ √ √ √ √ √ √			√		
5		室内顶棚	√ √ √ √ √ ○ √ √ √			√		
6		室内地面	√ √ ○ √ √ √ √			√		
7		楼梯、踏步、护栏	√ √ √ √ √ ○ √ √			√		
8		门窗						
1	给排水与采暖	管道接口、坡度、支架	√ √ ○ √ √ √ √			√		
2		卫生器具、支架、阀门	√ √ √ √ ○ √			√		
3		检查口、扫除口、地漏	√ √ √ √			√		
4		散热器、支架						

序号	项目		抽查质量状况										质量评价		
													好	一般	差
1	建筑电气	配电箱、盘、板、接线盒	√	√	√	√	√	√	√	√	√	√	√		
2		设备器具、开关、插座	√	√	○	√	√	√	√	√	√	○	√		
3		防雷、接地	√	√	√	√	√	√	√	√	√	√	√		
1	通风与空调	风管、支架	√	○	√	√	√	√	√	√	√	○	√		
2		风口、风阀	√	√	√	√	√	√	√	○	√	√	√		
3		风机、空调设备	√	○	√	√	√	√	√	√	√	√	√		
4		阀门、支架	√	√	○	√	√	○	√	√	○	√		√	
5		水泵、冷却塔	√	√	√	√	√	√	√	√	√	√			
6		绝热	√	√	√	√	√	√	√	√	√	√			
1	电梯	运行、平层、开关门	√	√	√	√	√	√	√	○	√	√			
2		层门、信号系统	√	√	√	√	√	√	√	√					
3		机房													
1	智能建筑	机房设备安装及布局													
2		现场设备安装													
3															
观感质量综合评价			好												
检查结论	合　格　 施工单位项目经理：　　　　　　　　　　　　　总监理工程师 　　　　　　　　　　　　　　　　　　　　　（建设单位项目负责人）： 　　××××年××月××日　　　　　　　　　　××××年××月××日														

项目习题

一、填空题

1.工程资料可分为工程准备阶段文件、_____、_____、_____和_____。

2.施工资料应由_____负责收集与组卷。

3.建筑工程分为_____分部、_____分部、_____分部、_____分部、_____分部、_____分部、_____分部等。

4.根据设计要求和规范规定，凡需进行沉降观测的工程，应有建设单位委托_____进行施工过程中及竣工后的沉降观测。

5.分部（子分部）工程验收分为分项工程验收、_____验收、_____验收、_____验收。

6.地基验收是在地基验槽处理完后,在基础施工前进行的质量验收活动。目的是对_____、_____、_____作出综合评价。

7.阀门的强度试验压力为公称压力的_____倍;严密性试验压力为公称压力的_____倍。

8.室内排水管道通球试验,通球球径不小于管道管径的_____;卫生器具满水试验时间不小于_____h。

9.漏电保护装置动作电流不大于_____mA,动作时间不大于_____s。

10.柔性导管的长度在动力工程不大于_____m,在照明工程不大于_____m。

11.公用建筑照明系统通电连续试运行时间应为_____h,民用住宅照明系统通电连续试运行时间应为_____h。

二、单选题

1.单位工程施工质量控制质量核查记录,核查人栏由(   )签认。

    A.建设单位项目负责人   B.总监理工程师亲自

    C.总监理工程师委托专业监理工程师   D.专业监理工程师

2.建筑工程资料,简称为(   )。

    A.施工材料   B.工程资料

    C.交工资料   D.竣工资料

3.在组织工程竣工验收前,应提请(   )对工程档案进行验收。

    A.建设单位   B.监理单位

    C.城建档案馆管理机构   D.质量监督机构

4.对于游泳池、消防水池等蓄水工程、屋面工程和有防水要求的地面工程,应进行(   )。

    A.防水试验   B.淋(蓄)水检验

    C.质量检验   D.浇水试验

5.施工单位的文件资料采用(   )的英文编号。

    A."A"   B."B"   C."C"   D."D"

6.对于下列情况之一者,如进口砂或碎(卵)石,无出厂证明的砂或碎(卵)石,对砂或碎(卵)石质量有怀疑的,用于承重结构的砂或碎(卵)石,必须进行复试,混凝土应(   )。

    A.进行检测   B.进行监测   C.送检   D.重新试配

7.建筑节能产品进场进应有出厂质量证明文件,并应按规定见证取样和(   ),有试验报告。

    A.检测   B.监测   C.试验   D.送检

8.室内装饰装修用花岗岩石应有放射性试验报告,人造木板及饰面人造板应有(   )含量试验报告。

    A.乙醚   B.甲醛   C.苯酚   D.毒物

9.通常把对建筑工程项目的基槽(孔)轴线、放坡边线等几何尺寸进行(   )的工作叫做基槽(孔)验线。

    A.复验   B.测量   C.抄测   D.检查

10.建筑工程采用的(   )材料、半成品、成品、建筑构配件、器具和设备应进行现场验收。

    A.全部   B.主要   C.多数   D.大宗

11.项目安全施工日志由（　　）记录。

    A.资料员　　　　　　B.技术负责人　　　　　C.班组长　　　　　　D.安全员

12.按照一定原则和方法,将有保存价值的文件分门别类地整理成案卷,称为（　　）。

    A.资料整理　　　　　B.验收　　　　　　　　C.立卷　　　　　　　D.归档

13.分部工程施工观感质量检查评价,由施工单位先行检查合格后,再由总监理工程师(建设负责人)组织专业监理工程师、项目经理、项目质量(技术)负责人、技术(质量)部门负责人,进行检查评价,检查评价人数不少于（　　）人。

    A.3　　　　　　　　B.5　　　　　　　　　C.7　　　　　　　　　D.9

14.单位工程施工观感质量检查评价,由施工单位先行检查合格后,再由总监理工程师(建设负责人)组织专业监理工程师、项目经理、项目质量(技术)负责人、技术(质量)部门负责人,进行检查评价,检查评价人数不少于（　　）人。

    A.3　　　　　　　　B.5　　　　　　　　　C.7　　　　　　　　　D.9

15.（　　）是在工程建设活动中直接形成的具有保存价值的文字、图像、声像等各种形式的历史记录。

    A.工程档案　　　　　B.工程文件　　　　　　C.竣工资料　　　　　D.交工资料

16.施工单位对工程实行总承包,总包单位负责收集、汇总各分包单位形成的工程档案,并及时向（　　）移交。

    A.监理单位　　　　　B.建设单位　　　　　　C城建档案馆　　　　　D.质量监督站

17.（　　）是指具有独立的设计文件,竣工后可以独立发挥生产能力或工程效益的工程,并构成建设工程项目的组成部分。

    A.建设工程项目　　　B.单位工程　　　　　　C.分部工程　　　　　D.单体工程

18.（　　）是指重要工程或关键部位的在掩埋(盖)前,应由施工单位、监理(建设)单位(有时需勘察、设计单位参加)共同对工程的相关资料和实物质量进行检查验收所形成的记录(必要时应附简图)。

    A.施工管理资料　　　　　　　　　　　　B.施工记录

    C.隐蔽工程检查验收记录　　　　　　　　D.施工检测记录

19.三级安全教育记录卡在公司教育中由公司一级的（　　）向下一级的主要管理人员进行教育。

    A.安全负责人　　　　　　　　　　　　　B.总工程师

    C.总经理　　　　　　　　　　　　　　　D.项目经理

20.监理单位验收结论栏,填写"合格"或"不合格",由（　　）签认,并加盖岗位资格章。

    A.总监理工程师　　　　　　　　　　　　B.专业监理工程师

    C.监理员　　　　　　　　　　　　　　　D.见证员

21.观感质量是指通过观察和必要的（　　）所反映的工程外的质量。

    A.检查　　　　　　　B.测量　　　　　　　　C.抽查　　　　　　　D.监测

三、多选题

1.工程文件应采用耐久性强的书写材料,如（　　）。

    A.碳素墨水　　　　　B.纯蓝墨水　　　　　　C.蓝黑墨水　　　　　D.圆珠笔

2.所有的竣工图均应加盖竣工图章。竣工图章的内容应包括:"竣工图"字样、（　　）、编制人、审核人、编制日期、现场监理。

A. 施工单位　　　　　B. 技术负责人　　　　C. 监理单位　　　　D. 总监

3. 工程准备阶段文件由建设单位按项目立卷,监理文件由监理单位按(　　)立卷,施工文件由施工单位按(　　)竣工卷,竣工图由施工单位按单位工程竣工卷,竣工验收文件由建设单位按单位工程立卷,声像档案由建设单位、施工单位按建设项目或单位工程立卷。

A. 单位工程　　　　　B. 分项工程　　　　C. 项目　　　　　D. 分部工程

4. (　　)等单位向建设单位移交档案时,应编制移交清单,双方签字、盖章后方可交接。

A. 勘察　　　　　　　B. 设计　　　　　　C. 施工　　　　　D. 监理

5. 项目档案是指在(　　)、(　　)及(　　)全过程中形成的文字、图表、声像等不同载体的反映工程全过程的纸质和电子文件资料的统称。

A. 工程经营管理　　　B. 工程施工管理　　C. 工程评优　　　D. 工程竣工验收

6. 水泥的出厂合格证(　　)及(　　)应齐全,结构工程水泥应有碱含量指标检验数据。

A. 7d　　　　　　　　B. 3d　　　　　　　C. 14d　　　　　　D. 28d

7. 门窗应该有合格证书、出厂检验报告及进场的(　　)、(　　)及(　　)试验报告。其他所有施工门窗的合格证,特种门及其配件的生产许可文件。

A. 透光性　　　　　　B. 水密性　　　　　C. 气密性　　　　D. 抗风压性能

8. 砂子应有(　　),主要检验指标有堆集密度、表观密度、细度模数、含泥量、泥块含量、含水率、吸水率、及非活性骨料检验。

A. 合格证　　　　　　B. 出场证明　　　　C. 供应商信息　　D. 进场复验报告

9. 混凝土小型空心砌块应有出厂合格证及进场复验报告。同一部位工程应使用的小砌块应持有同一生产厂家生产的产品合格证书和进场复验报告。小砌块在厂内的养护龄期及其后停放的总时间必须确保(　　)天。

A. 3d　　　　　　　　B. 7d　　　　　　　C. 14d　　　　　　D. 28 天

10. 装饰装修用人造木板及胶粘剂进场主要检查(　　)。

A. 产品合格证　　　　　　　　　　　　B. 出场检验报告

C. 厂家资质　　　　　　　　　　　　　D. 进场进行甲醛含量检验报告

11. 钢筋隐蔽工程验收应具备下列内容(　　)。

A. 纵向受力钢筋的规格、品种、数量、位置等

B. 钢筋的连接方式、接头位置、接头数量及接头百分率

C. 箍筋及横向钢筋的规格、品种、数量、间距

D. 预埋件的规格、数量、位置

12. 屋面工程的隐蔽内容应该包括以下内容(　　)。

A. 卷材、涂膜防水层的基层;排气孔道的留设位置、排气孔道的大小、使用的材料

B. 密封防水处理部位;保温层的厚度、原材料质量、施工的质量等

C. 天沟、檐沟、泛水和变形缝处等细部作法,必要时附图说明

D. 卷材、涂膜防水层的搭接宽度及附加层;隔离层原材料的质量、铺设的方法、搭接的宽度等

E. 刚性保护层与卷材、涂膜防水之间设置的隔离层

13. 冬期施工和混凝土有关的测温记录有(　　)。

A. 混凝土搅拌浇灌测温记录

B. 混凝土养护测温记录

      C. 大体积混凝土的养护测温记录

      D. 大气温度测量记录

四、简答题

   1. 施工资料分为哪八大类？

   2. 工程施工日志包括哪些内容？

   3. 简述主体分部工程施工技术资料包括的内容。

   4. 幕墙工程隐蔽工程包括哪些内容？

   5. 箱式消防栓的安装应符合哪些规定？

   6. 什么是防雷接地？什么是重复接地？

   7. 地基验槽的主要检查内容的要求有哪些？

   8. 建筑给水排水及采暖工程中的施工试验记录主要有哪些？

   9. 建筑给水排水及采暖工程应进行的隐检项目和隐检内容包括哪些？

   10. 工程资料怎样验收？

五、论述题

   作为一个施工单位资料员，谈谈你具体的岗位职责以及如何做好工程资料。

拓展活动

   与企业的建筑资料员进入深入交谈，了解他们是如何做好一项工程资料的，写一份访谈体会。

项目六
竣工图及工程竣工文件

任务一　竣工图

竣工图是工程竣工验收后,真实反映建设工程项目施工结果的图样。它是真实、准确、完整反映和记录各种地下和地上建筑物、构筑物等详细情况的技术文件,是工程竣工验收、投产或交付使用后进行维修、扩建、改建的依据,是生产(使用)单位必须长期妥善保存和进行备案的重要工程档案资料。竣工图的编制整理、审核盖章、交接验收按国家对竣工图的要求办理。承包人应根据施工合同约定,提交合格的竣工图。

工程竣工文件是建筑工程竣工验收、备案和移交等活动中形成的文件。

竣工图的编制及审核应符合下列规定:

(1)各项新建、扩建、改建、技术改造、技术引进项目,在项目竣工时要编制竣工图。项目竣工图应由施工单位负责编制。如行业主管部门规定设计单位编制或施工单位委托设计单位编制竣工图的,应明确规定施工单位和监理单位的审核和签认责任。

(2)竣工图的专业类别应与施工图对应。竣工图应完整、准确、清晰、规范,修改到位,竣工图应真实反映项目竣工验收时的实际情况。

(3)竣工图应依据施工图、图纸会审记录、设计变更通知单、工程洽商记录(包括技术核定单)等绘制。

(4)如果按施工图施工没有变动的,由竣工图编制单位在施工图上加盖并签署竣工图章。一般性图纸变更及符合杠改或划改要求的变更,可在原图上更改,加盖并签署竣工图章。

(5)涉及结构形式、工艺、平面布置、项目等重大改变及图面变更面积超过35%的,应重新绘制竣工图。重绘图按原图编号,末尾加注"竣"字,或在新图图标内注明"竣工阶段"并签署竣工图章。

(6)同一建筑物、构筑物重复的标准图、通用图可不编入竣工图中,但应在图纸目录中列出图号,指明该图所在位置并在编制说明中注明;不同建筑物、构筑物应分别编制。

(7)竣工图图幅应按《技术制图复制图的折叠方法》(GB/T 10609.3—89)要求统一折叠。

(8)编制竣工图总说明及各专业的编制说明,叙述竣工图编制原则、各专业目录及编制情况。

(9)竣工图包括建筑与结构竣工图、建筑装饰与装修竣工图、建筑给排水与采暖工程竣工图、建筑电气工程竣工图、职能建筑竣工图、通风与空调竣工图、室外工程竣工图等。

任务二　工程竣工文件

单位(子单位)工程竣工预验收报验表应符合现行国家标准《建设工程监理规范》(GB 50319—2013)的有关规定。施工单位填写的单位(子单位)工程竣工预验收报验表应一式四份,并应由建设单位、监理单位、施工单位、城建档案馆各保存一份。单位(子单位)工程竣工预验收报验表宜采用表6-1的格式。

表6-1 单位(子单位)工程竣工预验收报验表

工程名称	编 号

致_____(监理单位)

　　我方已按合同要求完成_____工程,经自检合格,请予以检查和验收。附件:

施工总承包单位(章):

项目经理:

日期:

审查意见:

经预验收,该工程

1. 符合/不符合我国现行法律、法规要求;

2. 符合/不符合我国现行工程建设标准;

3. 符合/不符合设计文件要求;

4. 符合/不符合施工合同要求。

综上所述,该工程预验收合格/不合格,可以/不可以组织正式验收。

监理单位:

总监理工程师:

日期:

　　单位(子单位)工程质量竣工验收记录、单位(子单位)工程质量控制资料核查记录、单位(子单位)工程安全和功能检验资料核查及主要功能抽查记录、单位(子单位)工程观感质量检查记录应符合现行国家标准《建筑工程施工质量验收统一标准》(GB 50300—2013)的有关规定。表格填写应符合下列规定:

　　(1)施工单位填写的单位(子单位)工程质量竣工验收记录应一式五份,并应由建设单位、监理单位、施工单位、设计单位、城建档案馆各保存一份。单位(子单位)工程质量竣工验收记录宜采用表6-2的格式。

表6-2 单位(子单位)工程质量竣工验收记录

工程名称		结构类型		层数/建筑面积	
施工单位		技术负责人		开工日期	
项目经理		项目技术 负责人		竣工日期	
序号	项目	验收记录			验收结论
1	分部工程	共　分部,经查分部　符合　标准及设计要求　分部			
2	质量控制资料核查	共　项,经核定符合规范要求　项,经核定不符合规范要求　项			

序号	项目	验收记录	验收结论
3	安全和主要使用功能核查及抽查结果	共核查　　项,符合要求　　项 共抽查　　项,符合要求　　项,经返工处理符合要求　　项	
4	观感质量验收	共抽查　　项,符合要求　　项,不符合要求　　项	
5	综合验收结论		
参加验收单位	建设单位 (公章)单位(项目)负责人 年　月　日	监理单位 (公章)总监理工程师 年　月　日	施工单位 (公章)单位负责人 年　月　日	设计单位 (公章)单位(项目)负责人 年　月　日

（2）施工单位填写的单位（子单位）工程质量控制资料核查记录应一式四份,并应由建设单位、监理单位、施工单位、城建档案馆各保存一份。单位（子单位）工程质量控制资料核查记录宜采用表 6-3 的格式。

表 6-3　单位/子单位工程质量控制资料核查记录

工程名称				施工单位		
序号	项目	资料名称		份数	核查意见	检查人
1	建筑与结构	图纸会审记录、设计变更通知单、工程洽商记录（技术核定单）				
2		工程定位测量、放线记录				
3		原材料出厂合格证书及进场检(试)验报告				
4		施工试验报告及见证检测报告				
5		隐蔽工程验收记录				
6		施工记录				
7		预制构件、预拌混凝土合格证				
8		地基基础、主体结构检验及抽样检测资料				
9		分项、分部工程质量验收记录				
10		工程质量事故及事故调查处押资料				
11		新材料、新工艺施工记录				
12						

序号	项目	资料名称	份数	核查意见	检查人
1	给排水与采暖	图纸会审记录、设计变更通知单、工程洽商记录《技术核定单》			
2		材料、构件出厂合格证书及进场检（试）验报告			
3		管道、设备强度试验、严密性试验记录			
4		隐蔽工程验收记录			
5		系统清洗、灌水、通水、通球试验记录			
6		施工记录			
7		分项、分部工程质量验收记录			
8					
1	建筑电气	图纸会审记录、设计变更通知单、工程洽商记录（技术核定单）			
2		材料、设备出厂合格证书及进场检（试）验报告			
3		设备调试记录			
4		接地、绝缘电阻测试记录			
5		隐蔽工程验收记录			
6		施工记录			
7		分项、分部工程质量验收记录			
8					
1	通风与空调与空调	图纸会审记录、设计变更通知单、工程洽商记录（技术核定单）			
2		材料、设备出厂合格证书及进场检（试）验报告			
3		制冷、空调、水管道强度试验、严密性试验记录			
4		隐蔽工程验收记录			
5		制冷设备运行调试记录			
6		通风、空调系统调试记录			
7		施工记录			
8		分项、分部工程质量验收记录			
9					
1	电梯	图纸会审记录、设计变更通知单、工程洽商记录《技术核定单》			
2		设备出厂合格证书及开箱检验记录			
3		隐蔽工程验收记录			
4		施工记录			
5		接地、绝缘电阻测试记录			
6		负荷试验、安全装置检查记录			
7		分项、分部工程质量验收记录			
8					

序号	项目	资料名称	份数	核查意见	检查人
1	智能建筑	图纸会审、设计变更、工程洽商记录（技术核定单）、竣工图及设计说明			
2		材料、设备出厂合格证书及技术文件及进场检(试)验报告			
3		隐蔽工程验收记录			
4		系统功能测定及设备调试记录			
5		系统技术、操作和维护手册			
6		系统管理、操作人员培训记录			
7		系统检测报告			
8		分项、分部工程质量验收记录			

结论：

施工总承包单位项目经理　　　　　　　　　　总监理工程师或
　　　　　　　　　　　　　　　　　　　　　建设单位项目负责人

　　　年　月　日　　　　　　　　　　　　　　年　月　日

（3）施工单位填写的单位（子单位）工程安全和功能检验资料核查及主要功能抽查记录应一式四份，并应由建设单位、监理单位、施工单位、城建档案馆各保存一份。单位（子单位）工程安全和功能检验资料核查及主要功能抽查记录宜采用表 6－4 的格式。

表 6－4　单位（子单位）工程安全和功能检验资料核查及主要功能抽查记录

工程名称			施工单位			
序号	项目	安全和功能检查项目	份数	核查意见	抽查结果	核查(抽查)人
1	建筑与结构	屋面淋水试验记录				
2		地下室防水效果检查记录				
3		有防水要求的地面蓄水试验记录				
4		建筑物垂直度、标高、全高测试记录				
5		抽气(风)道检查记录				
6		幕墙及外窗气密性、水密性、耐风压检测报告				
7		建筑物沉降观测测量记录				
8		节能、保温测试记录				
9		室内环境检测报告				
1	给排水与采暖	给水管道通水试验记录				
2		暖气管道、散热器压力试验记录				
3		卫生器满水试验记录				
4		消防管道、燃气管道压力试验记录				
5		排水干管通球试验记录				

序号	项目	安全和功能检查项目	份数	核查意见	抽查结果	核查(抽查)人
1	建筑电气	照明全负荷试验记录				
2		大型灯具牢固性试验记录				
3		避雷接地电阻测试记录				
4		线路、插座、开关接地检验记录				
1	通风与空调	通风、空调系统试运行记录				
2		风量、温度测试记录				
3		洁净室洁净度测试记录				
4		制冷机组试运行调试记录				
1	电梯	电梯运行记录				
2		电梯安全装置检测报告				
1	智能建筑	系统试运行记录				
2		系统电源及接地检测报告				

结论：

施工总承包单位项目经理　　　　　　　　总监理工程师或建设单位项目负责人

　　　年　　月　　日　　　　　　　　　　　　　　　　　年　　月　　日

(4)施工单位填写的单位(子单位)工程观感质量检查记录应一式四份,并应由建设单位、监理单位、施工单位、城建档案馆各保存一份。单位(子单位)工程观感质量检查记录宜采用表 6-5 的格式。

表 6-5　单位(子单位)工程观感质量检查记录

工程名称		施工单位			
	项　目	抽查质量状况	质量评价		
			好	一般	差
建筑与结构	变形缝				
	水落管、屋面				
	室内墙面				
	室内顶棚				
	室内地面				
	楼梯、踏步、护栏				
	门窗				
给排水	管道接口、坡度、支架				
	卫生器具、支架、阀门				
	检查口、扫除口、地漏				
	散热器、支架				

项目		抽查质量状况									质量评价		
											好	一般	差
建筑电气	配电箱、盘、板、接线盒												
	设备器具、开关、插座												
	防雷、接地												
通风与空调	风管、支架												
	风口、风阀												
	风机、空调设备												
	阀门、支架												
	水泵、冷却塔												
	绝热												
电梯	运行、平层、开关门												
	层门、信号系统												
	机房												
智能建筑	机房设备安装及布局												
	现场设备安装												
	观感质量综合评价												
检查结论	施工总承包单位项目经理　　　　　　　　　　　　　　总监理工程师或 　　　　　　　　　　　　　　　　　　　　　　　建设单位项目负责人 　　年　月　日　　　　　　　　　　　　　　　　　年　月　日												

任务三　竣工图绘制

竣工图按绘制方法不同可分为以下几种形式：利用电子版施工图改绘的竣工图、利用施工蓝图改绘的竣工图、利用翻晒硫酸纸底图改绘的竣工图、重新绘制的竣工图。

编制单位应根据各地区、各工程的具体情况，采用相应的绘制方法。

利用电子版施工图改绘的竣工图应符合下列规定：

（1）将图纸变更结果直接改绘到电子版施工图中，用云线圈出修改部位，按表 6－6 的形式做修改内容备注表。

表6-6　修改内容备注表

设计变更、洽商编号	简要变更内容

（2）竣工图的比例应与原施工图一致。

（3）设计图签中应有原设计单位人员的签字。

（4）委托本工程设计单位编制竣工图时，应直接在设计图签中注明"竣工阶段"，并应有绘图人、审核人的签字。

（5）竣工图章可直接绘制成电子版竣工图签，出图后应有相关责任人的签字。

利用施工图蓝图改绘的竣工图应符合下列规定：应采用杠（划）改或叉改法进行绘制；应使用新晒制的蓝图，不得使用复印图纸。

利用翻晒硫酸纸图改绘的竣工图应符合下列规定：应使用刀片将需更改部位刮掉，再将变更内容标注在修改部位，在空白处做修改内容备注表；修改内容备注表样式可按表6-6执行；宜晒制成蓝图后，再加盖竣工图章。当图纸变更内容较多时，应重新绘制竣工图。重新绘制的竣工图也应符合上述规定。

项目习题

1.竣工图指的是什么？

2.竣工图的作用是什么？

3.竣工图应由谁来提交？

4.工程竣工文件是什么？

5.竣工图的编制及审核有哪些规定？

6.工程竣工文件有哪些？

7.竣工文件如何编制？

拓展活动

1.目的

通过此实训项目练习，使学生掌握施工资料文件的基本规定，能够进行施工文件资料的分类及工程资料的收集、整理；初步具备进行施工资料文件归档的能力。

2.要求提交的资料

学生通过老师所给的工程资料，以小组为单位进行施工资料文件的填写、存储、归档，并且互相查找其他同学填写资料中不符合相关规定和规范的地方。

项目七

安全资料管理

任务一　建筑工程安全资料管理的意义及要求

1.建筑工程安全资料管理的意义

(1)安全技术资料的产生是安全生产过程的产物和结晶,由于资料管理工作的科学化、标准化、规范化,不断地推动现场施工安全管理向更高的层次和水平发展,使施工现场整体管理更加科学化、标准化、规范化。

(2)安全技术资料有序的管理,是建筑施工实行安全报监制度,贯彻安全监督、分段验收、综合评价全过程管理的重要内容之一。

(3)建立健全正规的资料专业管理,保证了施工现场安全技术资料的原始性和真实性。

(4)真实可靠的安全技术资料对指导今后的工作以及对领导工作的决策提供了依据。有序的安全生产可以减少不必要的时间浪费和费用损失,可进一步规范安全生产技术,提高劳动生产效率,减少伤亡事故发生频率。

(5)资料的有效保存为施工过程中发生的伤亡事故处理提供了可靠的证据,并为今后的事故预测、预防提供了可依据的参考资料。

2.建筑工程安全资料管理的基本要求

(1)建立建筑施工现场安全技术资料管理体系。建筑施工企业应加强对安全技术资料的管理,实行项目经理负责制,施工现场应设工地安全资料员,专门负责安全技术资料管理工作。安全资料员须经行业主管部门培训,考试合格后持证上岗。

(2)建立安全技术资料管理制度。

①建筑施工现场安全技术资料应由相关部门及安全技术操作责任人具体填写,并对记录的真实性负责。

②填写时应随工程进度及时整理,不得提前和迟后填写。

③资料填写应做到项目齐全,内容准确真实,字迹工整,手续完备,不得漏项。

④各种资料要经工地安全资料员审查,审查合格后由工地安全资料员签章归档。工地安全资料员对资料的真实性实行监督管理,并对资料的有效性、真实性负监督管理责任。

任务二　建筑工程安全资料管理的职责

1.建设单位职责

(1)建设单位从建设工程立项起,应对勘察、设计、施工和监理单位提出编制、报送工程档案的要求,做到建设工程档案材料的收集、编制与工程建设进度同步。

(2)在工程招标及与勘察、设计、施工、监理等参建各方签订合同或协议时,应对工程文件和工程档案的编制责任、套数、费用、质量和移交时间等提出明确要求。

（3）向参与工程建设的勘察、设计、施工、监理等单位提供与工程有关的文件。

（4）由建设单位采购的建筑材料、构配件和设备，建设单位应保证建筑材料、构配件和设备符合设计文件和合同要求，并保证相关物资文件完整、真实和有效。

（5）负责监督和检查各参建单位工程文件的形成、收集和立卷工作，也可委托监理单位检查工程文件的形成、收集和立卷工作。

（6）对需建设单位签认的工程文件签署意见。

（7）收集和汇总勘察、设计、监理和施工等单位立卷归档的工程档案。停建、缓建建筑工程的档案，暂由建设单位保管。

（8）应负责组织竣工图的绘制工作，也可委托施工单位、监理单位或设计单位绘制，并按相关文件规定承担费用。

（9）应按有关规定报送工程的照片、录音、录像等声像档案。工程项目建立电子档案的，建设单位在报送纸质档案、声像档案的同时，应当一并报送光盘、磁盘等电子档案。

（10）在组织工程竣工验收前，应提请当地城建档案管理机构对工程档案进行预验收；未取得工程档案验收认可文件，不得组织工程竣工验收。

（11）应在工程竣工验收后三个月内将符合规定的工程档案移交城建档案馆（室）。

（12）实行政府工程代建的项目管理单位履行建设单位职责。

2. 监理单位职责

（1）应按照合同约定，在勘察、设计阶段，对勘察、设计文件的形成、收集、组卷和归档进行监督、检查；在施工阶段，对施工文件的形成、收集、组卷和归档进行监督、检查，使施工文件的完整性、准确性符合有关要求。重要分部工程、单位（子单位）工程验收时应提供工程质量评估报告。

（2）监理单位应在工程竣工验收后两个月内将本单位形成的工程文件立卷后移交建设单位。

3. 施工单位职责

（1）建设工程项目实行总承包的，总包单位负责收集、汇总各分包单位形成的工程施工文件，并应及时向建设单位移交；各分包单位应将本单位形成的施工文件整理、立卷后及时移交总包单位，并对其真实性、完整性和有效性负责。建设工程项目由几个单位承包的，各承包单位负责收集、整理、立卷其承包项目的施工文件，并应及时向建设单位移交。

（2）应在工程竣工验收前，完成工程施工文件整理、汇总和立卷工作。

（3）应根据与建设单位签订的施工合同要求的套数编制工程施工文件，且不应少于三套，其中移交建设单位两套，自行保存一套。

4. 施工单位安全资料员岗位职责

（1）应熟知部、省、市等管理部门对施工现场安全检查、检测验收的标准、规范、规定和要求。

（2）严格按安全技术资料管理制度要求进行管理。

（3）按施工进度及时督促有关人员整理上报安全技术资料，内容应准确真实、项目齐全、手续完备、字迹工整清晰，并应认真及时归纳、分类。不弄虚作假，并对资料的完整性负责。

（4）负责本工地安全资料签章入档，不合格资料严禁入档。

（5）加强档案管理，对已形成归档的各种资料除了上级检查外，不经领导同意，不得借阅他人，以免遗失或损坏。

任务三　建筑工程施工安全资料分类与组卷

依据《建筑施工安全检查标准》(JGJ 59—2011)的要求,建筑施工现场安全技术资料管理的内容主要包括下列十五大类:①在建工程安全监督及相关证件;②安全生产责任制;③目标管理;④施工组织设计;⑤分部(分项)工程安全技术交底;⑥安全检查;⑦安全教育;⑧班前安全活动;⑨特种作业持证上岗;⑩工伤事故处理;⑪安全标志;⑫安全防用;⑬各类设施设备验收记录(施工临时用电除外);⑭施工临时用电;⑮文明施工。

建筑施工现场安全技术资料的分类和组卷要求如表 7-1 所示。

表 7-1　施工现场安全资料分类组卷要求表

序号	资料目录
	一、在建工程安全监督及相关证件
1	工程基本情况及现场勘察概况 工地存档、工程概况挂门口
2	规划许可证 工地存档
3	中标通知书
4	施工许可证
5	企业安全资格证
6	安全监督申请表
7	建筑工程安全达标等级评估表(基础施工阶段 、结构及装饰施工阶段)
8	建设工程施工安全达标等级认定书
9	项目管理人员一览表(或花名册)及相关证件
10	项目主要管理人员企业任命文件
11	现场安全管理保证体系(工地存档并悬挂于相应位置)
12	现场平面布置图及安全标志平面布置图
13	其他有关证件(工地存档)
	二、安全生产责任制
1	各级各部门及管理人员安全生产责任制(工地存档并悬挂于相应位置)
2	管理人员花名册(工地存档)
3	安全生产管理制度(含安全管理责任目标考核办法)
4	项目部安全生产责任目标分解表
5	管理人员安全生产责任目标考核表
6	经济承包合同
7	各工种及主要机具安全技术操作规程(工地存档,悬挂于相应位置)
8	专职安全员、安全资料员配备情况及相关证件(工地存档,持证上岗)
9	项目部安全值班制度(工地存档)

序号	资料目录
10	项目部安全值班表(工地存档,悬于挂明显位置)
11	项目部安全值班记录(工地存档,放项目部值班室)
	三、目标管理
1	安全管理责任目标考核办法
2	项目部安全责任目标分解表
3	安全管理目标月分解考核表
4	安全管理目标部门考核表
5	项目经理安全责任目标考核表
6	质量员安全责任目标考核表
7	施工技术人员安全责任目标考核表
8	施工管理人员安全责任目标考核表
9	安全员安全责任目标考核表
10	班(组)长安全责任目标考核表
	四、施工组织设计
1	施工组织设计
2	安全施工组织设计
3	专业性较强项目的安全施工组织设计(方案、技术措施)
4	工程地质勘察(环境)报告
5	施工组织设计(方案、技术措施)审批表
6	施工组织设计(方案、技术措施)变更审批会签表
7	主要工序开工(使用)申请表
8	施工组织设计(方案、技术措施)目录表
	五、分部、分项工程安全技术交底
1	安全技术交底规定
2	安全技术交底登记表
3	基础工程安全技术交底
4	主体工程安全技术交底
5	屋面工程安全技术交底
6	装饰工程安全技术交底
7	门窗工程安全技术交底
8	脚手架工程安全技术交底
9	临时用电工程安全技术交底
10	垂直运输机械安全技术交底
11	施工机具及设备安全技术交底

序号	资料目录
12	水暖、通风工程安全技术交底
13	电气安装工程安全技术交底
14	防火工程安全技术交底
15	其他工程安全技术交底
16	各工种安全技术交底
17	安全技术交底书
18	基础施工安全技术交底书
19	安装(拆除)安全技术交底书
	六、安全检查
1	安全检查制度
2	安全检查打分表(JGJ59—2011《建筑施工安全检查标准》)
3	项目部安全日查记录表
4	项目定期安全检查记录
5	安全隐患整改通知书
6	事故隐患整改情况报告书
7	处罚通知单
8	违章违纪人员教育记录表
	七、安全教育
1	安全教育培训制度(工地存档)
2	职工安全教育培训花名册
3	职工安全教育档案
4	安全教育记录
5	转场安全教育记录
6	特种作业人员安全教育培训记录
7	施工管理人员年度安全培训登记表
8	职工劳务合同书
9	专职安全员年度考核评定表
	八、班前安全活动
1	班前安全活动制度(工地存档)
2	安全例会制度
3	班前安全活动记录
4	项目部安全例会记录
5	专职安全员工作日志

续表 7－1

序号	资料目录
	九、特种作业持证上岗
1	特种作业人员管理办法(工地存档)
2	特种作业人员花名册
3	特种作业人员证件
4	特种设备安拆资格证
	十、工伤事故处理
1	工伤事故调查和处理制度(工地存档)
2	工伤事故记录
3	伤亡事故报告单
4	建设系统企业职工伤亡事故月(年)报表
5	伤亡(重大未遂)事故记录
6	因工伤亡事故调查处理结案审批表
7	职工意外伤害保险
8	其他有关资料
	十一、安全标志
1	安全标志牌台帐(工地存档)
2	现场安全标志平面布置图(工地存档并张挂)
3	现场楼层安全标志布置平面图
	十二、安全防用具及机械设备相关证件管理
1	现场施工机械设备登记表(工地存档)
2	现场安全防护用具登记表
3	机械设备安装备案表
4	施工机械安全检查通知书
5	安全防护用具(机械设备)使用备案表
6	有关机械设备(防护用具)生产许可证、出厂合格证、产品质量技术鉴定报告书等相关证件
	十三、各类设施设备验收检测记录(施工临时用电除外)
1	外脚手架中间层搭设验收汇总表(工地存档)
2	落地式脚手架验收表
3	悬挑式脚手架验收表
4	门型脚手架验收表
5	挂式脚手架验收表
6	附着式升降脚手架(整体提升架或爬架)验收表
7	整体电动升降脚手架验收记录表
8	模板工程验收表

续表 7 - 1

序号	资料目录
9	混凝土抗压强度检验报告
10	模板拆除申请报告
11	模板拆除验收记录
12	基坑支护验收表
13	塔机验收记录
14	塔式起重机安拆过程原始记录表
15	塔式起重机施工现场检查检测原始记录
16	塔式起重机交接班记录
17	SS、SSE 系列物料升降机施工现场安全检查检测原始记录
18	物料提升机安装验收记录
19	基础验收表
20	地基验槽记录
21	隐蔽工程检查验收记录
22	物料提升机交接班记录
23	SC 系列施工升降机安全检查检测原始记录
24	外用电梯现场安装验收记录
25	外用电梯安全装置检测记录
26	外用电梯交接班记录
27	平刨验收表
28	圆盘锯验收表
29	电焊机验收表
30	钢筋冷拉机验收表
31	钢筋弯曲机验收表
32	搅拌机验收表（工地存档）
33	中小型机械平时检查记录表
34	机械设备施工（生产）运行情况记录
35	机械设备维修保养记录
36	安全网挂设检查验收表
37	安全防护设施验收记录表
38	主要工序开工（安装、使用、拆除）申请表
	十四、施工临时用电
1	施工临时用电定期检查制度（工地存档）
2	电工职责

序号	资料目录
3	临时用电施工组织设计（方案）
4	施工临时用电技术交底
5	临时用电验收表
6	漏电保护器运行测试记录
7	电器绝缘电阻测试记录
8	电器接地电阻测试记录
9	电工日常检查巡视记录
10	电工维修记录
	十五、文明施工
1	文明施工组织设计（方案）（工地存档）
2	门卫制度（工地存档并悬挂于门卫室门口）
3	职工宿舍卫生管理制度（工地存档并悬挂与职工宿舍）
4	消防制度（工地存档并悬挂于现场）
5	治安保卫制度
6	施工防尘、防噪及不扰民措施（工地存档）
7	安全值班制度
8	施工现场安全生产应急预案
9	施工现场门卫交接班记录（工地存档由门卫值班室负责）
10	来访人员登记表
11	夜间施工申请报告（工地存档）
12	文明施工日查表
13	一级动火许可证
14	二级动火许可证
15	三级动火许可证
16	消防安全日查记录
17	文明施工保证体系图（工地存档并悬挂于相应位置）
18	施工现场安全标志平面布置图及楼层安全标志平面布置图
19	施工现场平面布置图

任务四　建筑工程施工安全资料的编制和常用表格

建筑工程施工安全资料编制和常用部分表格填写举例见表 7-2 至表 7-12。

表 7-2　模板拆除（安全）申请表

编号：006

单 位 名 称	××市××建筑安装工程有限公司	工 程 名 称	河北省××市××超市
混凝土浇捣日期	2014 年××月××日,××月××日	设计拆模强度	设计强度 C35 拆模强度 75%
混凝土实际强度	地下室 1~18 轴 82%	试块报告编号	2014-019,029
拆 除 部 位	地下室、顶板、墙板、旁板	监 护 人	×××,×××
拆模警戒范围	梁、楼梯、悬桃结构底板及门窗模板	拆 除 班 组	木工班组组长×××

拆模安全技术措施如下：

1.进入施工现场人员必须戴好安全帽,严禁穿硬底鞋及有跟鞋作业。

2.工作前应先检查使用的工具是否牢固,扳手等工具必须用绳链系挂在身上,钉子必须放在工具袋内,以免掉落伤人。工作时要思想集中,防止钉子扎脚和空中滑落。

3.由于混凝土强度未达到 100%,按规范要求严禁拆除梁底板、悬挑结构底板、楼梯底板及门窗洞口模板。

4.拆除模板一般用长撬棒,不准人站在正在拆除的模板上；在拆除楼板模板时,要注意整块模板掉下,尤其是用定型模板做平台模板时,更要注意。拆除门、窗洞口模板时,操作员应站在门窗洞口外拉支撑,防止模板突然全部掉落伤人。

5.拆模时,临时脚手架必须牢固,不得用拆下的模板作脚手板。脚手板搁置必须牢固平稳,不得有空头板,以防踏空坠落。

6.安装与拆除 5m 以上的模板,应搭脚手架,并设防护栏杆,防止上下在同一垂直面操作。

7.拆模时必须设置警戒区域,并派人监护。不得保留有悬空模板。拆下的模板要及时清理,堆放整齐。

8.拆除模板时,工人应相互配合由外向内拆除。拆除现浇板底模时,不得一次将顶撑全部拆除,应分批拆下顶撑,然后按顺序拆下搁栅、底模,以免发生模板在自重荷载下一次性大面积脱落。

9.模板及支撑垂直运输时,吊点必须符合重心要求,以防坠落伤人。

施工部门负责人：×××、×××

申请人：王××、李××	2014 年××月××日
工地审批负责人：高××	2014 年××月××日
监理单位核准人：刘××	2014 年××月××日

知识链接

安全检查记录表

（1）安全检查记录表检查记录的内容包括定期安全检查、专项安全检查、季节性、节假日前后等各类安全检查（包括施工用电、大型机械、特殊脚手架、场容场貌、卫生防疫）,应将检查结果及时收集入册。

（2）公司或行业安全管理部门，在安全检查中签发的整改单，工程项目部应根据整改内容，结合隐患的性质及时作出分析。属经常性、系统性的隐患，必须按表（见表7－3）转入事故隐患评审处理。

（3）在平时组织的安全检查中，一般性并能当场作出整改的隐患，可不必作隐患评审处理，但必须在记录表中说明。

（4）检查中开具的整改单，必须附在检查记录表后面。

表7－3　安全检查记录表

检查类型：基础开挖安全检查　　　　　　　　　　　　　　　　　　　　　　　　　编号：001

单位名称	××市××建筑工程有限公司	工程名称	河北省××市××超市	检查时间	2014年××月××日
检查单位	项目部，参加部门：技术科、安全科、生产科、材料科				
检查项目或部位	基础挖土，场容、场貌				
参加检查人员	项目经理×××，各科室各一人，×××、×××、×××				
检查记录： 　　1.基础周围防护搭设不规范 　　2.现场无醒目安全生产宣传标牌 　　3.钢筋加工制作棚零乱 　　4.现场道路不平					
检查结论及复查意见： 　　1.基础围护，用钢管做立杆，间距不大于2m，打入地下结实，上下两根横杆，安全网封闭密实、牢固（由架子班×××负责一天完成）。 　　2.现场宣传标识挂放在醒目、合理的位置，高低一致、端正（综合科×××负责派两人半天完成）。 　　3.钢筋加工制作棚整理工作；小配件堆放整齐，井井有条，清洁干净（钢筋班长负责派两人一天完成）。 　　4.现场道路垫平、夯实通畅，杂物堆放整齐（泥工班×××负责派10人一天完成）。 　　以上四条整改完成，经复查符合要求。 　　检查负责人：×××　　　　复查人：技术科：×××　　　安全科：××× 　　　　　　　　　　　　　　　　　　　　　　　　　复查日期：2014年××月××日					

填表人：×××

知识链接

脚手架搭设验收单

脚手架采用扣件式钢管脚手架，本脚手架是从基础承台边，以底板为基础向上搭设至二层，属施工临时过渡脚手架，待上部附着升降脚手架搭设后进行拆除。

验收要求：

(1)验收栏目内有数据的,必须在验收栏内填写实测的数据,无数据的用文字说明。

(2)验收表(见表7-4)只能作一次使用,分阶段验收合格后挂牌,每次验收合格后挂一次牌。验收合格牌必须有编号,并注明验收日期。

(3)脚手架在使用过程中,必须要有定期的检查、保养制度。

表7-4 特殊类脚手架搭设验收单

脚手架类别:整体附着式电动脚手架

单位名称	××市××建筑安装工程有限公司		脚手架分包单位名称	××××建筑机械有限公司
工程名称	河北省××市××超市		脚手架搭设单位名称	××××建筑机械有限公司
序号	验收项目	验收要求		结 果
1	脚手架搭设要求	按照施工组织设计要求搭设		符合要求
2	脚手立杆基础	型钢固定、立杆套接、斜拉角度符合设计要求		符合设计要求
3	架体与建筑物拉结	拉结点间距、水平垂直、拉结材料与距离		合格
4	防护栏杆及网	每步设栏杆扶手、围栏封闭、操作层挡脚板		合格
5	剪刀撑设置	不小于6m设剪刀撑,搭接长度不得小于1m,不少于2个扣件		合格
6	每步设底笆及底排封闭	每步铺设底笆,四角扎牢,底排用木板、网全封闭		合格
7	脚手架材质	钢管φ48mm优质、不变形		优质
8	脚手架宽度	外形为1.2m,步高为1.8m		合格
9	立杆间距	立杆间距为1.8m,垂直偏差不大于全长1/200		合格
10	四步一隔离	每四步设一道隔离,并且绑扎牢固		牢固
11	登高设施	脚手上下爬梯,并装设稳固		设施齐全
12	立杆	立杆对接必须用接扣,实施交叉差开		合格
13	扣件、铅丝	扣件紧固力矩4.5～5N·m,铁丝绑扎牢固		合格
14	钢管脚手架接地	四角应设接地保护避雷装置		有避雷装置
15	通道口防护	按结构高度搭设通道防护棚,长度6m		合格
验收意见： 2～3层脚手提升完毕,经验收合格,同意使用。 工地验收人员:×××,××× 公司验收人员:××× 日期:2014年××月××日				
脚手架搭设高度		验收日期	2014年××月××日	工程项目负责人	×××
搭设班组及负责人	×××、×××	合格牌编号	HJ04-5	.	

注:此单供特殊脚手架验收使用,按不同类型脚手架专题设计方案确定验收的项目,验收要求可填写在空格中,挑/挂脚手架、整体式爬升脚手架按专用表式要求验收。

表 7－5　大型机械月检查表(塔式起重机)

使用单位:××市××建筑安装工程有限公司河北省××市××超市工程

塔式起重机	型号	QTZ80	设备编号	03		起升高度	22m
	塔高	30m	附着道数	—		锚固后高	m
序号	检查项目			检查结果	问题及处理	整改完成日期
1	机械的安装基础是否坚实稳固			坚实稳定	—	
2	机械操作室挡风防雨设施状况			设施完好	—	
3	电机工作正常,电压 380V±5%			正常	—	
4	仪表、照明、报警系统完好、可靠			功能完好可靠	—	
5	各传动机构运作平稳,无异常响声,操纵灵活			操纵灵活无异常	—	
6	各润滑点润滑好,润滑油牌号正确			良好	—	
7	配电箱完好有单独漏电保护开关			符合要求	—	
8	电气系统对地的绝缘电阻不小于 0.5MΩ			合格	—	
9	安全限位和保险装置灵敏可靠			灵敏可靠	—	
10	锚固框架固定牢固			牢固	—	
11	结构无变形、开焊、疲劳裂纹			未见变形开焊裂纹	—	
12	轻机运作可靠灵活,性能良好			运作灵活	—	
13	作业范围内无障碍,无办公、生活区			无障碍	—	
14	操作人员身体健康工作安心			健康	—	

检查意见:

　　经检查,机械结构坚实稳固,各传动机构运作平稳,操作灵活,安全限位和保险装置灵敏可靠,电气系统性能良好。操作人员操纵熟练,身体健康,情绪稳定。

检查部门	技术科安全科	检查人	李××、金××	检查日期	2014 年××月××日

表 7－6　施工现场临时用电验收单

单位名称	××市××建筑安装工程有限公司		工 程 名 称	河北省××市××超市
检查人及验收人员	项目部×××、×××,技术科×××,安全科×××,电工班组×××			
序号	验收项目	验收内容		结果
1	临时用电施工组织设计	是否按临时施工用电组织设计要求实施总体布设		按用电方案组织实施
2	工地临近高压线防护	工地临近高压线要有可靠的防护措施,防护要严密,达到安全要求		符合要求

序号	验收项目	验收内容	结果
3	支线架设	配电箱引入引出线要采用套管和横担 进出电线要排列整齐,匹配合理 严禁使用绝缘差、老化、破皮电线,防止漏电 应采用绝缘子固定,并架空敷设 线路过道要有可靠的保护 线路直接埋地,敷设深度不小于 0.6m,引出地面从 2m 高度至地下 0.2m 处,必须架设防护套管	乱拉乱接,架设不规范
4	现场照明	手持照明灯应使用 36V 以下安全电压 危险场所用 36V 安全电压,特别危险场所采用 12V 照明导线应固定在绝缘子上 现场照明灯要用绝缘橡套电缆,生活照明采用护套绝缘导线 照明线路及灯具距地面不能小于规定距离,严禁使用电炉 防止电线绝缘差、老化、破皮、漏电,严禁用碘钨灯取暖	生活用电乱接,使用大功率灯泡取暖,违反规定
5	架设低压干线	不准采用竹质电杆,电杆应设横担和绝缘子 电线不能架设在脚手架或树上等处 架空线离地按规定有足够的高度	使用竹质电杆,架设不规范
6	电箱配电箱	配电箱制作要统一,做到有色标、有编号 电箱制作要内外油漆,有防雨措施,门锁安全 金属电箱外壳要有接地保护,箱内电气装置齐全可靠 线路、位置安装要合理,有地排、零排,电线进出配电箱应下进下出	符合要求
7	开关箱熔丝	开关箱要符合一机一闸一保险,箱内无杂物,不积灰 配电箱与开关箱之间距离 30m 左右,用电设备与开关箱超过 3m 应加随机开关,配电箱的下沿离地面不小于 1.2m。箱内严禁动力、照明混用;严禁用其他金属丝代替熔丝,熔丝安装要合理	符合要求
8	接地或接零	严禁接地接零混接,接地体应符合要求,两根之间距离不小于 2.5m,电阻值为 4Ω,接地体不宜用螺纹钢,应采用 TN-S 系统的保护接零	符合要求
9	变配电装置	露天变压器设置符合规范要求,配电间安全防护措施和安全用具、警告标志齐全;配电间门要朝外开,高处正中装 20cm×30cm 玻璃	符合要求

验收意见:

  工程项目全面动工,几乎每天都有新的支线架设和终端电器的安装设置,发现支路架设、低压干线架设和现场照明的终端电器的使用等不规范行为比较突出,虽经几次整改,不规范行为仍有发生,对检查发现的违规行为:电工组×××、×××、×××三人在一天前整改完成;对违规职工按职工奖罚条例实行罚款处理。

日期:2014 年××月××日

注:验收栏目内有数据的,在验收栏目内填写实测数据,无数据用文字说明。

表 7-7　接地电阻测验记录

单位名称	××市××建筑安装工程有限公司		仪表型号	ZC52B-4型
工程名称	河北省××市××超市		测验日期	2014年××月××日
接地电阻（Ω）				
接地名称	接零			
接地类别	规定电阻值（Ω）	实测电阻值（Ω）	测定结果	备注
接零	＜4Ω	0.2Ω	合格	塔式起重机
接零	＜4Ω	0.3Ω	合格	施工电梯(2000-336)
接零	＜4Ω	0.3Ω	合格	施工电梯(2000-337)
接零	＜4Ω	0.9Ω	合格	钢筋对焊机(3-07)
接零	＜4Ω	0.8Ω	合格	钢筋弯曲机(3-02)
接零	＜4Ω	1.5Ω	合格	钢筋切断机(3-03)
接零	＜4Ω	1.3Ω	合格	木工圆盘锯(3-011)
接零	＜4Ω	1.1Ω	合格	木工圆盘锯(3-012)
接零	＜4Ω	0.4Ω	合格	木工平刨机(3-014)
接零	＜4Ω	0.3Ω	合格	木工平刨机(3-015)

测验负责人：×××　　　　　检测人员：×××　　　安全员：×××

表 7-8　移动及手持电动工具定期绝缘电阻测验记录表　　　　　编号:001

单位名称	××市××建筑工程有限公司				工作电压		220～380		评定	测验
工程名称	河北省××市××超市				仪表型号		ZC25B-4型兆欧表		结论	合格
绝缘电阻(MΩ)									问题及处理意见	
设备名称	插入式混凝土振动器(四台)									
设备编号	3—201	3—202	3—203	3—204	3—201	3—202	3—203	3—204		
测验日期	2000 3.7	2000 3.7	2000 3.7	2000 3.7	2000 8.12	2000 8.12	2000 8.12	2000 8.12		
回路编号 相别	阻值(MΩ)	阻值(MΩ)	阻值(MΩ)	阻值(MΩ)	阻值(MΩ)	阻值(MΩ)	阻值(MΩ)	阻值(MΩ)		
A B										
B C										
C A										
A O										
B O										
C O										
A 地	8.2	7.2	9	5.2	7.2	6	2	6.1		
B 地	10	5.2	7	4.2	6	7.1	3.6	6.2		
C 地	12	6.2	6.7	6.2	4	4.2	4	7.2		
测验结果	正常	正常	正常	正常	正常	正常	正常	正常		
上次测验 日期	1999 7.1	1999 7.1	1999 7.1	1999 7.1	2000 3.7	2000 3.7	2000 3.7	2000 3.7		

注:施工现场移动电具及手持电动工具应半年测试一次。测试合格后贴上标签,方可使用。

测试负责人:王××　　　检测人:刘××　　　安全员:戴××　　　2014年××月××日

表 7-9 电工巡视维修工作记录卡

单位名称	××市××建筑安装工程有限公司		班组名称		电工班组	
工程名称	河北省××市××超市		编　号		03	
维修内容						
序号	维修项目及部位	设备名称	维修人	验收人	维修日期	
20	换灯脚	卤钨灯	×××	×××	2014 年××月××日	
21	拉三相插头	电焊机	×××	×××	2014 年××月××日	
22	修调电源线	潜水泵	×××	×××	2014 年××月××日	
23	修调灯泡	镝灯	×××	×××	2014 年××月××日	
24	接线	电焊机	×××	×××	2014 年××月××日	
25	接线	电混凝土泵车	×××	×××	2014 年××月××日	
26	换插头	泥浆泵	×××	×××	2014 年××月××日	
27	换组合开关	振动机	×××	×××	2014 年××月××日	
28	接线	对焊机	×××	×××	2014 年××月××日	
29	修开关	圆盘锯	×××	×××	2014 年××月××日	
30	修接触器	弯曲机	×××	×××	2014 年××月××日	
31	修调 30A 磁底座	卷扬机	×××	×××	2014 年××月××日	
32	修调电源线	振动机	×××	×××	2014 年××月××日	
33	修调按钮	弯曲机	×××	×××	2014 年××月××日	
34	换磁底座	分总箱	×××	×××	2014 年××月××日	
35	换灯脚	卤钨灯	×××	×××	2014 年××月××日	
36	接线	泥浆泵	×××	×××	2014 年××月××日	
37	换插头	焊机	×××	×××	2014 年××月××日	
38	换磁力开关	平刨机	×××	×××	2014 年××月××日	

表 7 - 10　施工机具验收单

单位名称	××市××建筑安装工程有限公司		工程名称	河北省××市××超市
检查人及验收人员	×××、×××、×××、×××			
序号	验收项目	验 收 内 容		验收意见
1	搅拌机与砂浆机	机体安装平稳、坚实,接地或接零保护符合要求 操作棚符合防雨要求,挂安全操作规程牌,有排水措施 传动部位防护、离合器、制动器等符合规定,料斗钢丝绳最少必须保持三圈 料斗保险链、钩和操作杆保险装置齐全有效 砂石笼挡墙必须坚实牢固,拉铲必须用安全电压 防护罩、盖齐全有效 砂浆机出料手柄应用圆盘式		验收人×× 日期:2014 年××月××日
2	木工平(轧)刨	外露传动部位必须有防护罩,室外使用时,要有防雨操作棚 平刨刀刃处装有护手防护装置,轧刨设有回弹安全装置 漏电保护器灵敏有效,接地或接零保护符合要求		首次验收合格 验收人　××× 　　　　××× 日期:2014 年××月××日
3	电锯	防护挡板安全装置及月牙罩应符合要求 传动部位防护装置齐全牢固 操作必须采用单向按钮开关 漏电保护器灵敏有效,接地接零保护良好		首次验收合格 验收人　××× 　　　　××× 日期:2014 年××月××日
4	手持电动机具	防护罩壳齐全有效,橡皮电线不得破损 漏电保护器应安装正确且灵敏有效,接地保护良好 磨石子机电线应架空;操作者应穿绝缘鞋、戴绝缘手套,蛙式打夯机手把上应包绝缘材料,操作者应戴绝缘手套		首次验收合格 验收人　××× 　　　　××× 日期:2014 年××月××日
5	电焊机	接零保护、漏电保护装置齐全;二次空载降压保护或触电保护装置完善有效 有可靠的防雨措施;进出线防护罩要齐全,设置合理焊把及电线绝缘良好,装接正确;一次测电源进线长度不超过5m,二次长度不超过 30m,焊机电源应使用自动开关		首次验收合格 验收人　××× 　　　　××× 日期:2014 年××月××日
6	钢筋机械	传动部位防护罩可靠,随机开关应使用按钮式;接零或接地符合要求,室外作业设置防雨棚		首次验收合格 验收人　××× 　　　　××× 日期:2014 年××月××日
7	潜水泵	电源线绝缘良好,外壳接零保护有效;电机负荷线应采用YHS 防水橡套电缆,长度应不小于 1.5m,不得承受外力,漏电保护器符合二级保护要求		首次验收合格 验收人　××× 　　　　××× 日期:2014 年××月××日

序号	验收项目	验 收 内 容	验收意见
8	气 瓶	气瓶有明显标志,有防爆、防震、防晒措施	首次验收合格 验收人 ××× ××× 日期:2014 年××月××日
9	桩工机械	桩工机械准用证齐全、有效 打桩机超高限位装置符合要求,作业区周围 5m 以内无高压线 起吊钢丝绳润滑良好,无断丝超标现象 桩机行车轨道铺设应符合原厂说明书规定,三支点履带式桩机就位符合使用要求 机械润滑、各螺栓紧固符合要求 电动机械电源接线及控制系统接触可靠,连接电缆无破损	验收合格 验收人 ××× ××× 日期:2014 年××月××日
10	挖土机	工作装置伸缩平稳,无抖动 行走机构传动平稳,无异常声响 安全防护装置齐全,符合要求 液压传动臂杆、油路、油缸操作阀等应密封可靠,无渗漏	验收合格 ××× 验收人 ××× 日期:2014 年××月××日

注:验收栏目内有数据的,在验收栏目内填写实测数据,无数据用文字说明。

表 7−11 安全教育记录

教育类别:节后安全生产动员会　　教育课时:3 学时　　日期:2014 年××月××日

单位名称	××市××建筑安装工程有限公司	主讲单位(部门)	三期工程项目部	主讲人	×××
工程名称	河北省××市××超市	受教育单位(部门)	全体职工	人数	300 人

教育内容:《2014 年度安全生产动员暨表彰大会》

主要内容:
1.总结去年安全生产成果和今年努力目标
2.春节过后上班前的安全生产教育
3.向全体职员公布今年安全生产管理目标
(1)市安全生产标准化工地
(2)市文明工地
(3)市创优达标工地
4.安全生产控制总目标
职工因公重伤率低于千分之五,职工死亡率低于万分之二,无三级以上重大事故或两起四级重大伤亡事故,直接经济损失在 5 万元以上的重大火灾事故为零,死亡一人以上的火灾事故为零,直接经济损失万元以上的重大机械设备事故为零
5.公布上年度安全生产先进单位和个人并发奖

参加对象签名:
　　项目部全体员工

注:教育类别分:变换工种、操作规程和技能、经常性、季节性、节假日等。　　　　记录人:王××

表7-12 班前安全活动、周讲评记录

工地名称	河北省××市××超市	班组名称	泥工班	工种	泥工

班组人员名单:
　　组长×××
　　组员×××、×××、×××、×××、×××、×××、×××、×××、×××、×××、×××、×××、
×××、×××

周一记录
　　第二层1～32轴商品混凝土浇捣。上班时间上午七时。
　　1.全组共15人,本周无人缺席,每个人劳动防护用品均佩戴整齐。
　　2.混凝土泵车到来之前,检查操作面,离地2m以上的框架,过梁、雨篷、悬空小平台是否已搭设操作平台,临边施工时注意是否有可靠防护。特殊情况下如无可靠安全设施,必须系好安全带并扣好保险钩,或架设安全网。

　　　　　　　　　　　　　　　　　　　　　　　　记录人:×××
　　缺席人员姓名:无　　　　　　　　　　　　　日期:2014年××月××日

周二记录
　　第二层33～64轴商品混凝土浇捣。上班时间上午七时。
　　1.全组共15人,缺席×××一人,因病休息。每个人劳动防护用品均佩戴整齐。
　　2.使用振动机前应检查电源电压,移动电箱放置是否安全,电线长度是否够长,机械运转是否正常,振动机移动时不能硬拉电线,更不能在钢筋和其他锐利物上拖拉,防止割破、拉断电线而造成触电死亡事故 。

　　　　　　　　　　　　　　　　　　　　　　　　记录人:×××
　　缺席人员姓名:×××　　　　　　　　　　　日期:2014年××月××日

周三记录
　　第六层填充墙砌筑。上班时间上午七时,一人迟到。
　　填充墙砌筑前先检查,临边洞口防护栏杆是否齐全,走道及跳板通道是否绑扎牢固,是否有挠头板,经检查符合要求后方可施工。
　　墙身砌体高度超过1.2m以上时,应搭设脚手架;墙身高度超过4m时,采用里脚手的必须设置安全网。脚手架上堆料不得超过规定荷载。同一块脚手板上操作人员不应超过2人。

　　　　　　　　　　　　　　　　　　　　　　　　记录人:×××
　　迟到人:×××　　　　　　　　　　　　　　日期:2014年××月××日

周四记录
　　第二层填充墙砌筑,上班时间上午七时。全组15人分成5小组,无缺席。
　　检查个人劳动保护用品齐全,使用正确。
　　上班前应对绳索、夹具、临时脚手架和其他运输工具、施工安全设施进行检查。砌块应分散堆放。在楼面卸下堆放砌块时,应尽量避免冲击,严禁倾卸及撞击楼板。采用里脚手砌筑外墙时,应检查四周是否已张好安全网。

　　　　　　　　　　　　　　　　　　　　　　　　记录人:×××
　　缺席人员姓名:无　　　　　　　　　　　　　日期:2014年××月××日

周五记录
　　第二层填充墙砌筑,上班时间上午七时。全组15人分成5小组,无人缺席。
　　检查个人劳动保护用品齐全,使用正确,在作业过程中要扣好安全帽带。
　　脚下要注意朝天钉,临边洞口注意防护。脚手板上小砌块堆放不得超过3皮。同一块脚手板上操作人员不应超过2人。

　　　　　　　　　　　　　　　　　　　　　　　　记录人:×××
　　缺席人员姓名:无　　　　　　　　　　　　　日期:2014年××月××日

工地名称	河北省××市××超市	班组名称	泥工班	工种	泥工

加班日记录

　　周六、周日加班。第二层 1～24 轴混凝土浇捣，参加人数 15 人。

　　上班时间上午 7：00—11：30 时，下午 1：30—18：30 时。班前检查个人劳动防护用品、振动器。加班人员身体健康，睡眠充足，精神状态良好。

　　安全施工技术交底：注意临边洞口防护，确有难度要系好安全带，扣好安全结，正确使用振动器。

记录人：×××

缺席人员姓名：无　　　　　　　　　　　　　　　　　日期：2014 年××月××日

周安全活动讲评内容：

　　本周泥工班全体员工遵守劳动纪律，遵照安全操作规程施工作业，能正确使用个人劳动保护用品，未发生安全事故。但个别同志还存在大胆冒险作业情况，在没有可靠防护的临边悬臂板上作业时，未系安全带、未扣安全结，应立刻改正，下周不再发生此类事情。下周作业前各自检查自己的移动电箱、振动机等施工用具。

主持人：×××

日期：2014 年××月××日

　　2011 年 12 月 7 日中华人民共和国住房和城乡建设部发布了第 1204 号公告：关于发布行业标准《建筑施工安全检查标准》的公告，批准《建筑施工安全检查标准》为行业标准，编号为 JGJ 59—2011，自 2012 年 7 月 1 日起实施。其中，第 4.0.1、5.0.3 条为强制性条文，必须严格执行。原行业标准《建筑施工安全检查标准》JGJ 59—99 同时废止。

　　按照安全检查打分表《建筑施工安全检查标准》(JGJ 59—2011)，常用的安全检查表格见表 7－13 至 7－32。

表 7－13　建筑施工安全检查评分汇总表

企业名称：　　　　　　　　　　资质等级：　　　　　　　　　　2013 年　　月　　日

单位工程（施工现场）名　称	建筑面积（m²)	结构类型	总计得分(满分分值100 分)	项目名称及分值									
				安全管理（满分10 分）	文明施工（满分15 分）	脚手架（满分10 分）	基坑工程（满分10 分）	模板支架（满分10 分）	高处作业（满分10 分）	施工用电（满分10 分）	物料提升机与施工升降机（满分10 分）	塔式起重机与起重吊装(满分10 分）	施工机具（满分5 分）
河北省××市××超市		框架											
评语：													
检查单位	河北省××建筑工程有限公司	负责人	李××	受检项目	河北省××市××超市	项目经理				高××			

表 7-14　安全管理检查评分表

序号	检查项目		扣分标准	应得分数	扣减分数	实得分数
1	保证项目	安全生产责任制	未建立安全生产责任制,扣10分 安全生产责任制未经责任人签字确认,扣3分 未配备各工种安全技术操作规程,扣2~10分 未按规定配备专职安全员,扣10分 工程项目部承包合同中未明确安全生产考核指标,扣5分 未制定安全生产资金保障制度,扣5分 未编制安全资金使用计划或未按计划实施,扣2~5分 未制定伤亡控制、安全达标、文明施工等管理目标,扣5分 未进行安全责任目标分解,扣5分 未建立安全生产责任制和责任目标的考核制度,扣5分 未按考核制度对管理人员定期考核,扣2~5分	10		
2		施工组织设计及专项施工方案	施工组织设计中未制定安全技术措施,扣10分 危险性较大的分部分项工程未编制安全专项施工方案,扣10分 未按规定对超过一定规模危险性较大的分部分项工程专项施工方案进行专家论证,扣10分 施工组织设计、专项方案未经审批,扣10分 安全技术措施、专项施工方案无针对性或缺少设计计算,扣2~8分 未按施工组织设计、专项施工方案组织实施,扣2~10分	10		
3		安全技术交底	未进行书面安全技术交底,扣10分 未按分部分项进行交底,扣5分 交底内容不全面或针对性不强,扣2~5分 交底未履行签字手续,扣4分	10		
4		安全检查	未建立安全检查制度,扣10分 未有安全检查记录,扣5分 事故隐患的整改未做到定人、定时间、定措施,扣2~6分 对重大事故隐患改通知书所列项目未按期整改和复查,扣5~10分	10		
5		安全教育	未建立安全教育培训制度,扣10分 新工人入场未进行三级安全教育培训和考核,扣5分 未明确具体安全教育培训内容,扣2~8分 变换工种或采用新技术、新工艺、新设备、新材料施工时未进行安全教育,扣5分 施工管理人员、专职安全员未按规定进行年度教育培训和考核,每人扣2分	10		
6		应急救援	未制定安全生产应急救援预案,扣10分 未建立应急救援组织或未按规定配备救援人员,扣2~6分 未定期进行应急救援演练,扣5分 未配置应急救援器材和设备,扣5分	10		
	小　计			60		

序号	检查项目		扣 分 标 准	应得分数	扣减分数	实得分数
7	一般项目	分包单位安全管理	分包单位资质、资格、分包手续不全或失效,扣10分 未签订安全生产协议书,扣5分 分包合同、安全生产协议书,签字盖章手续不全,扣2~6分 分包单位未按规定建立安全机构或未配备专职安全员,扣2~6分	10		
8		持证上岗	未经培训从事施工、安全管理和特种作业,每人扣5分 项目经理、专职安全员和特种作业人员未持证上岗,每人扣2分	10		
9		生产安全事故处理	生产安全事故未按规定报告,扣10分 生产安全事故未按规定进行调查分析,制定防范措施,扣10分 未依法为施工作业人员办理保险,扣5分	10		
10		安全标志	主要施工区域、危险部位未按规定悬挂安全标志,扣2~6分 未绘制现场安全标志布置图,扣3分 未按部位和现场设施的变化调整安全标志设置,扣2~6分 未设置重大危险源公示牌,扣5分	10		
		小 计		40		
	检查项目合计			100		

表7-15　文明施工检查评分表

序号	检查项目		扣分标准	应得分数	扣减分数	实得分数
1	保证项目	现场围挡	在市区主要路段的工地未设置封闭围挡或围挡高度小于2.5m,扣5~10分 一般路段的工地未设置封闭围挡或围挡高度小于1.8m,扣5~10分 围挡未达到坚固、稳定、整洁、美观,扣5~10分	10		
2		封闭管理	施工现场进出口未设置大门,扣10分 未设置门卫室扣5分 未建立门卫值守制度或未配备门卫值守人员,扣2~6分 施工人员进入施工现场未佩戴工作卡,扣2分 施工现场出入口未标有企业名称或标识,扣2分 未设置车辆冲洗设施,扣3分	10		
3		施工场地	施工现场主要道路及材料加工区地面未进行硬化处理,扣5分 施工现场道路不畅通,路面不平整坚实,扣5分 施工现场未采取防尘措施,扣5分 施工现场未设置排水设施或排水不通畅、有积水,扣5分 未采取防止泥浆、污水、废水污染环境措施,扣2~10分 未设置吸烟处、随意吸烟,扣5分 温暖季节未进行绿化布置,扣3分	10		
4		材料管理	建筑材料、构件、料具未按总平面布局码放,扣4分 材料码放不整齐,未标明名称、规格,扣2分 施工现场材料存放未采取防火、防锈蚀、防雨措施,扣3~10分 建筑物内施工垃圾的清运,未采用器具或管道运输,扣5分 易燃易爆物品未分类储藏在专用库房、未采取防火措施,扣5~10分	10		
5		现场办公与住宿	施工作业区、材料存放区与办公、生活区未采取隔离措施,扣6分 宿舍、办公用房防火等级不符合有关消防安全技术规范要求,扣10分 在施工工程、伙房、库房兼做住宿,扣10分 宿舍未设置可开启式窗户,扣4分 宿舍未设置床铺、床铺超过2层或通道宽度小于0.9m,扣2~6分 宿舍人均面积或人员数量不符合规定要求,扣5分 冬季宿舍内未采取取暖和防一氧化碳中毒措施,扣5分 夏季宿舍内未采取防暑降温和防蚊蝇措施,扣5分 生活用品摆放混乱,环境卫生不符合要求,扣3分	10		
6		现场防火	施工现场未制定消防安全管理制度、消防设施,扣10分 施工现场的临时用房和作业场所的防火设计不符合规范要求,扣10分 施工现场消防通道、消防水源的设置不符合规范要求,扣5~10分 施工现场灭火器布局、配置不合理或灭火器材失效,扣5分 未办理动火审批手续或未指定动火监护人员,扣5~10分	10		
		小计		60		

序号	检查项目		扣 分 标 准	应得分数	扣减分数	实得分数
7	一般项目	综合治理	生活区未设置供作业人员设置学习和娱乐场所,扣2分 施工现场未建立治安保卫制度或责任未分解到人,扣3~5分 施工现场未制定治安防范措施,扣5分	10		
8		公示标牌	大门口处设置的公示标牌内容不齐全,扣2~8分 标牌不规范、不整齐,扣3分 未张挂安全标语,扣3分 未设置宣传栏、读报栏、黑板报,扣2~4分	10		
9		生活设施	未建立卫生责任制度,扣5分 食堂与厕所、垃圾站、有毒有害场所距离不符合规范要求,扣2~6分 食堂未办理卫生许可证或未办理炊事人员健康证,扣5分 食堂使用的燃气罐未单独设置存放或存放间通风条件不良,扣2~4分 食堂未配备排风、冷藏、消毒、防鼠、防蚊蝇等设施,扣4分 厕所的设施数量和布局不符合规范要求,扣2~6分 厕所卫生未达到规定要求,扣4分 不能保证现场人员卫生饮水,扣5分 未设置淋浴室或淋浴室不能满足现场人员需求,扣4分 生活垃圾未装容器或未及时清理,扣3~5分	10		
10		社区服务	夜间未经许可施工,扣8分 施工现场焚烧各类废弃物,扣8分 施工现场未制定防粉尘、防噪音、防光污染措施,扣5分 未制定施工不扰民措施,扣5分	10		
		小计		40		
检查项目合计				100		

表 7 – 16　扣件式钢管脚手架检查评分表

序号	检查项目		扣分标准	应得分数	扣减分数	实得分数
1	保证项目	施工方案	架体搭设未编制专项施工方案或未按规定审核、审批，扣 10 分 架体结构未进行设计计算，扣 10 分 架体搭设高度超过允许高度，专项施工方案未按规定组织专家论证，扣 10 分	10		
2		立杆基础	立杆基础不平、不实、不符合专项施工方案要求，扣 5～10 分 立杆底部缺少底座、垫板或垫板的规格不符合规范要求，每一处扣 2～5 分 未按规范要求设置纵、横向扫地杆，扣 5～10 分 扫地杆的设置和固定不符合规范要求，扣 5 分 未采取排水措施，扣 8 分	10		
3		架体与建筑结构拉结	架体与建筑结构拉结方式或间距不符合规范要求，每处扣 2 分 架体底层第一步纵向水平杆处未按规定设置连墙件或未采用其他可靠措施固定，每处扣 2 分 搭设高度超过 24m 的双排脚手架，未采用刚性连墙件与建筑结构可靠连接，扣 10 分	10		
4		杆件间距与剪刀撑	立杆、纵向水平杆、横向水平杆间距超过设计或规范要求，每处扣 2 分 未按规定设置纵向剪刀撑或横向斜撑，每处扣 5 分 剪刀撑未沿脚手架高度连续设置或角度不符合规范要求，扣 5 分 剪刀撑斜杆的接长或剪刀撑斜杆与架体杆件固定不符合规范要求，每处扣 2 分	10		
5		脚手板与防护栏杆	脚手板未满铺或铺设不牢、不稳，扣 5～10 分 脚手板规格或材质不符合规范要求，扣 5～10 分 每有一处探头板，扣 2 分 架体外侧未设置密目式安全网封闭或网间连接不严，扣 5～10 分 作业层防护栏杆不符合规范要求，扣 5 分 作业层未设置高度不小于 180mm 的挡脚板，扣 3 分	10		
6		交底与验收	架体搭设前未进行交底或交底未有文字记录，扣 5～10 分 架体分段搭设、分段使用未办理分段验收，扣 5 分 架体搭设完毕未办理验收手续，扣 10 分 验收记录未进行量化，或未经责任人签字确认，扣 5 分	10		
	小计			60		

序号	检查项目		扣分标准	应得分数	扣减分数	实得分数
7	一般项目	横向水平杆设置	未在立杆与纵向水平杆交点处设置横向水平杆,每处扣2分 未按脚手板铺设的需要增加设置横向水平杆,每处扣2分 双排脚手架横向水平杆只固定一端,每处扣1分 单排脚手架横向水平杆插入墙内小于180mm,每处扣2分	10		
8		杆件搭接	纵向水平杆搭接长度小于1m或固定不符合要求,每处扣2分 立杆除顶层顶步外采用搭接,每处扣4分 扣件紧固力矩小于40N·m或大于65N·m,每处扣2分	10		
9		层间防护	作业层脚手板下未采用安全平网兜底或作业层以下每隔10m未采用安全平网封闭,扣5分 作业层与建筑物之间未按规定进行封闭,扣5分	10		
10		构配件材质	钢管直径、壁厚、材质不符合要求,扣5~10分 钢管弯曲、变形、锈蚀严重,扣10分 扣件未进行复试或技术性能不符合标准,扣5分	5		
11		通道	未设置人员上下专用通道,扣5分 通道设置不符合要求,扣2分	5		
		小计		40		
检查项目合计				100		

表7-17 门式钢管脚手架检查评分表

序号	检查项目		扣分标准	应得分数	扣减分数	实得分数
1	保证项目	施工方案	未编制专项施工方案或未进行设计计算,扣10分 专项施工方案未按规定审核、审批,扣10分 架体搭设高度超过允许高度,专项施工方案未组织专家论证,扣10分	10		
2		架体基础	架体基础不平、不实、不符合专项施工方案要求,扣5～10分 架体底部未设垫板或垫板的规格不符合要求,扣2～5分 架体底部未按规范要求设置底座,每处扣2分 架体底部未按规范要求设置扫地杆,扣5分 未采取排水措施,扣8分	10		
3		架体稳定	架体与建筑物结构拉结方式或间距不符合规定要求,每处扣2分 未按规范要求设置剪刀撑,扣10分 门架立杆垂直偏差超过规范要求,扣5分 交叉支撑的设置不符合规范要求,每处扣2分	10		
4		杆件锁臂	未按规定组装,或漏装杆件、锁臂,扣2～6分 未按规范要求设置纵向水平加固杆,扣10分 使用的扣件与连接的杆件参数不匹配,每处扣2分	10		
5		脚手板	脚手板未满铺或铺设不牢、不稳,扣5～10分 脚手板规格或材质不符合要求,扣5～10分 采用挂扣式钢脚手板时,挂钩未挂扣在横向水平杆上或挂钩未处于锁住状态,每处扣2分	10		
6		交底与验收	脚手架搭设前未进行交底或交底未有文字记录,扣5～10分 脚手架分段搭设、分段使用未办理分段验收,扣6分 架体搭设完毕未办理验收手续,扣10分 验收内容未进行量化,或未经责任人签字确认,扣5分	10		
		小计		60		

序号	检查项目		扣分标准	应得分数	扣减分数	实得分数
7	一般项目	架体防护	作业层防护栏杆不符合规范要求,扣5分 作业层未设置高度不小于180mm的挡脚板,扣3分 脚手架外侧未设置密目式安全网封闭或网间连接不严,扣5～10分 作业层脚手板下未采用安全平网兜底或作业层以下每隔10m未采用安全平网封闭,扣5分	10		
8		构配件材质	杆件变形、锈蚀严重,扣10分 门架局部开焊,扣10分 构配件的规格、型号、材质或产品质量不符合规范要求,扣5～10分	10		
9		荷载	施工荷载超过设计规定,扣10分 荷载堆放不均匀,每处扣5分	10		
10		通道	未设置人员上下专用通道,扣10分 通道设置不符合要求,扣5分	10		
		小计		40		
检查项目合计				100		

表 7－18　碗扣式钢管脚手架检查评分表

序号	检查项目		扣分标准	应得分数	扣减分数	实得分数
1	保证项目	施工方案	未编制专项施工方案或未进行设计计算,扣 10 分 专项施工方案未按规定审核、审批,扣 10 分 架体高度超过规范允许高度,专项施工方案未组织专家论证,扣 10 分	10		
2		架体基础	基础不平、不实,不符合专项施工方案要求,扣 5～10 分 架体底部未设置垫板或垫板的规格不符合要求,扣 2～5 分 架体底部未按规范要求设置底座,每处扣 2 分 架体底部未按规范要求设置扫地杆,扣 5 分 未采取排水措施,扣 8 分	10		
3		架体稳定	架体与建筑结构未按规范要求拉结,每处扣 2 分 架体底层第一步水平杆处未按规范要求设置连墙件或未采用其他可靠措施固定,每处扣 2 分 连墙件未采用刚性杆件,扣 10 分 未按规范要求设置竖向专用斜杆或八字形斜撑,扣 5 分 竖向专用斜杆两端未固定在纵、横向水平杆与立杆汇交的碗扣结点处,每处扣 2 分 竖向专用斜杆或八字形斜撑未沿脚手架高度连续设置或角度不符合要求,扣 5 分	10		
4		杆件锁件	立杆间距、水平杆步距超过设计或规范要求,每处扣 2 分 未按专项施工方案设计的步距在立杆连接碗扣节点处设置纵、横向水平杆,每处扣 2 分 架体搭设高度超过 24 m 时,顶部 24m 以下的连墙件未按规定设置水平斜杆,扣 10 分 架体组装不牢或上碗扣紧固不符合要求,每处扣 2 分	10		
5		脚手板	脚手板未满铺或铺设不牢、不稳,扣 5～10 分 脚手板规格或材质不符合要求,扣 5～10 分 采用挂扣式钢脚手板时挂钩未挂扣在横向水平杆上或挂钩未处于锁住状态,每处扣 2 分	10		
6		交底与验收	架体搭设前未进行交底或交底未有文字记录,扣 5～10 分 架体分段搭设、分段使用未进行分段验收,扣 5 分 架体搭设完毕未办理验收手续,扣 10 分 验收内容未进行量化或未经责任人签字确认,扣 5 分	10		
	小计			60		

序号	检查项目		扣分标准	应得分数	扣减分数	实得分数
7	一般项目	架体防护	架体外侧未采用密目式安全网封闭或网间连接不严,扣 5~10 分 作业层防护栏杆不符合规范要求,扣 5 分 作业层外侧未设置高度不小于 180mm 的挡脚板,扣 3 分 作业层脚手板下未用安全平网兜底或作业层以下每隔 10m 未采用安全平网封闭,扣 5 分	10		
8		构配件材质	杆件弯曲、变形、锈蚀严重,扣 10 分 钢管、构配件的规格、型号、材质或产品质量不符合规范要求,扣 5~10 分	10		
9		荷载	施工荷载超过设计规定,扣 10 分 荷载堆放不均匀,每处扣 5 分	10		
10		通道	未设置人员上下专用通道,扣 10 分 通道设置不符合要求,扣 5 分	10		
		小计		40		
	检查项目合计			100		

表 7 - 19　承插型盘扣式钢管支架检查评分表

序号	检查项目		扣分标准	应得分数	扣减分数	实得分数
1	保证项目	施工方案	未编制专项施工方案或未进行设计计算,扣10分 专项施工方案未按规定审核、审批,扣10分	10		
2		架体基础	架体基础不平、不实、不符合专项施工方案设计要求,扣5～10分 架体立杆底部缺少垫板或垫板的规格不符合规范要求,每处扣2分 架体立杆底部未按要求设置底座,每处扣2分 未按规范要求设置纵、横向扫地杆,扣5～10分 未采取排水措施,扣8分	10		
3		架体稳定	架体与建筑结构未按规范要求拉结,每处扣2分 架体底层第一步水平杆处未按规范要求设置连墙件或未采用其他可靠措施固定,每处扣2分 连墙件未采用刚性杆件,扣10分 未按规范要求设置竖向斜杆或剪刀撑,扣5分 竖向斜杆两端未固定在纵、横向水平杆与立杆汇交的盘扣节点处,每处扣2分 斜杆或剪刀撑未沿脚手架高度连续设置或角度不符合45°～60°的要求,扣5分	10		
4		杆件设置	架体立杆间距、水平杆步距超过设计或规范要求,每处扣2分 未按专项施工方案设计的步距在立杆连接盘处设置纵、横向水平杆,每处扣2分 双排脚手架的每步水平杆层,当无挂扣钢脚手板时未按规范要求设置水平斜杆,扣5～10分	10		
5		脚手板	脚手板不满铺或铺设不牢、不稳,扣5～10分 脚手板规格或材质不符合要求,扣5～10分 采用挂扣式钢脚手板时,挂钩未挂扣在水平杆上或挂钩未处于锁住状态,每处扣2分	10		
6		交底与验收	脚手架搭设前未进行交底或未有文字记录,扣5～10分 脚手架分段搭设、分段使用未进行分段验收,扣5分 架体搭设完毕未办理验收手续,扣10分 验收内容未量化,或未经责任人签字确认,扣5分	10		
		小计		60		

序号	检查项目		扣分标准	应得分数	扣减分数	实得分数
7	一般项目	架体防护	架体外侧未设置密目式安全网封闭或网间连接不严,扣 5~10 分 作业层防护栏杆不符合规范要求,扣 5 分 作业层外侧未设置高度不小于 180mm 的挡脚板,扣 3 分 作业层脚手板下未用安全平网兜底或作业层以下每隔 10m 未采用安全平网封闭,扣 5 分	10		
8		杆件连接	立杆竖向接长位置不符合要求,扣 2 分 剪刀撑的斜杆接长不符合要求,扣 8 分	10		
9		构配件材质	钢管、构配件的规格、型号、材质或产品质量不符合规范要求,扣 5 分 钢管弯曲、变形、锈蚀严重,扣 10 分	10		
10		通道	未设置人员上下专用通道,扣 10 分 通道设置不符合要求,扣 5 分	10		
		小计		40		
检查项目合计				100		

表 7 - 20　满堂式脚手架检查评分表

序号	检查项目		扣分标准	应得分数	扣减分数	实得分数
1	保证项目	施工方案	未编制专项施工方案或未进行设计计算,扣 10 分 专项施工方案未按规定审核、审批,扣 10 分	10		
2		架体基础	架体基础不平、不实、不符合专项施工方案要求,扣 5～10 分 架体底部未设置垫板或垫板的规格不符合要求,每处扣 2～5 分 架体底部未按规范要求设置底座,每处扣 2 分 架体底部未按规范要求设置扫地杆,扣 5 分 未采取排水措施,扣 5 分	10		
3		架体稳定	架体四周与中间未按规范要求设置竖向剪刀撑或专用斜杆,扣 10 分 未按规范要求设置水平剪刀撑或专用水平斜杆,扣 10 分 架体高宽比超过规范要求时,未采取与结构刚性联结或其他可靠的稳定措施,扣 10 分	10		
4		杆件锁件	架体立杆间距、水平杆步距超过设计和规范要求,每处扣 2 分 杆件接长不符合要求,每处扣 2 分 架体搭设不牢或杆件结点紧固不符合要求,每处扣 2 分	10		
5		脚手板	脚手板不满铺或铺设不牢、不稳,扣 5～10 分 脚手板规格或材质不符合要求,扣 5～10 分 采用挂扣式钢脚手板时,挂钩未挂扣在水平杆上或挂钩未处于锁住状态,每处扣 2 分	10		
6		交底与验收	架体搭设前未进行交底或交底未有文字记录,扣 5～10 分 架体分段搭设、分段使用未进行分段验收,扣 5 分 架体搭设完毕未办理验收手续,扣 10 分 验收内容未量化,或未经责任人签字确认,扣 5 分	10		
		小计		60		
7	一般项目	架体防护	作业层防护栏杆不符合规范要求,扣 5 分 作业层外侧未设置高度不小于 180mm 的挡脚板,扣 3 分 作业层脚手板下未采用安全平网兜底或作业层以下每隔 10m 未采用安全平网封闭,扣 5 分	10		
8		构配件材质	钢管、构配件的规格、型号、材质或产品质量不符合规范要求,扣 5～10 分 杆件弯曲、变形、锈蚀严重,扣 10 分	10		
9		荷载	架体的施工荷载超过设计和规范要求,扣 10 分 荷载堆放不均匀,每处扣 5 分	10		
10		通道	未设置人员上下专用通道,扣 10 分 通道设置不符合要求,扣 5 分	10		
		小计		40		
	检查项目合计			100		

表 7－21　悬挑式脚手架检查评分表

序号	检查项目		扣分标准	应得分数	扣减分数	实得分数
1	保证项目	施工方案	未编制专项施工方案或未进行设计计算,扣10分 专项施工方案未经审核、审批,扣10分 架体搭设高度超过允许高度,专项施工方案未按规定组织专家论证,扣10分	10		
2		悬挑钢梁	钢梁截面高度未按设计确定或截面型式不符合设计和规范要求,扣10分 钢梁固定段长度小于悬挑段长度的1.25倍,扣5分 钢梁外端未设置钢丝绳或钢拉杆与上一层建筑结构拉结,每处扣2分 钢梁与建筑结构锚固措施不符合设计和规范要求,每处扣5分 钢梁间距未按悬挑架体立杆纵距设置,扣5分	10		
3		架体稳定	立杆底部与钢梁连接处未采取可靠固定措施,每处扣2分 承插式立杆接长未采取螺栓或销钉固定,每处扣2分 纵横向扫地杆的设置不符合规范要求,扣5～10分 未在架体外侧设置连续式剪刀撑,扣10分 未按规定设置横向斜撑,扣10分 架体未按规定与建筑结构拉结,每处扣5分	10		
4		脚手板	脚手板规格、材质不符合要求,扣5～10分 脚手板未满铺或铺设不严、不牢、不稳,扣5～10分 每处探头板,扣2分	10		
5		荷载	脚手架施工荷载超过设计规定,扣10分 施工荷载堆放不均匀,每处扣5分	10		
6		交底与验收	架体搭设前未进行交底或交底未有文字记录,扣5～10分 架体分段搭设、分段使用未进行分段验收,扣6分 架体搭设完毕未办理验收手续,扣10分 验收内容未量化,或未经责任人签字确认,扣5分	10		
		小　计		60		
7	一般项目	杆件间距	立杆间距、纵向水平杆步距超过设计或规范要求,每处扣2分 未在立杆与纵向水平杆交点处设置横向水平杆,每处扣2分 未按脚手架铺设的需要增加设置横向水平杆,每处扣2分	10		
8		架体防护	作业层防护栏杆不符合规范要求,扣5分 作业层架体外侧未设置高度不小于180mm的挡脚板,扣3分 架体外侧未采用密目式安全网封闭或网间不严,扣5～10分	10		
9		层间防护	作业层脚手板下未采用安全平网兜底或作业层以下每隔10m未用安全平网封闭,扣5分 作业层与建筑物之间未进行封闭,扣5分 架体底层沿建筑结构边缘,悬挑钢梁与悬挑钢梁之间未采取封闭措施或封闭不严,扣2～8分 架体底层未进行封闭或封闭不严,扣10分	10		
10		构配件材质	型钢、钢管、构配件规格及材质不符合规范要求,扣5～10分 型钢、钢管、构配件弯曲、变形、锈蚀严重,扣10分	10		
		小　计		40		
	检查项目合计			100		

表 7 – 22   附着式升降脚手架检查评分表

序号	检查项目		扣分标准	应得分数	扣减分数	实得分数
1	保证项目	施工方案	未编制专项施工方案或未进行设计计算,扣 10 分 专项施工方案未按规定审核、审批,扣 10 分 脚手架提升高度超过允许高度,专项施工方案未按规定组织专家论证,扣 10 分	10		
2		安全装置	未采用防坠落装置或技术性能不符合规范要求,扣 10 分 防坠落装置与升降设备未分别独立固定在建筑结构上,扣 10 分 防坠落装置未设置在竖向主框架处并与建筑结构附着,扣 10 分 未安装防倾覆装置或防倾覆装置不符合规范要求,扣 5~10 分 升降或使用工况下,最上和最下两个防倾装置之间的最小间距不符合规范要求,扣 10 分 未安装同步控制装置或技术性能不符合规范要求,扣 10 分	10		
3		架体构造	架体高度大于 5 倍楼层高,扣 10 分 架体宽度大于 1.2m,扣 5 分 直线布置的架体支承跨度大于 7m 或折线、曲线布置的架体支撑跨度的架体外侧距离大于 5.4m,扣 10 分 架体的水平悬挑长度大于 2m 或大于跨度 1/2,扣 10 分 架体悬臂高度大于架体高度 2/5 或大于 6m,扣 10 分 架体全高与支撑跨度的乘积大于 $110m^2$,扣 10 分	10		
4		附着支座	未按竖向主框架所覆盖的每个楼层设置一道附着支座,扣 10 分 使用工况未将竖向主框架与附着支座固定,扣 10 分 升降工况未将防倾、导向装置设置在附着支座上,扣 10 分 附着支座与建筑结构连接固定方式不符合规范要求,扣 10 分	10		
5		架体安装	主框架和水平支撑桁架的节点未采用焊接、螺栓连接或各杆件轴线未交汇于主节点,扣 10 分 水平支承桁架的上弦及下弦之间设置的水平支撑杆件未采用焊接或螺栓连接,扣 5 分 架体立杆底端未设置在水平支撑桁架上弦杆件节点处,扣 10 分 竖向主框架组装高度低于架体高度,扣 5 分 架体外立面设置的连续式剪刀撑未将竖向主框架、水平支撑桁架和架体构架连成一体,扣 8 分	10		
6		架体升降	两跨及以上架体升降采用手动升降设备,扣 10 分 升降工况附着支座在建筑结构连接处混凝土强度未达到设计要求和规范要求,扣 10 分 升降工况架体上有施工荷载或有人员停留,扣 10 分	10		
		小计		60		

序号	检查项目		扣分标准	应得分数	扣减分数	实得分数
1		检查验收	主要构配件进场未进行验收,扣6分 分区段安装、分区段使用未进行分区段验收,扣8分 架体搭设完毕未办理验收手续,扣10分 验收内容未进行量化,或未经责任人签字确认,扣5分 架体提升前未检查记录,扣6分 架体提升后、使用前未履行验收手续或资料不全,扣2~8分	10		
2		脚手板	脚手板未满铺或铺设不严、不牢,扣3~5分 作业层与建筑结构之间空隙封闭不严,扣3~5分 脚手板规格、材质不符合要求,扣5~10分	10		
3	一般项目	架体防护	脚手架外侧未采用密目式安全网封闭或网间连接不严,扣5~10分 作业层防护栏杆不符合规范要求,扣5分 作业层未设置高度不小于180mm的挡脚板,扣3分	10		
4		安全作业	操作前未向有关技术人员和作业人员进行安全技术交底或交底未有文字记录,扣5~10分 作业人员未经培训或未定岗定责,扣5~10分 安装拆除单位资质不符合要求或特种作业人员未持证上岗,扣5~10分 安装、升降、拆除时未采取安全警戒区及专人监护,扣10分 荷载不均匀或超载,扣5~10分	10		
		小计		40		
检查项目合计				100		

表 7-23 高处作业吊篮检查评分表

序号	检查项目		扣分标准	应得分数	扣减分数	实得分数
1	保证项目	施工方案	未编制专项施工方案或未对吊篮支架支撑处结构的承载力进行验算,扣 10 分 专项施工方案未按规定审核、审批,扣 10 分	10		
2		安全装置	未安装防坠安全锁或安全锁失灵,扣 10 分 防坠安全锁超过标定期限仍在使用,扣 10 分 未设置挂设安全带专用安全绳及安全锁扣或安全绳未固定在建筑物可靠位置,扣 10 分 吊篮未安装上限位装置或限位装置失灵,扣 10 分	10		
3		悬挂机构	悬挂机构前支架支撑在建筑物女儿墙上或挑檐边缘,扣 10 分 前梁外伸长度不符合产品说明书规定,扣 10 分 前支架与支撑面不垂直或脚轮受力,扣 10 分 上支架未固定在前支架调节杆与悬挑梁连接的节点处,扣 5 分 使用破损的配重件或采用其他替代物,扣 10 分 配重块未固定或重量不符合设计规定,扣 10 分	10		
4		钢丝绳	钢丝绳有断丝、松股、硬弯锈蚀或有油污附着物,扣 10 分 安全钢丝绳规格、型号与工作钢丝绳不相同或未独立悬挂,扣 10 分 安全钢丝绳不悬垂,扣 10 分 电焊作业未对钢丝绳采取保护措施,扣 5~10 分	10		
5		安装作业	吊篮平台组装长度不符合产品说明书和规范要求,扣 10 分 吊篮组装的构配件不是同一生产厂家的产品,扣 5~10 分	10		
6		升降作业	操作升降人员未经培训合格,扣 10 分 吊篮内作业人员数量超过 2 人,扣 10 分 吊篮内作业人员未将安全带使用安全锁扣挂置在独立设置的专用安全绳上,扣 10 分 作业人员未从地面进出吊篮,扣 10 分	10		
		小计		60		

序号	检查项目	扣分标准	应得分数	扣减分数	实得分数
7	一般项目	交底与验收	未履行验收程序,验收表未经责任人签字确认,扣5～10分 验收内容未进行量化,扣5分 每天班前、班后未进行检查,扣5分 吊篮安装使用前未进行交底或交底未留有文字记录,扣5～10分	10		
8		安全防护	吊篮平台周边的防护栏杆或挡脚板的设置不符合规范要求,扣5～10分 多层或立体交叉作业未设置防护顶板,扣8分	10		
9		吊篮稳定	吊篮作业未采取防摆动措施,扣5分 吊篮钢丝绳不垂直或吊篮距建筑物空隙过大,扣5分	10		
10		荷载	施工荷载超过设计规定,扣10分 荷载堆放不均匀,扣5分	10		
		小 计		40		
	检查项目合计			100		

表 7－24　基坑工程检查评分表

序号	检查项目		扣分标准	应得分数	扣减分数	实得分数
1	保证项目	施工方案	基坑工程未编制专项施工方案,扣10分 专项施工方案为按规定审核、审批,扣10分 超过一定规模条件的基坑工程专项施工方案未按规定组织专家论证,扣10分 基坑周边环境或施工条件发生变化,专项施工方案未重新进行审核、审批,扣10分	10		
2		基坑支护	人工开挖的狭窄基槽,开挖深度较大或存在边坡塌方危险未采取支护措施,扣10分 自然放坡的坡率不符合专项施工方案和规范要求,扣10分 基坑支护结构不符合设计要求,扣10分 支护结构水平位移达到设计报警值未采取有效控制措施,扣10分	10		
3		降排水	基坑开挖深度范围内有地下水未采取有效的降排水措施,扣10分 基坑边沿周围地面未设排水沟或排水沟设置不符合规范要求,扣5分 放坡开挖对坡顶、坡面、坡脚未采取降排水措施,扣5～10分 基坑底四周未设排水沟和集水井或排除积水不及时,扣5～8分	10		
4		基坑开挖	支护结构未达到设计要求的强度提前开挖下层土方,扣10分 未按设计和施工方案的要求分层、分段开挖或开挖不均衡,扣10分 基坑开挖过程中未采取防止碰撞支护结构或工程桩的有效措施,扣10分 机械在软土场地作业,未采取铺设渣土、砂石等硬化措施,扣10分	10		
5		坑边荷载	基坑边堆置土、料具等荷载超过基坑支护设计允许要求,扣10分 施工机械与基坑边沿的安全距离不符合设计要求,扣10分	10		
6		安全防护	开挖深度2m及以上的基坑周边未按规范要求设置防护栏杆或栏杆设置不符合规范要求,扣5～10分 基坑内未设置供施工人员上下的专用梯道或梯道设置不符合规范要求,扣5～10分 降水井口未设置防护盖或围栏,扣10分	10		
		小计		60		

序号	检查项目		扣分标准	应得分数	扣减分数	实得分数
7	一般项目	基坑监测	未按要求进行基坑工程监测,扣10分 基坑监测项目不符合设计和规范要求,扣5~10分 监测的时间间隔不符合监测方案要求或监测结果变化速率较大未加密观测次数,扣5~8分 未按设计要求提交监测报告或监测报告内容不完整,扣5~8分	10		
8		支撑拆除	基坑支撑结构的拆除方式、拆除顺序不符合专项施工方案要求,扣5~10分 机械拆除作业时,施工荷载大于支撑结构承载能力,扣10分 人工拆除作业时,未按规定设置防护设施,扣8分 采用非常规拆除方式不符合国家现行相关规范要求,扣10分	10		
9		作业环境	基坑内土方机械、施工人员的安全距离不符合规范要求,扣10分 上下垂直作业未采取防护措施,扣5分 在各种管线范围内挖土作业未设专人监护,扣5分 作业区光线不良,扣5分	10		
10		应急预案	未按要求编制基坑工程应急预案或应急预案内容不完整,扣5~10分 应急组织机构不健全或应急物资、材料、工具机具储备不符合应急预案要求,扣2~6分	10		
		小计		40		
检查项目合计				100		

表 7-25 模板支架检查评分表

序号	检查项目		扣分标准	应得分数	扣减分数	实得分数
1	保证项目	施工方案	未按规定编制专项施工方案或结构设计未经计算,扣10分 专项施工方案未经审核、审批,扣10分 超规模模板支架专项施工方案未按规定组织专家论证,扣10分	10		
2		支架基础	基础不坚实平整、承载力不符合专项施工方案要求,扣5~10分 支架底部未设置垫板或垫板的规格不符合规范要求,扣5~10分 支架底部未按规范要求设置底座,每处扣2分 未按规范要求设置扫地杆,扣5分 未设置排水设施,扣5分 支架设在楼面结构上时,未对楼面结构的承载力进行验算或楼面结构下方未采取加固措施,扣10分	10		
3		支架构造	立杆纵、横间距大于设计和规范要求,每处扣2分 水平杆步距大于设计和规范要求,每处扣2分 水平杆未连续设置,扣5分 未按规范要求设置竖向剪刀撑或专用斜杆,扣10分 未按规范要求设置水平剪刀撑或专用水平斜杆,扣10分 剪刀撑或水平斜杆设置不符合规范要求,扣5分	10		
4		支架稳定	支架高宽比超过规范要求未采取与建筑结构刚性联结或增加架体宽度等措施,扣10分 立杆伸出顶层水平杆的长度超过规范要求,每处扣2分 浇筑混凝土未对支架的基础沉降、架体变形采取检测措施,扣8分	10		
5		施工荷载	荷载堆放不均匀,每处扣5分 施工荷载超过设计规定,扣10分 浇筑混凝土未对混凝土堆积高度进行控制,扣8分	10		
6		交底与验收	支架搭设、拆除前未进行交底或无文字记录,扣5~10分 架体搭设完毕未办理验收手续,扣10分 验收内容无量化或未经责任人签字确认,扣5分	10		
		小计		60		

序号	检查项目		扣分标准	应得分数	扣减分数	实得分数
7	一般项目	杆件连接	立杆连接未采用对接、套接或承插式接长，每处扣 3 分 水平杆连接不符合规范要求，每处扣 3 分 剪刀撑斜杆接长不符合规范要求，每处扣 3 分 杆件各连接点的紧固不符合规范要求，每处扣 2 分	10		
8		底座与托撑	螺杆直径与立杆内径不匹配，每处扣 3 分 螺杆旋入螺母内的长度或外伸长度不符合规范要求，每处扣 3 分	10		
9		构配件材质	钢管、构配件的规格、型号、材质不符合规范要求，扣 5～10 分 杆件弯曲、变形、锈蚀严重，扣 10 分	10		
10		支架拆除	支架拆除前未确认混凝土强度达到设计要求，扣 10 分 未按规定设置警戒区或未设置专人监护，扣 5～10 分	10		
		小计		40		
检查项目合计				100		

表 7－26　高处作业检查评分表

序号	检查项目	扣分标准	应得分数	扣减分数	实得分数
1	安全帽	施工现场人员未戴安全帽,每人扣 5 分 未按标准佩戴安全帽,每人扣 2 分	10		
2	安全网	在建工程外脚手架架体外侧未采用密目式安全网封闭或网间连接不严,扣 2～10 分 安全网质量不符合现行国家相关标准的要求,扣 10 分	10		
3	安全带	高处作业人员未按规定系挂安全带,每人扣 5 分 安全带系挂不符合要求,每人扣 5 分 安全带质量不符合现行国家相关标准的要求,扣 10 分	10		
4	临边防护	工作面边沿无临边防护,扣 10 分 临边防护设施的构造、强度不符合规范要求,扣 5 分 防护设施未形成定型化、工具化,扣 3 分	10		
5	洞口防护	在建工程的孔、洞未采取防护措施,每处扣 5 分 防护措施、设施不符合要求或不严密,每处扣 3 分 防护设施未形成用定型化、工具化,扣 3 分 电梯井内未按每隔两层且不大于 10m 设置安全平网,扣 5 分	10		
6	通道口防护	未搭设防护棚或防护不严、不牢固,扣 5～10 分 防护棚两侧未进行封闭,扣 4 分 防护棚宽度小于通道口宽度,扣 4 分 防护棚长度不符合要求,扣 4 分 建筑物高度超过 24m,防护棚顶未采用双层防护,扣 4 分 防护棚的材质不符合规范要求,扣 5 分	10		
7	攀登作业	移动式梯子的梯脚底部垫高使用,扣 3 分 折梯未使用可靠拉撑装置,扣 5 分 梯子的材质或制作质量不符合规范要求,扣 10 分	10		
8	悬空作业	悬空作业处未设置防护栏杆或其他可靠的安全设施,扣 5～10 分 悬空作业所用的索具、吊具等未经验收,扣 5 分 悬空作业人员未系挂安全带或佩带工具袋,扣 2～10 分	10		

序号	检查项目	扣分标准	应得分数	扣减分数	实得分数
9	移动式操作平台	操作平台未按规定进行设计计算,扣8分 移动式操作平台,轮子与平台的连接不牢固可靠或立柱底端距离地面超过80mm,扣5分 操作平台的组装不符合设计和规范要求,扣10分 平台台面铺板不严,扣5分 操作平台四周未按规定设置防护栏杆或设置登高扶梯,扣10分 操作平台的材质不符合规范要求,扣10分	10		
10	物料平台	物料平台未编制专项施工方案或未经设计计算,扣10分 物料平台搭设不符合专项方案要求,扣10分 物料平台支撑架未与工程结构连接或连接不符合要求,扣8分 平台台面铺板不严或台面层下方未按要求设置安全平网,扣10分 材质不符合要求,扣10分 物料平台未在明显处设置限定荷载标牌,扣3分	10		
检查项目合计			100		

表 7-27 施工用电检查评分表

序号	检查项目		扣分标准	应得分数	扣减分数	实得分数
1	保证项目	外电防护	外电线路与在建工程机脚手架、起重机械、场内机动车道之间的安全距离不符合规范要求且未采取防护措施,扣10分 防洪设施未设置明显的警示标志,扣5分 防护设施与外电线路的安全距离及搭设方式不符合规范要求,扣5~10分 在外电架空线路正下方施工、建造临时设施或堆放材料物品,扣10分	10		
2		接地与接零保护系统	施工现场专用的电源中性点直接接地的低压配电系统未采用TN-S接零保护系统,扣20分 配电系统未采用同一保护系统,扣20分 保护零线引出位置不符合规范要求,扣5~10分 电气设备未接保护零线,每处扣2分 保护零线装设开关、熔断器或通过工作电流,扣20分 保护零线材质、规格及颜色标记不符合规范要求,每处扣2分 工作接地与重复接地的设置、安装及接地装置的材料不符合规范要求,扣10~20分 工作接地电阻大于4Ω,重复接地电阻大于10Ω,扣20分 施工现场起重机、物料提升机、施工升降机、脚手架防雷措施不符合规范要求,扣5~10分 做防雷接地机械上的电气设备,保护零线未做重复接地,扣10分	20		
3		配电线路	线路及接头不能保证机械强度和绝缘强度,扣5~10分 线路未设短路、过载保护,扣5~10分 线路截面不能满足负荷电流,每处扣2分 线路的设施、材料及相序排列、档距、与邻近线路或固定物的距离不符合规范要求,扣5~10分 电缆沿地面明设或沿脚手架、树木等敷设或敷设不符合规范要求,扣5~10分 未使用符合规范要求的电缆线路,扣10分 室内非埋地明敷主干线距地面高度小于2.5m,每处扣2分	10		
4		配电箱与开关箱	配电系统未采用三级配电、二级漏电保护系统,扣10~20分 用电设备未有各自专用的开关箱,每处扣2分 箱体结构、箱内电器设置不符合规范要求,扣10~20分 配电箱零线端子板的设置、连接不符合规范要求,扣5~10分 漏电保护器参数不匹配或仪表检测不灵敏,每处扣2分 箱体未设置系统接线图和分路标记,每处扣2分 箱体未设门、锁,未采取防雨措施,每处扣2分 箱体安装位置、高度及周边通道不符合规范要求,每处扣2分 分配电箱与开关箱、开关箱与用电设备的距离不符合规范要求,每处扣2分	20		
		小计		60		

序号	检查项目		扣分标准	应得分数	扣减分数	实得分数
5		配电室与配电装置	配电室建筑耐火等级未达到三级,扣 15 分 未配置适用于电气火灾的灭火器材,扣 3 分 配电室、配电装置布设不符合规范要求,扣 5～10 分 配电装置中的仪表、电器元件设置不符合规范要求或仪表、电器元件损坏,扣 5～10 分 备用发电机组未与外电线路进行联锁,扣 15 分 配电室未采取防雨雪和小动物侵入的措施,扣 10 分 配电室未设置警示标志、工地供电平面图和系统图,扣 3～5 分	15		
6	一般项目	现场照明	照明用电与动力用电混用,每处扣 2 分 特殊场所未使用 36V 及以下安全电压,扣 15 分 手持照明灯未使用 36V 以下电源供电,扣 10 分 照明变压器未使用双绕组安全隔离变压器,扣 15 分 灯具外壳未接保护零线,每处扣 2 分 灯具与地面、易燃物之间小于安全距离,每处扣 2 分 照明线路和安全电压线路的架设不符合规范要求,扣 10 分 施工现场未按规范要求配备应急照明,每处扣 2 分	15		
7		用电档案	总包单位与分包单位未订立临时用电管理协议,扣 10 分 未制定专项用电施工组织设计、外电防护专项方案或设计、方案缺乏针对性,扣 5～10 分 专项用电施工组织设计、外电防护专项方案未履行审批程序,实施后相关部门未组织验收,扣 5～10 分 接地电阻、绝缘电阻和漏电保护器检测记录未填写或填写不真实,扣 3 分 安全技术交底、设备设施验收记录未填写或填写不真实,扣 3 分 定期巡视检查、隐患整改记录未填写或填写不真实,扣 3 分 档案资料不齐全、未设专人管理,扣 3 分	10		
		小计		40		
	检查项目合计			100		

表7-28 物料提升机检查评分表

序号	检查项目		扣分标准	应得分数	扣减分数	实得分数
1	保证项目	安全装置	未安装起重量限制器、防坠安全器，扣15分 起重量限制器、防坠安全器不灵敏，扣15分 安全停层装置不符合规范要求或未达到定型化，扣5～10分 未安装上行程限位，扣15分 上行程限位不灵敏、安全越程不符合规范要求，扣10分 物料提升机安装高度超过30m，未安装渐进式防坠安全器、自动停层、语音及影像信号监控装置，每项扣5分	15		
2		防护设施	未设置防护围栏或设置不符合规范要求，扣5～10分 未设置进料口防护棚或设置不符合规范要求，扣5～15分 停层平台两侧未设置防护栏杆、挡脚板，每处扣5分 停层平台脚手板铺设不严、不牢，每处扣2分 未安装平台门或平台门不起作用，每处扣5～10分 平台门未达到定型化，每处扣2分 吊笼门不符合规范要求，扣10分	15		
3		附墙架与缆风绳	附墙架结构、材质、间距不符合产品说明书要求，扣10分 附墙架未与建筑结构可靠连接，扣10分 缆风绳设置数量、位置不符合规范，扣5分 缆风绳未使用钢丝绳或未与地锚连接，每处扣10分 钢丝绳直径小于8mm或角度不符合45°～60°要求，扣5～10分 安装高度30m的物料提升机使用缆风绳，扣10分 地锚设置不符合规范要求，每处扣5分	10		
4		钢丝绳	钢丝绳磨损、变形、锈蚀达到报废标准，扣10分 钢丝绳夹设置不符合规范要求，每处扣2分 吊笼处于最低位置，卷筒上钢丝绳少于3圈，扣10分 未设置钢丝绳过路保护措施或钢丝绳拖地，扣5分	10		
5		安拆、验收与使用	安装、拆卸单位未取得专业承包资质和安全生产许可证，扣10分 未制定专项施工方案或未经审核、审批，扣10分 未履行验收程序或验收表未经责任人签字，扣5～10分 安装、拆卸人员及司机未持证上岗，扣10分 物料提升机作业前未按规定进行例行检查或未填写检查记录，扣4分 实行多班作业未按规定填写交接班记录，扣3分	10		
		小计		60		

序号	检查项目		扣分标准	应得分数	扣减分数	实得分数
6	一般项目	基础与导轨架	基础的承载力、平整度不符合规范要求,扣5~10分 基础周边未设排水设施,扣5分 导轨架垂直度偏差大于导轨高度0.15%,扣5分 井架停层平台通道处的结构未采取加强措施,扣8分	10		
7		动力与传动	卷扬机、曳引机安装不牢固,扣10分 卷筒与导轨架底部导向轮的距离小于20倍卷筒宽度,未设置排绳器,扣5分 钢丝绳在卷筒上排列不整齐,扣5分 滑轮与导轨架、吊笼未采用刚性连接,扣10分 滑轮与钢丝绳不匹配,扣10分 卷筒、滑轮未设置防止钢丝绳脱出装置,扣5分 曳引钢丝绳为2根及以上时,未设置曳引力平衡装置,扣5分	10		
8		通信装置	未按规范要求设置通信装置,扣5分 通信装置信号不清晰,扣3分	5		
9		卷扬机操作棚	未设置卷扬机操作棚,扣10分 操作棚搭设不符合规范要求,扣5~10分	10		
10		避雷装置	物料提升机在其他防雷保护范围以外未设置避雷装置,扣5分 避雷装置不符合规范要求,扣3分	5		
		小计				
	检查项目合计			100		

表 7 - 29 施工升降机检查评分表

序号	检查项目		扣分标准	应得分数	扣减分数	实得分数
1	保证项目	安全装置	未安装起重量限制器或起重量限制器不灵敏,扣 10 分 未安装渐进式防坠安全器或防坠安全器不灵敏,扣 10 分 防坠安全器超过有效标定期限,扣 10 分 对重钢丝绳未安装防松绳装置或防松绳装置不灵敏,扣 5 分 未安装急停开关或急停开关不符合规范要求,扣 5 分 未安装吊笼和对重用缓冲器或缓冲器不符合规范要求,扣 5 分 SC 型施工升降机未安装安全钩,扣 10 分	10		
2		限位装置	未安装极限开关或极限开关不灵敏,扣 10 分 未安装上限位开关或上限位开关不灵敏,扣 10 分 未安装下限位开关或下限位开关不灵敏,扣 5 分 极限开关与上限位开关安全越程不符合规范要求,扣 5 分 极限开关与上、下限位开关共用一个触发元件,扣 5 分 未安装吊笼门机电连锁装置或不灵敏,扣 10 分 未安装吊笼顶窗电气安全开关或不灵敏,扣 5 分	10		
3		防护设施	未设置地面防护或设置不符合规范要求,扣 5～10 分 未安装地面防护围栏门联锁保护装置或联锁保护装置不灵敏,扣 5～8 分 未设置出入口防护棚或设置不符合规范要求,扣 5～10 分 停层平台搭设不符合规范要求,扣 5～8 分 未安装层门或层门不起作用,扣 5～10 分 层门不符合规范要求、未达到定型化,每处扣 2 分	10		
4		附墙架	附墙架未采用配套标准产品未进行设计计算,扣 10 分 附墙架与建筑结构连接方式、角度不符合说明书要求,扣 5～10 分 附墙架间距、最高附着点以上导轨架的自由高度超过产品说明书要求,扣 10 分	10		
5		钢丝绳、滑轮与对重	对重钢丝绳绳数少于 2 根或未相对独立,扣 5 分 钢丝绳磨损、变形、锈蚀达到报废标准,扣 10 分 钢丝绳的规格、固定不符合产品说明书及规范要求,扣 10 分 滑轮未安装钢丝绳防脱装置或不符合规范要求,扣 4 分 对重重量、固定不符合产品说明书及规范要求,扣 10 分 对重未安装防脱轨保护装置,扣 5 分	10		
6		安拆、验收与使用	安装、拆卸单位未取得专业承包资质和安全生产许可证,扣 10 分 未编制安装、拆卸专项方案或专项方案未经审核、审批,扣 10 分 未履行验收程序或验收表未经责任人签字,扣 5～10 分 安装、拆卸人员及司机未持证上岗,扣 10 分 施工升降机作业前未按规定进行例行检查,未填写检查记录,扣 4 分 实行多班作业未按规定填写交接班记录,扣 3 分	10		
	小计			60		

序号	检查项目		扣分标准	应得分数	扣减分数	实得分数
7	一般项目	导轨架	导轨架垂直度不符合规范要求,扣10分 标准节质量不符合产品说明书及规范要求,扣10分 对重导轨不符合规范要求,扣5分 标准节连接螺栓使用不符合产品说明书及规范要求,扣5~8分	10		
8		基础	基础制作、验收不符合说明书及规范要求,扣5~10分 基础设置在地下室顶板或楼面结构上,未对其支承结构进行承载力验算,扣10分 基础未设置排水设施,扣4分	10		
9		电气安全	施工升降机与架空线路小于安全距离未采取防护措施,扣10分 防护措施不符合要求,扣5分 未设置电缆导向架或设置不符合规范要求,扣5分 施工升降机在防雷保护范围以外未设置避雷装置,扣10分 避雷装置不符合规范要求,扣5分	10		
10		通信装置	未安装楼层信号联络装置,扣10分 楼层联络信号不清晰,扣5分	10		
		小计		40		
检查项目合计				100		

表 7-30 塔式起重机检查评分表

序号	检查项目		扣分标准	应得分数	扣减分数	实得分数
1	保证项目	载荷限制装置	未安装起重量限制器或不灵敏,扣10分 未安装力矩限制器或不灵敏,扣10分	10		
2		行程限位装置	未安装起升高度限位器或不灵敏,扣10分 起升高度限位器的安全越程不符合规范要求,扣6分 未安装幅度限位器或不灵敏,扣10分 回转不设集电器的塔式起重机未安装回转限位器或不灵敏,扣6分 行走式塔式起重机未安装行走限位器或不灵敏,扣10分	10		
3		保护装置	小车变幅的塔式起重机未安装断绳保护及断轴保护装置,扣8分 行走及小车变幅的轨道行程末端未安装缓冲器及止挡装置或不符合规范要求,扣4~8分 起重臂根部绞点高度大于50m的塔式起重机未安装风速仪或不灵敏,扣4分 塔式起重机顶部高度大于30m且高于周围建筑物未安装障碍指示灯,扣4分	10		
4		吊钩、滑轮、卷筒与钢丝绳	吊钩未安装钢丝绳防脱勾装置或不符合规范要求,扣10分 吊钩磨损、变形达到报废标准,扣10分 滑轮、卷筒未安装钢丝绳防脱装置或不符合规范要求,扣4分 滑轮及卷筒磨损达到报废标准,扣10分 钢丝绳磨损、变形、锈蚀达到报废标准,扣10分 钢丝绳的规格、固定、缠绕不符合说明书及规范要求,扣5~10分	10		
5		多塔作业	多塔作业未制定专项施工方案或施工方案未经审批,扣10分 任意两台塔式起重机之间的最小架设距离不符合规范要求,扣10分	10		
6		安拆、验收与使用	安装、拆卸单位未取得专业承包资质和安全生产许可证,扣10分 未制定安装、拆卸专项方案,扣10分 方案未经审核、审批,扣10分 未履行验收程序或验收未经责任人签字,扣5~10分 安装、拆除人员及司机、指挥未持证上岗,扣10分 塔式起重机作业前未按规定进行例行检查,未填写检查记录,扣4分 实行多班作业未按规定填写交接班记录,扣3分	10		
		小计		60		

序号	检查项目		扣分标准	应得分数	扣减分数	实得分数
7	一般项目	附着	塔式起重机高度超过规定未安装附着装置,扣10分 附着装置水平距离不满足说明书要求未进行设计计算和审批,扣8分 安装内爬式塔式起重机的建筑承载结构未进行受力验算,扣8分 附着装置安装不符合说明书及规范要求,扣5~10分 附着前和附着后塔身垂直度不符合规范要求,扣10分	10		
8		基础与轨道	塔式起重机基础未按说明书及有关规定设计、检测、验收,扣5~10分 基础未设置排水措施,扣4分 路基箱或枕木铺设不符合说明书及规范要求,扣6分 轨道铺设不符合说明书及规范要求,扣6分	10		
9		结构设施	主要结构件的变形、锈蚀不符合规范要求,扣10分 平台、走道、梯子、护栏的设置不符合规范要求,扣4~8分 高强螺栓、销轴、紧固件、连接不符合规范要求,扣5~10分	10		
10		电气安全	未采用 TN-S 接零保护系统供电,扣10分 塔式起重机与架空线路小于安全距离、不符合规范要求未采取措施,扣10分 防护措施不符合要求,扣5分 未安装壁垒接地装置,扣10分 避雷装置不符合规范要求,扣5分 电缆使用及固定不符合规范要求,扣5分	10		
		小计		40		
检查项目合计				100		

表 7－31　起重吊装检查评分表

序号	检查项目		扣分标准	应得分数	扣减分数	实得分数
1	保证项目	施工方案	未编制专项施工方案或专项施工方案未经审核、审批,扣10分 超规模的起重吊装专项施工方案未按规定组织专家论证,扣10分	10		
2		起重机械	未安装荷载限制装置或不灵敏,扣10分 未安装行程限位装置或不灵敏,扣,10分 起重拔杆组装不符合设计要求,扣10分 起重拔杆组装后未履行验收程序或验收表无责任人签字,扣5～10分	10		
3		钢丝绳与地锚	钢丝绳磨损、断丝、变形、锈蚀达到报废标准,扣10分 钢丝绳规格不符合起重机产品说明书要求,扣10分 吊钩、卷筒、滑轮磨损达到报废标准,扣10分 吊钩、卷筒、滑轮未安装钢丝绳防脱装置,扣5～10分 起重拔杆的缆风绳、地锚设置不符合设计要求,扣8分	10		
4		索具	索具采用编结连接时,编结部分的长度不符合规范要求,扣10分 索具采用绳夹连接时,绳夹的规格、数量及绳夹间距不符合规范要求,扣5～10分 索具安全系数不符合规范要求,扣10分 吊索规格不匹配或机械性能不符合设计要求,扣5～10分	10		
5		作业环境	起重机行走作业处地面承载能力不符合产品说明书要求或未采用有效加固措施,扣10分 起重机与架空线路安全距离不符合规范要求,扣10分	10		
6		作业人员	起重机司机无证操作或操作证与操作机型不符,扣5～10分 未设置专职信号指挥和司索人员,扣10分 作业前未按规定进行安全技术交底或交底未形成文字记录,扣5～10分	10		
		小计		60		

序号	检查项目		扣分标准	应得分数	扣减分数	实得分数
7	一般项目	起重吊装	多台起重机同时起吊一个构件时,单台起重机所承受的荷载不符合专项施工方案要求,扣 10 分 吊索系挂点不符合专项施工方案要求,扣 5 分 起重机作业时起重臂下有人停留或吊运重物从人的正上方通过,扣 10 分 起重机吊具载人员,扣 10 分 吊运易散落物件不使用吊笼,扣 6 分	10		
8		高处作业	未按规定设置高处作业平台,扣 10 分 高处作业平台设置不符合规范要求,扣 5~10 分 未按规定设置爬梯或爬梯的强度、构造不符合规范要求,扣 5~8 分 未按规定设置安全带悬挂点,扣 8 分	10		
9		构件码放	构件码放超过作业面承载能力,扣 10 分 构件码放高度超过规定要求,扣 4 分 大型构件码放无稳定措施,扣 8 分	10		
10		警戒监护	未按规定设置作业警戒区,扣 10 分 警戒区未设专人监护,扣 5 分	10		
		小计		40		
	检查项目合计			100		

表 7-32 施工机具检查评分表

序号	检查项目	扣分标准	应得分数	扣减分数	实得分数
1	平刨	平刨安装后未履行验收程序,扣5分 未设置护手安全装置,扣5分 传动部位未设置防护罩,扣5分 未做保护接零或未设置漏电保护器,扣10分 未设置安全防护棚,扣6分 使用多功能木工机具,扣10分	10		
2	圆盘锯	圆盘锯安装后未履行验收程序,扣5分 未设置锯盘护罩、分料器、防护挡板安全装置和传动部位未进行防护罩,每处扣3分 未做保护接零、未设置漏电保护器,扣10分 未设置安全防护棚,扣6分 使用多功能木工机具,扣10分	10		
3	手持电动工具	Ⅰ类手持电动工具未采取保护接零或未设置漏电保护器,扣8分 使用Ⅰ类手持电动工具不按规定穿戴绝缘用品,扣6分 手持电动工具随意接长电源线,扣4分	8		
4	钢筋机械	机械安装后未履行验收程序,扣5分 未做保护接零、未设置漏电保护器,扣10分 钢筋加工区未设置作业棚、钢筋对焊作业区未采取防止火花飞溅措施或冷拉作业区未设置防护栏板,每处扣5分 传动部位未设置防护罩,扣3分	10		
5	电焊机	电焊机安装后未履行验收程序,扣5分 未做保护接零或未设置漏电保护器,每处扣3分 未设置二次空载降压保护器,扣3分 一次线长度超过规定或不穿管保护,扣3分 二次线未采用防水橡皮护套铜芯软电缆,扣10分 二次线接头超过3处或绝缘层老化,扣3分 电焊机未设置防雨罩或接线柱未设置防护罩,扣5分	10		
6	搅拌机	搅拌机安装后未履行验收程序,扣5分 未做保护接零或未设置漏电保护器,扣10分 离合器、制动器、钢丝绳达不到要求,每项扣5分 上料斗未设置安全挂钩或止挡装置,扣5分 传动部位未设置防护罩,扣4分 未设置安全作业棚,扣6分	10		

序号	检查项目	扣分标准	应得分数	扣减分数	实得分数
7	气瓶	氧气瓶未安装减压器，扣 8 分 乙炔瓶未安装回火防止器，扣 8 分 气瓶间距小于 5 米或明火距离小于 10 米未采取隔离措施，扣 8 分 气瓶未设置防震圈和防护帽，扣 2 分 气瓶存放不符合要求，扣 4 分	8		
8	翻斗车	翻斗车制动、转向装置不灵敏，扣 5 分 驾驶员无证操作，扣 8 分 行车载人或违章行车，扣 8 分	8		
9	潜水泵	未做保护接零或未设置漏电保护器，扣 6 分 负荷线未使用专用防水橡皮电缆，扣 6 分 负荷线有接头，扣 3 分	6		
10	振捣器	未做保护接零或未设置漏电保护器，扣 8 分 未使用移动式配电箱，扣 4 分 电缆线长度超过 30 米，扣 4 分 操作人员未穿戴好绝缘防护用品，扣 8 分	8		
11	泵送机械	机械安装后未履行验收程序，扣 10 分 作业前未编制专项施工方案或未按规定进行安全技术交底，扣 10 分 安全装置不齐全或不灵敏，扣 10 分 机械作业区域地面承载力不符合规定要求或未采取有效硬化措施，扣 12 分 机械与输电线路安全距离不符合规范要求，扣 12 分	12		
	检查项目合计		100		

检查评定等级规定如下：

（1）应按汇总表的总得分和分项检查评分表的得分，对建筑施工安全检查评定划分为优良、合格、不合格三个等级。

（2）建筑施工安全检查评定的等级划分应符合下列规定：

①优良：分项检查评分表无零分，汇总表得分值应在 80 分及以上。

②合格：分项检查评分表无零分，汇总表得分值应在 70～80 分。

③不合格：当汇总表得分值不足 70 分时；当有一分项检查评分表得零分时；当建筑施工安全检查评定的等级为不合格时，必须限期整改达到合格。

项目习题

1. 建筑工程施工安全资料有哪些？
2. 安全检查记录表包括哪些内容？
3. 施工现场临时用电验收包括哪些内容？
4. 起重吊装作业检查哪些内容？
5. 施工机具验收应包括哪些内容？
6. 建筑施工安全检查评定的等级如何划分的？

拓展活动

整理一份建筑工程施工安全管理资料。

项目八
建筑工程资料管理软件

任务一 使用资料管理软件的必要性

信息时代的到来,标志着一种新的生产力的出现,其主要生产工具就是计算机系统,新生产力的出现必然导致新的生产关系,即企业管理不再是对人、财、物的某一单方面的强化管理,而是发展到对人、财、物、信息等资源的全面综合管理。建筑业只有尽快提高自身的信息化应用,才能提升竞争力,才能满足服务于国民经济发展的要求。

1. 信息技术的应用是时代发展必然趋势

一是各级建设行政主管部门把政府管理信息化和电子政务建设与政府管理体制创新相结合,大力推进电子政务,提高行政效率。从各部门的具体业务入手,通过信息网络技术,重组、规范和优化行政流程,既加大了政务透明度,又转变了管理方式,加大了管理力度。

二是信息化施工更多的基于互联网为平台。很多开发商已经把互联网平台的网络概念彻底引入进来,这也是我国建筑业快速发展的一个重要标志。

三是便于高效管理。随着建设工程项目的类型和特征的日趋复杂化,工程服务方式的多样化、市场化的进程,使得各类业主对项目管理的精益程度要求也越来越高,传统的管理手段很难实现精确、高效的项目管理,因此建筑业将信息技术用于复杂工程的项目管理,把发展信息化技术作为提升行业竞争力的重点。

2. 管理模式创新提升建设工程施工企业竞争优势

重视信息化是企业提升建筑业的竞争力或服务能力的必然趋势,我们可以从以下五个方面来理解:

第一,现在的建筑产品已逐步步入精细生产阶段,建筑产品已成为精细产品,需要精细加工,对建筑业生产管理方式提出了越来越高的要求。另外在精密生产的同时,实际上建造速度也比传统工期大为提前。

第二,随着产业模式的发展,对总承包的需求越来越多。服务模式的转变,也意味着项目管理方式的调整,设计施工一体化已成为一个很现实的需求。这对管理水平也提出了更高的要求。

第三,现在建设部和各地建设行政主管部门正在大力推行项目管理公司和政府投资方式的改革。长期以来,我国的政府投资工程管理方式比较落后,由传统的筹建处等非专业人士和机构去搞项目管理,实际上也意味着业主项目管理水平的低下。如果业主自身项目管理水平不高的话,承包商水平越高,非专业机构或人员越觉得难以管理控制承包商,承包商有再高的项目管理水平也是无用武之地。因此,业主的非专业化的低水平项目管理实际上极易抑制行业的发展。

第四,项目风险管理控制的重要性日益突出。现在的房屋工程,施工技术和组合社会资源的方式及市场途径都比较成熟了,在体现的竞争优势上,比较多的是集中在成本优势上,怎么去降低成本。但是如果要搞土木工程的话,技术难度和管理难度都极大,特别是在技术上有众多不可预见因素,这种风险远不同于保险公司所要去承担的风险,那些风险是可预测的,只不过要计算好风险的赔付概率就可以控制风险。

第五,信息技术的应用,使得微观决策宏观化,宏观决策微观化。因此社会结构、经济结构的变化,将促使建筑业进一步加速采用信息技术的步伐。面对市场激烈的竞争,企业组织机构必须具有灵活应变的弹性才能适应业主服务个性化、柔性化的需求,这必然改变传统的建立在等级分明基础上的决策架构,形成组织机构的扁平化,这时必须使整个团队对于工作目标有清晰的理解,全体能针对目标作出快速的反应。网络化社会的形成又促使许多传统管理手段、管理方式派不上用场,这就促使必须利用现代化的管理手段,特别是信息技术进一步来提高我们的管理水平,来构筑核心竞争能力。

3. 采取有效措施推动企业运用信息技术进行施工资料管理

建设工程施工资料是工程施工中的一项重要组成部分,是有关各方面在建设管理、质量控制以及技术措施等方面的原始记录,是工程竣工验收的重要依据之一,也是对工程进行检查、维护、管理、使用、改建和扩建的原始依据,任何一项工程如果技术资料不符合标准规定,则可判定该工程不合格,对工程质量具有否决权。因此,建筑施工资、施工安全资料和市政施工资料的收集、整理和管理工作直接反映了工程项目的施工质量管理和施工安全管理的水平。

在这种环境下,应运而生的施工企业资料管理软件以国家现行的规范、标准及强制性条文为基础,结合国家与各省、市地区的有关法律、法规和行政规章等,参照行政主管部门对工程资料管理的具体要求,在应用过程中规范了施工技术资料和施工安全资料的收集和整理,确保了工程资料的完整性,有助于各施工企业实现工程质量目标,减少安全隐患,提高施工质量和安全管理水平。用信息化的手段实现了工程施工和安全资料管理的规范化和标准化,加快了建设行业信息化发展进程。

任务二　筑业建筑工程资料管理软件的安装

伴随着中国城市化进程的不断推进,工程建设的规模正在持续扩大,随之而来的就是施工资料文件需求的成倍增长。在此,北京筑业志远软件开发有限公司研发推出了"筑业资料导航版"。"筑业资料导航版"主要面对的是施工现场资料员,核心功能主要是协助资料员完成施工资料的填写、打印、上报工作,并在此基础上增加了管理功能,通过施工计划实现建设单位对监理单位、施工单位、分包单位的管理,职能部门对施工单位、分包单位的管理等。

下面主要以"筑业资料导航版"为例介绍工程资料管理软件的安装及应用。

1. 运行环境

"筑业资料导航版"的安装、运行环境如表 8-1、表 8-2 所示。

表 8-1　硬件环境

硬件	最低配置	推荐配置
处理器	PentiumⅢ 800MHz 或更高	PentiumⅣ 1.6MHz 或更高
内存	256MB	512MB 或以上
硬盘	2GB 可用硬盘空间	10GB 可用硬盘空间
显示器	VGA、SVGA、TVGA 等彩色显示器, 分辨率 800×600,16 位真彩	分辨率 1024×768 或以上,24 位真彩
打印机	各种针式、喷墨和激光打印机	各种喷墨和激光打印机

表 8-2 软件环境

操作系统	推荐操作系统
Windows 9X	Windows XP &home
Windows XP &home	Windows 2000 &home
Windows 2000 &home	Windows 7 / 8
Windows Vista all Version	
办公软件:建议使用 OFFICE2003 及以上版本	

2.软件安装

把安装光盘放入光驱里,双击或右击点打开进入光盘目录(注意:安装软件之前建议先关闭杀毒软件、安全卫士等,以免导致安装失败),双击"筑业资料导航版.exe"启动安装界面。见图 8-1。

选择"我接受许可证协议中的条款",然后点击"下一步",见图 8-2。用默认安装路径,或选择"浏览",自定义一个路径,然后点击"下一步",见图 8-3。点击"安装",开始正式安装文件,见图 8-4。点击"完成",主程序安装完毕,见图 8-5。

图 8-1

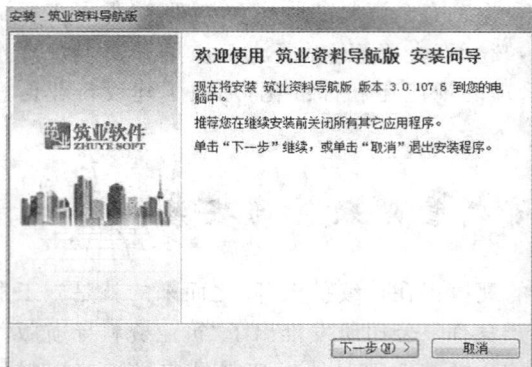

图 8-2

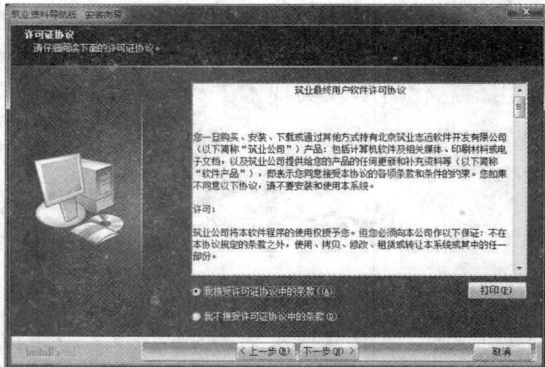

图 8-3

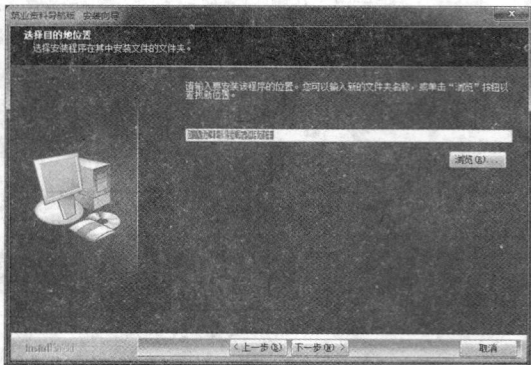

图 8-4

图 8-5

之后"××资料模板库.exe""资料库.exe""交底软件.exe"等陆续会自动弹出安装界面,自行一个一个双击安装也可以,安装方法跟上面介绍的主程序安装一样,不再另作说明,只要跟主程序安装在同一目录就可以了。安装完后桌面会出现"筑业资料导航版"图标,软件就安装完成了。

注意:主程序和模板库、资料库、交底软件尽量安装在同一目录,方便软件直接查看资料库和交底软件内容。

任务三　筑业建筑工程资料管理软件基本操作

1.操作流程简介

(1)打开软件。先插入加密锁,然后双击打开软件,进入欢迎使用界面如图8-6所示。

图8-6

(2)新建工程。点"新建工程"按钮,弹出窗口,输入工程项目名称和单位工程名称。然后选择模板库和工序(工序可不选),最后点"创建工程"。"工程信息设置"和"部位设置"直接点"确定"略过(可暂时不设置)。见图8-7。

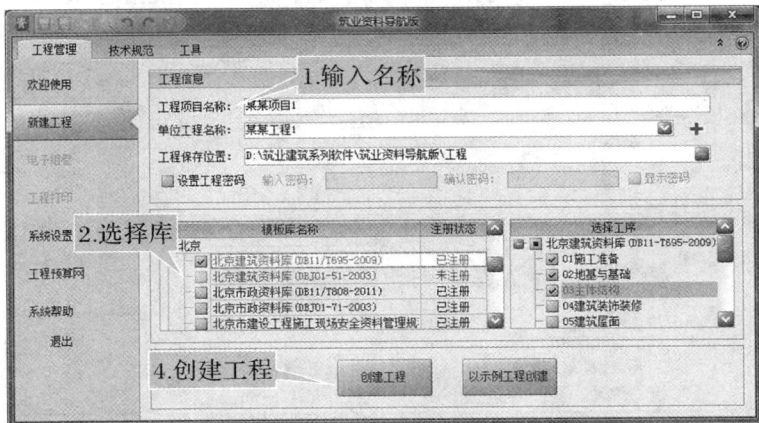

图8-7

(3)新建表格。软件进入"做资料"界面后,在左下角可以看到"模板列表",点开前面"+"号,找到所需要的表格或点工具栏上"查找"输入关键词找表,然后双击该表格,输入名称后在工程目录里生成你所创建的表格。见图8-8。

(4)填写表格。在新建好表格里,才可以进行填写内容。见图8-9。

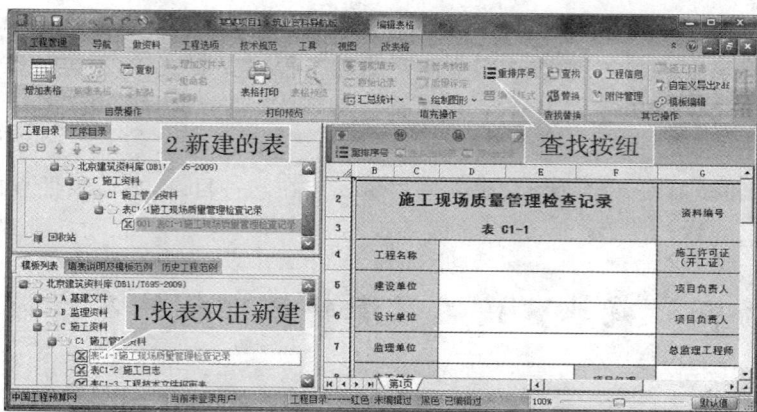

图 8-8

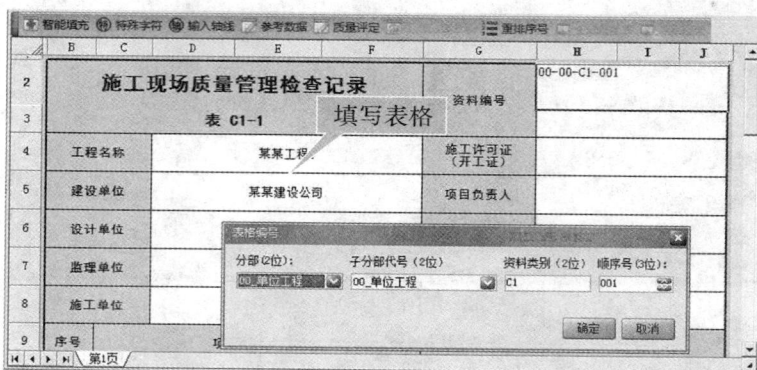

图 8-9

（5）输出表格。填写完表格后，可直接进行预览或打印，点击"表格打印""表格预览"按钮，见图 8-10。

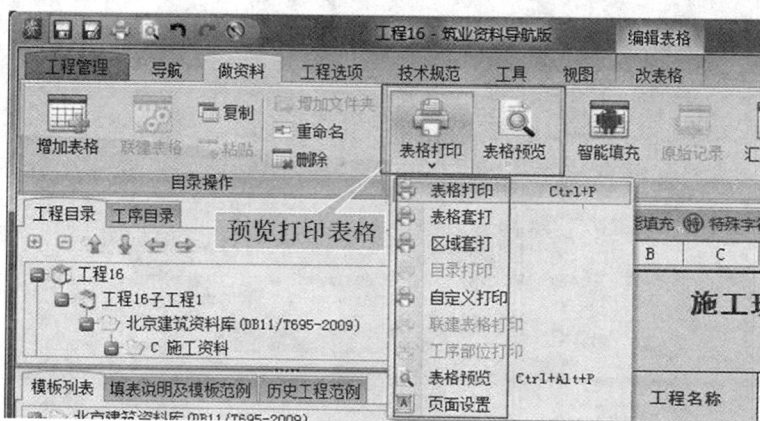

图 8-10

2．常用操作说明

（1）欢迎界面。打开软件，默认进入欢迎界面，此界面分成两部分，"常用功能"和"近期打开的工程"。见图 8-11。

图 8-11

（2）常用功能。这里列出了最常用的一些功能，包括：打开工程、新建工程、系统设置、恢复工程、注册软件、用户管理、视频帮助、系统帮助等。见图 8-12。

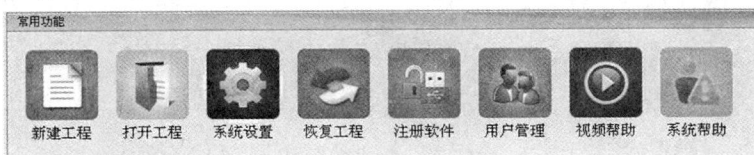

图 8-12

①新建工程：将转到新建向导界面进行新建工程操作。

②打开工程：将弹出工程存在路径，选择工程文件确定后打开工程。

③系统设置：将转到系统设置界面进行系统设置操作。

④恢复工程：将弹出备份工程列表，选择要恢复的工程备份进行工程恢复。

⑤注册软件：将弹出加密锁注册窗口，进行加密锁及模板库的注册。

⑥用户管理：弹出用户管理界面，进行用户管理操作。

⑦视频帮助：将弹出播放器可以选择你要查看的帮助视频。

⑧系统帮助：转到关于软件界面，关注程序版本。

（3）近期打开的工程。根据系统选项，自动加载近期打开过的工程列表，默认保存 20 个文件列表，按照操作的时间顺序排序，最后一次关闭的工程排在最前面，在这里可以快速的打开、另存、删除、浏览工程。见图 8-13。选中某一个工程历史上，在右侧自动出现操作按钮。点击"打开"按钮或双击该记录，可以打开这个工程；"另存"按钮把当前工程另存到自己要保存的路径；"删除"按钮意思是该工程不显示在"近期打开的工程"列表中，而并不是真正的删掉该工程文件；"浏览"按钮则快速定位工程所存在的路径。

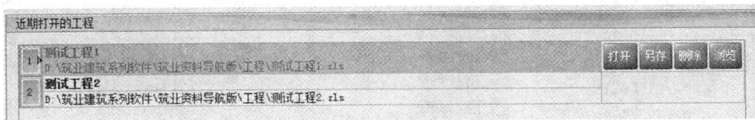

图 8-13

（4）新建工程。新建工程界面分成两个区域，一个是在界面上部的工程信息录入区域，一个是在下部的资料库模板区域。见图 8-14。

在"工程项目名称"中输入项目名称，在"工程保存位置"后面的按钮选择要保存到的位置（默认保存在安装目录下的"工程"文件夹里），根据个人要求是否需要工程密码，如果勾选"是否启用

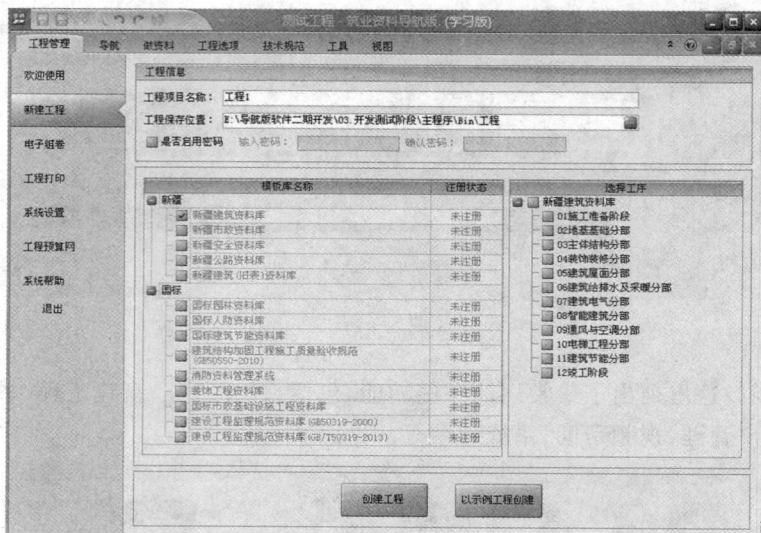

图 8-14

密码",则需要输入密码以及确认密码,然后在"模板库"列表中选择模板库,点击"创建工程"按钮开始新建工程。

模板库按照分类显示,模板库已注册状态的情况下就可以选择该模板库,灰色状态就是未注册。

创建工程还可以点击"以示例工程创建"按钮来创建一个工程,就是根据已做好的一个典型工程为模板创建新工程。

点击"以示例工程创建"按钮弹出示例工程对话框,选择一个已做过的工程,确定后将就以这个工程创建新工程,这样创建出来的工程,就和示例工程一样,方便用户参考学习。

（5）打开工程。在欢迎界面中的打开按钮,弹出打开工程文件对话框,选择一个工程文件,确定后执行打开工程操作。见图 8-15。打开工程文件对话框,默认路径为安装目录下的"工程"

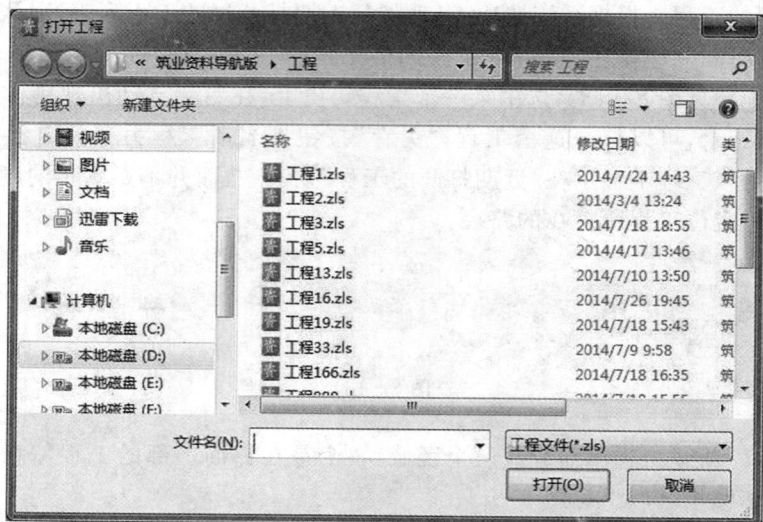

图 8-15

文件夹。

在历史列表中,选中一条记录,点击列表右侧的打开按钮,或者鼠标双击记录,可以直接打开这个工程。

打开工程过程中,如果此工程设置了工程密码(见新建工程介绍),则首先需要用户输入这个工程密码。输入密码后点击确定,验证通过将打开工程,进入工程界面,否则将给出密码错误提示并返回到输入窗口让用户再次输入密码。如果点击取消按钮,将退出打开过程,返回到原来页面。

(6)导航管理。以前资料软件都是直接在模板表格上创建表格,现在引入了工序的概念,把做资料的工作与施工现场的工作内容紧密结合起来,做什么工作,就形成什么表格,既方便又避免出现漏表情况发生,尤其对于新手资料员更是得心应手。

导航窗口主要分以下区域:菜单栏,显示工序相关主要操作功能按钮;工序列表,以列表的形式展示工序;工序属性,展示一个特定工序的属性,包括工序名称、工序的开始时间和结束时间以及工序经历的时长。关联表格,展示在特定工序中所关联的表格,也就是做此工序时需要做哪些资料表格。见图8-16。

当有工序选定时,同时刷新工序属性以及工序关联表格。工序关联表格前面的数字,表示在这个工序中,这张表格已经创建过的次数,便于用户能够更好的掌握是否需要创建表格。

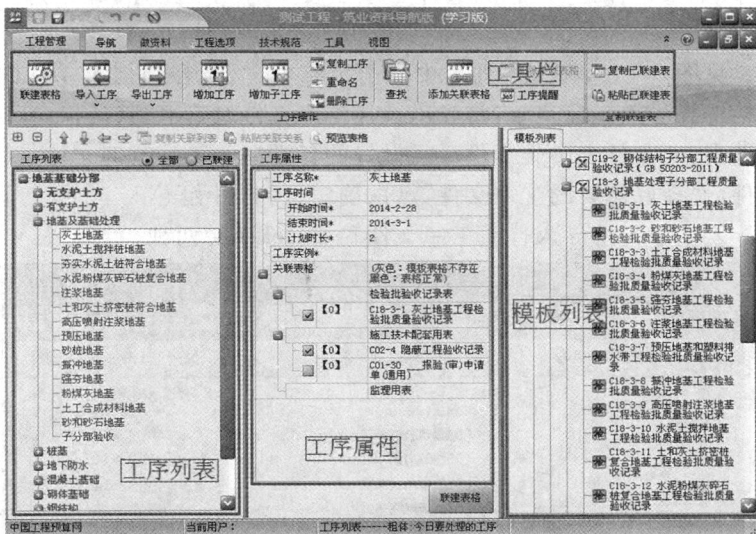

图 8-16

点击菜单中的增加工序(增加子工序)或者在工序列表界面点击鼠标右键,会弹出右键菜单,选择增加工序(增加子工序)菜单,弹出增加工序窗口。见图8-17。

填写完所有信息后,点击确定按钮开始新建工序,如果填写信息有误,会给出相应提示,如果没有输入工序名称,提示填写工序名称;如果结束时间小于开始时间,提示开始时间不能大于结束时间。点击取消按钮退出新建工序操作。

工序新建成功后,将在工序列表中根据工序信息以及父子关系展示出来,并可以进行属性设置。

①复制工序。在工序列表中选中一个工序,点击鼠标右键,选择弹出菜单中的复制工序菜单,或者直接在菜单栏选择复制工序菜单,将在相同位置复制一份完全一样的工序,包括所有的

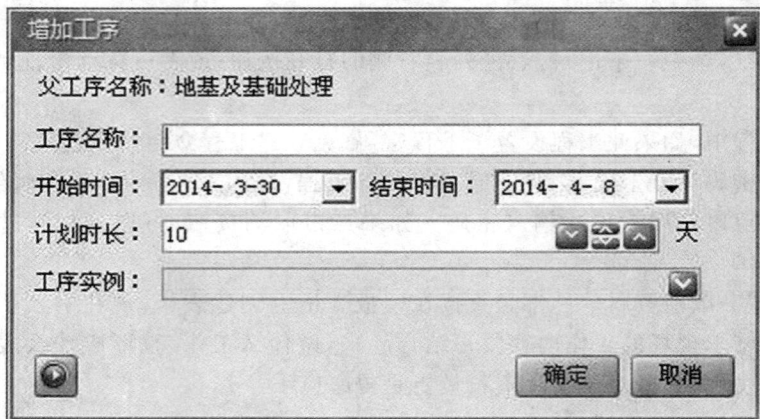

图 8－17

子工序以及关联的表格,只要对工序进行简单的属性设置即可以作为一个新工序使用。

②删除工序。在工序列表中选中一个工序,点击鼠标右键,选择弹出菜单中的删除工序菜单,或者直接在菜单栏选择删除工序菜单,或者直接按下键盘的 Del 键,会给出删除提示,让用户确认是否删除工序,如果选择是,则删除选择工序以及所有的子工序,如果选择否,则退出删除操作。

③导入工序。见图 8－18,在工序列表中点击鼠标右键,选择弹出菜单中的导入工序菜单,或者直接在菜单栏选择导入工序菜单,将弹出选择工序文件对话框,默认指向应用程序安装目录下的工序范例文件夹,此文件夹中会提供已经做好的各类型的工序范例文件,以及用户自己编制并导出的工序文件,选择好需要的工序文件,点击确定按钮,开始导入工序,点击取消按钮,退出导入操作。目前导入工序支持导入普通工序文件和 Excel 文件两种。

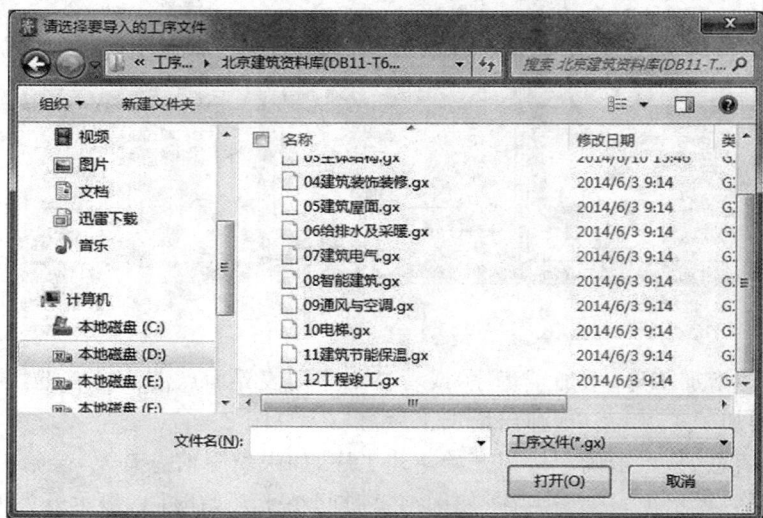

图 8－18

④导出工序。见图 8－19,导出工序分成导出全部工序和导出当前选择工序两种方式。在工序列表上点击鼠标右键,弹出的右键菜单中选择"导出工序",或者直接点击工序菜单中的"导出工序"菜单,将导出当前的所有的工序到指定文件中,选择"导出所选工序",就将当前选中的工

序及子工序导出到指定文件中。现在导出工序支持导出两种格式普通的工序类型文件和 Excel 文件两种格式。

图 8-19

（7）模板管理。在做资料界面点击模板编辑按钮后主菜单会切换到"模板库"页面。见图 8-20。

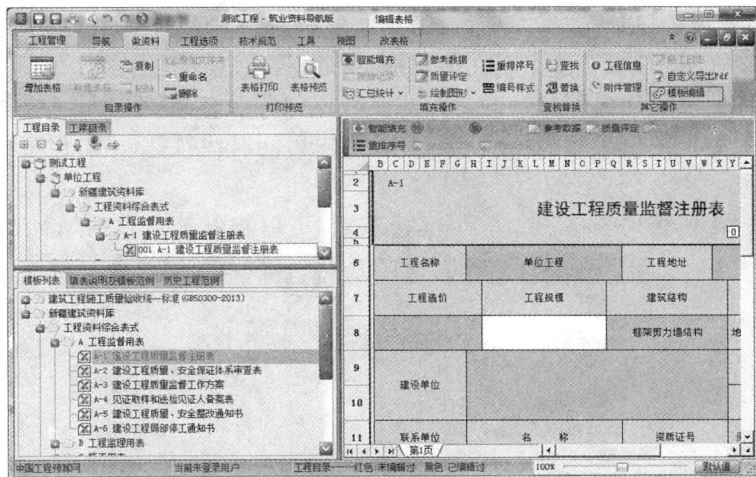

图 8-20

模板库管理界面大致分为三个区域：菜单栏、规范模板列表和表格显示区。见图 8-21。

①规范模板列表。在规范模板列表区域，显示的是新建工程时所选择的资料模板库列表（参考新建工程）。根据节点的类型不同，每个节点的图标也不一样，比如黄色文件夹图标表示此节点为一个文件夹，绿色 Excel 图标，表示此节点为一个表格节点等。

切换模板列表节点时，若是表格，则在右侧表格区域显示相应的表格，若是文件夹则在右侧表格区域显示背景图片。

②追加模板。如果在做资料工程中，需要其他模板的表格，可以直接在这追加一个模板进来，方便客户跨专业跨规范使用表格。

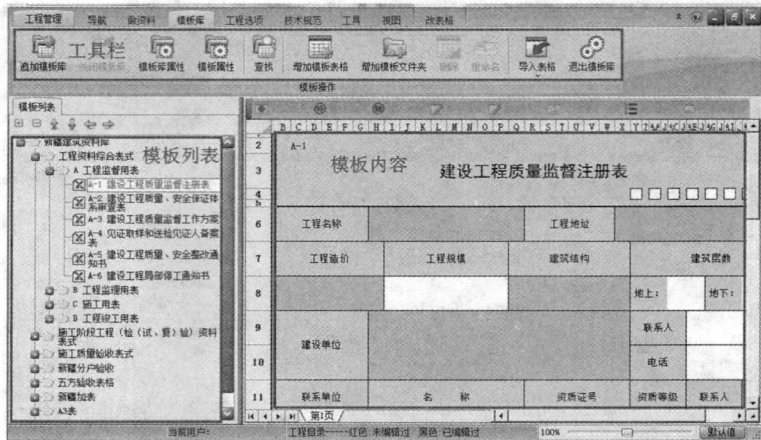

图 8-21

点击菜单中的"追加模板"按钮,或者在模板列表中点击鼠标右键,弹出的菜单中选择"追加模板",弹出追加模板对话框。

③关闭模板。对于一些不想再使用的模板,可以关闭模板,但模板中已经存在使用过的表格模板的时候,将不能被关闭,必须在工程中删除通过这个模板创建的表格,包括回收站内也需要删除,之后才能关闭这个模板。

点击菜单栏上的"关闭模板"按钮,或者在模板列表中点击鼠标右键,选择"关闭模板"菜单项,给出是否关闭模板的提示,选择"是",关闭当前模板,选择"否",放弃关闭模板。如果关闭过程中发现该模板正在被使用,会给出正在使用提示,并退出关闭模板功能。

④模板库属性。模板库属性显示的是当前模板库的相关信息,包含名称、创建时间、模板库说明等。一些特殊类别的模板库根据当地的特性需求可能有些特殊设置,但整体显示基本相同。见图 8-22。

⑤模板属性。在模板列表中选中一个模板节点,可以查看该节点的属性,根据节点类型不

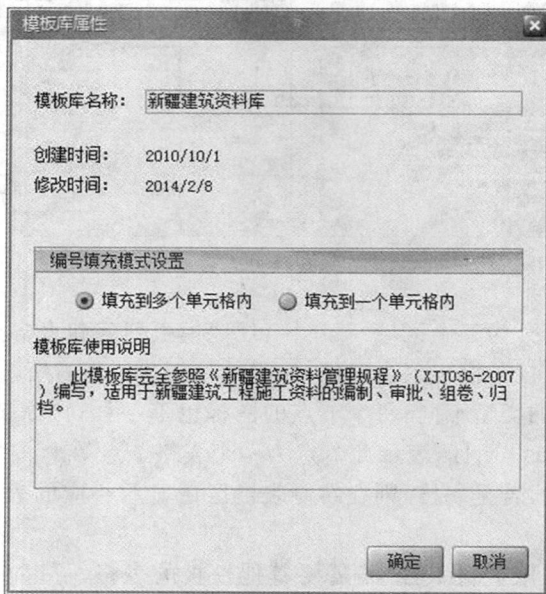

图 8-22

同，属性会有所不同。主要是节点的名称、创建和修改时间，以及节点的类型。见图8-23。

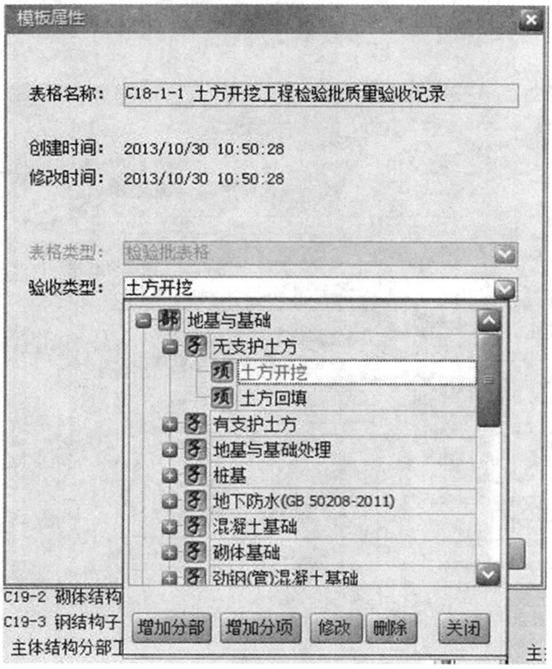

图 8-23

⑥查找模板。在做资料界面，如果表格较多，可以使用表格查找功能查找其中一个表格，点击菜单栏中"查找表格"按钮，或者按下 Ctrl＋F 快捷键，会在窗口右侧出现查找窗口。见图8-24。

搜索范围，分为在工程中查找，以及在模板中查找。

⑦编辑模板。先单击"模板库"页进入模板库界面，接着单击"改表格"页，再单击要修改的模板表格节点，然后即可对其内容进行相应的编辑，编辑完成后切换模板节点，将提示"模板表格已

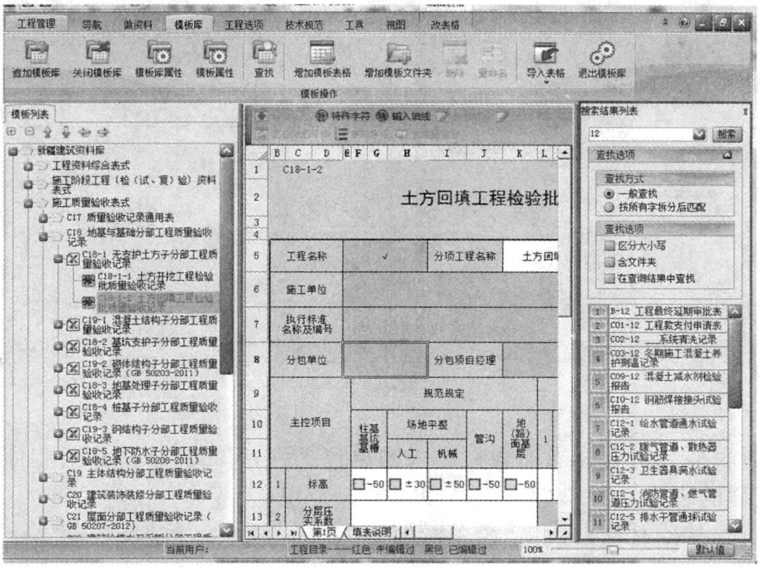

图 8-24

经修改是否保存?"选择"是"就保存对模板表格的修改,选择"否"就取消对模板表格的修改操作。如果您觉得提醒过于繁琐您可以到系统设置中去掉"模板修改后提示保存"的勾选状态。见图8-25。

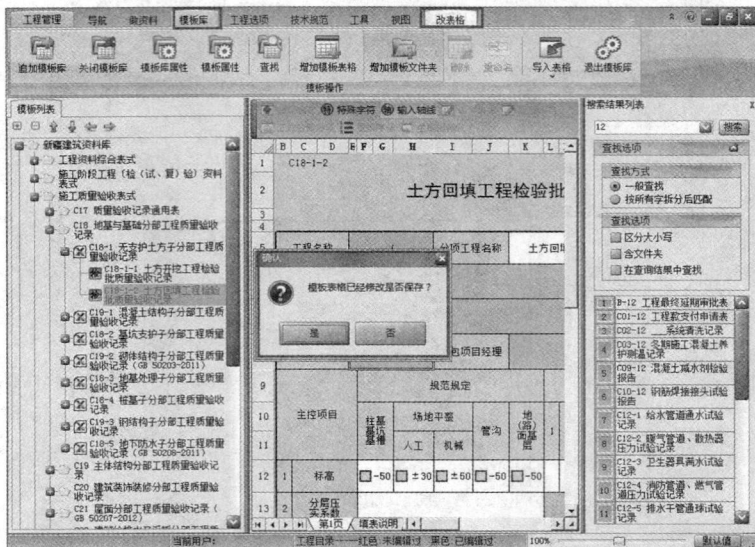

图 8-25

(8)资料管理。以"工程项目—单位工程—回收站"结构展示工程目录树,新建的工程,根据工程名称和单位工程名称创建工程项目—单位工程结构目录,即以工程名称创建工程节点,在工程节点下,创建单位工程,所有检验批类表格,全部自动创建到单位工程节点下,其他通用表格可在创建时选择是否进入到单位工程下。见图8-26、图8-27。

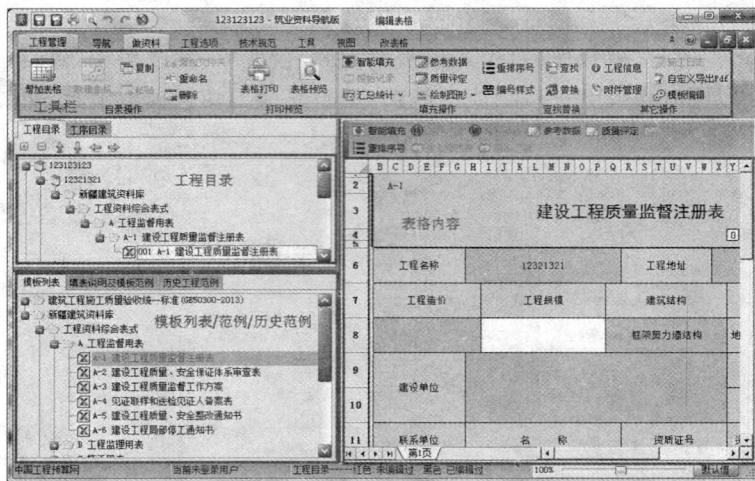

图 8-26

(9)增加普通表格。可选择当前表格进入的单位工程,可多选。确定后程序会为每个单位工程都创建一张同样的表格。检验批表格必须有单位工程。

输入表格名称(部位名称),点击"确定",即可创建一张或多张表格。部位名称还可以根据预先设置的楼层、施工段和构件来生成。见图8-28。

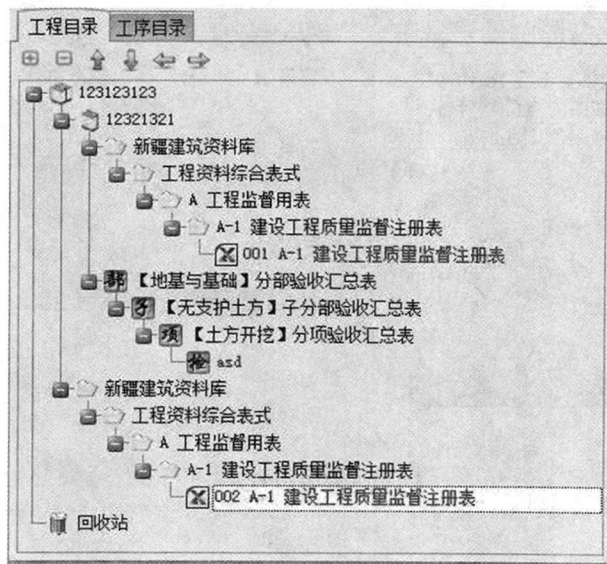

图 8 - 27

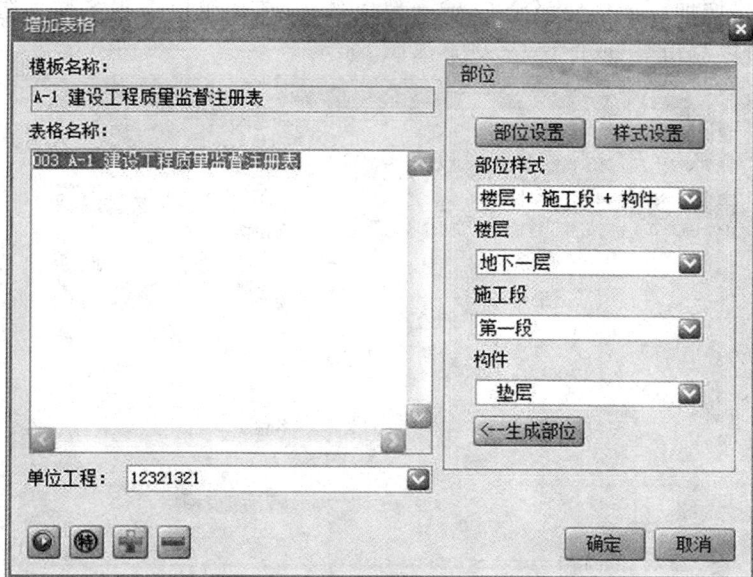

图 8 - 28

①部位样式。点击"增加表格"窗体中的"样式管理",进入到生成部位的样式设置。见图8 - 29。

在这里可设置生成部位时楼层、施工段、构件的先后顺序和它们间的分隔符号。分隔符号可以使用特殊字符。

如果样式有多个,可以在左侧选择哪个为当前使用的样式。"楼层＋施工段＋构件"为默认

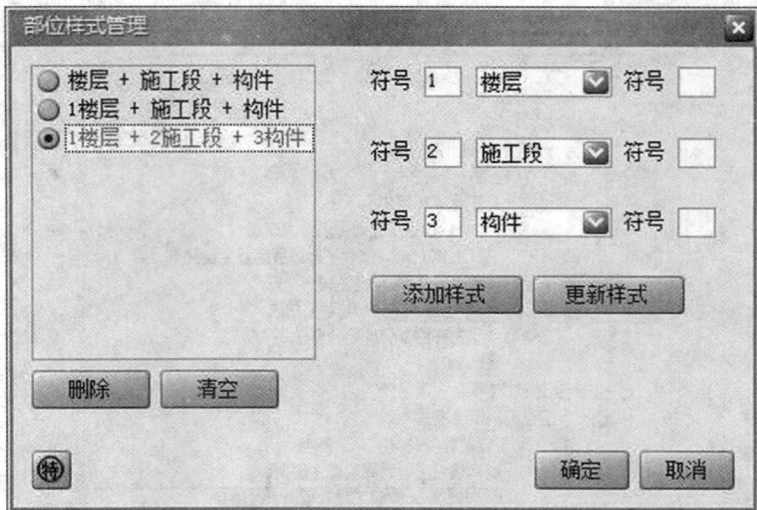

图 8-29

样式,不能删除。

②检验批表格增加。选择分部分项,输入部位名称,选择单位工程名称。选择相应的楼层、施工段、构件后可以点击"生成部位"名称。见图 8-30。

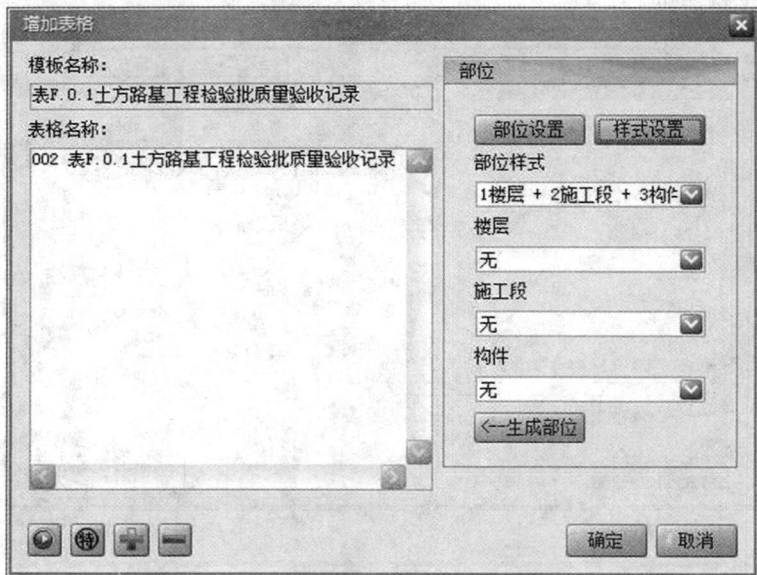

图 8-30

③联建表格。联建表格只有当您的模板列表中选择的表格有工序时才可以使用此功能,联建表格和增加表格可单独使用。在模板库中默认添加了一些工序列表,您也可以自定义您的工序(自定义工序见增加工序)。联建表格为批量建表,它会将窗体中您所选择的表格一同联建,与导航界面的联建表格创建过程完全相同。见图 8-31。

(10)复制表格。选中一张表格,点击"复制表格",或者右键菜单中选择复制表格。选择文件夹,点击右键选择粘贴,即可复制一张表格。见图 8-32。

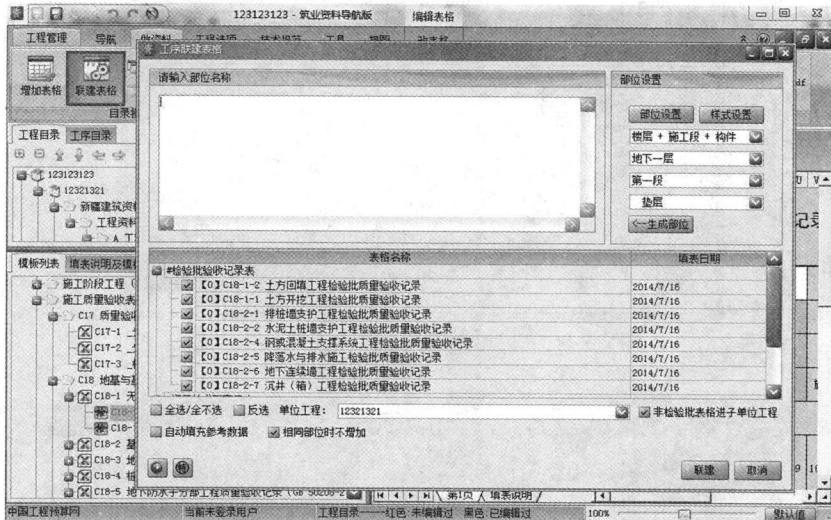

图 8 - 31

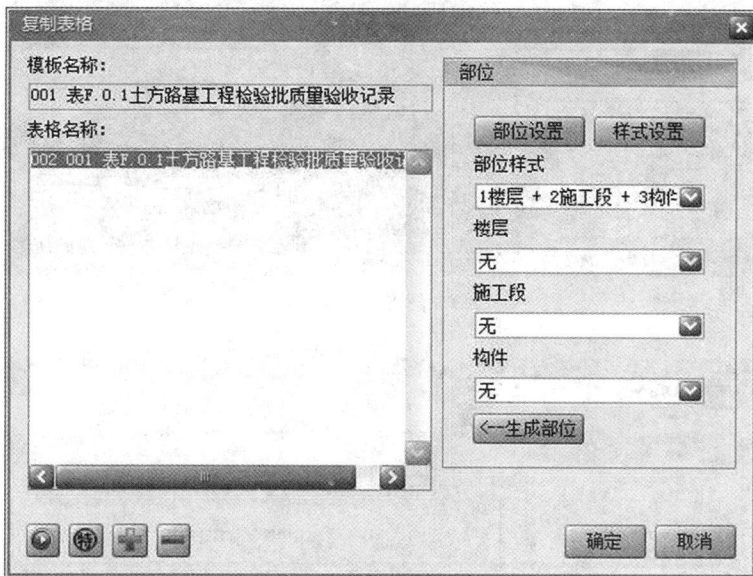

图 8 - 32

当选择的是文件夹时,将复制整个文件夹。见图 8 - 33。

当选择的是单位工程的时候,将新建一个单位工程并将所有表格复制到新的单位工程中去。

(11)表格编辑区域。

①没有表格时,见图 8 - 34。

②有表格时,见图 8 - 35。

(12)智能填充。将主菜单切换到"做资料"页面,工程目录树上选择一个表格节点,单击菜单栏上的"智能填充"即可自动填充该表格,用户只需在此基础上稍作修改,就可使用。填充的内容来源于工程信息或表格范例。

(13)同步单元格内容。选中一个可编辑的单元格点击右键选择同步单元格内容。见

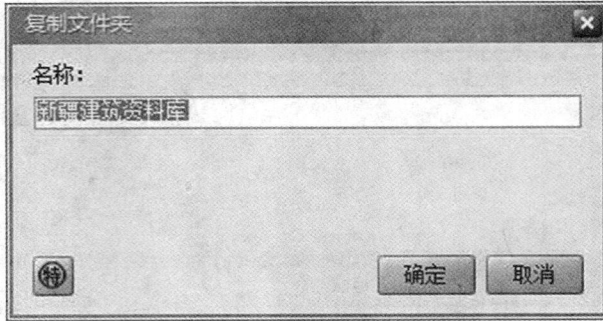

图 8 − 33

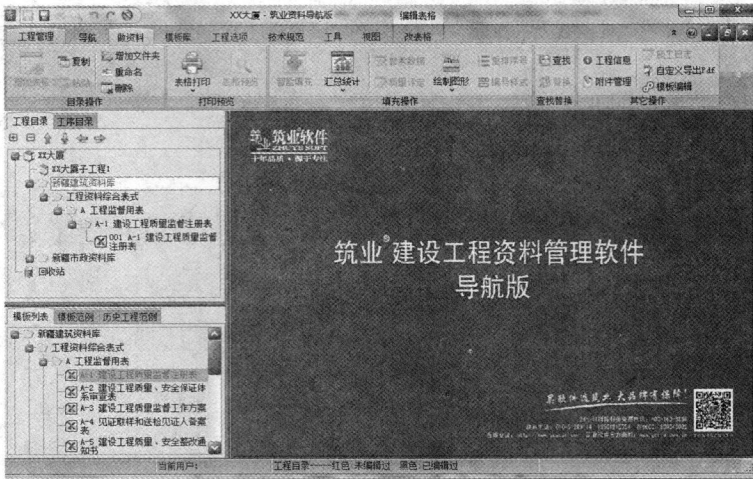

图 8 − 34

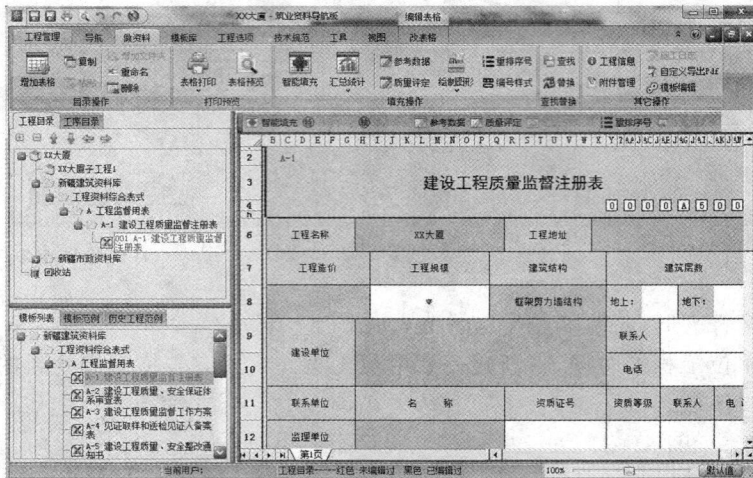

图 8 − 35

图 8 − 36。

同步单元格内容可以将当前单元格的内容同步到其他同模板建立的表格中,可以针对多表

图 8 - 36

页、多表格同时进行操作。不仅可同步文本,还支持特殊字符、图片、轴线文本等样式文件的同步。见图 8 - 37。

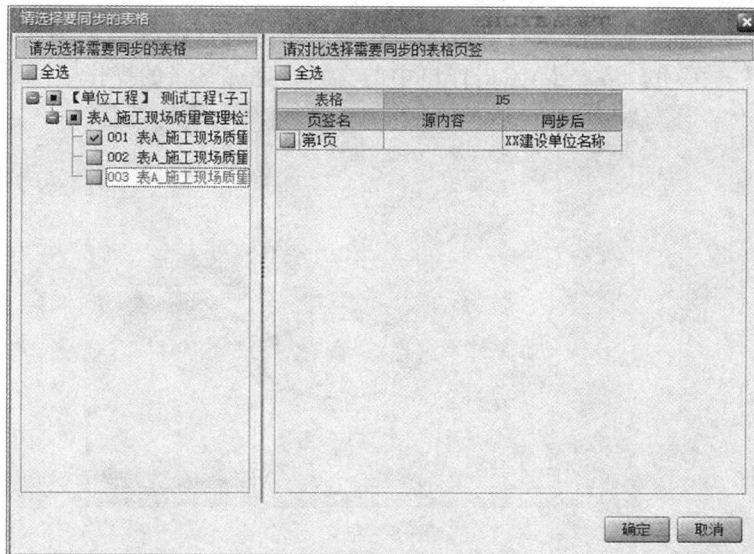

图 8 - 37

(14)分部分项汇总。如果当前工程树上是子单位工程节点被选中,则可在右键或"汇总统计"下"汇总单位工程",则会汇总当前子单位工程下所有节点。

如果当前工程树上是部子项检验批节点被选中,则可在右键或"汇总统计"下"汇总分部分项",则会汇总当前分支的所有节点。

"混凝土评定计算"是针对"混凝土试块试验结果汇总表"使用的。

(15)绘制图形。

①图片管理。填写表格过程中经常需要插入图片(CAD、JPG、WMF、GIF),这时可使用"图片管理"功能,图片管理提供图片缩放及多张图片及文本混排的功能。可以很方便地将选择的图片插入到表格中,同时图片和文本都可以插入多个。见图8-38。

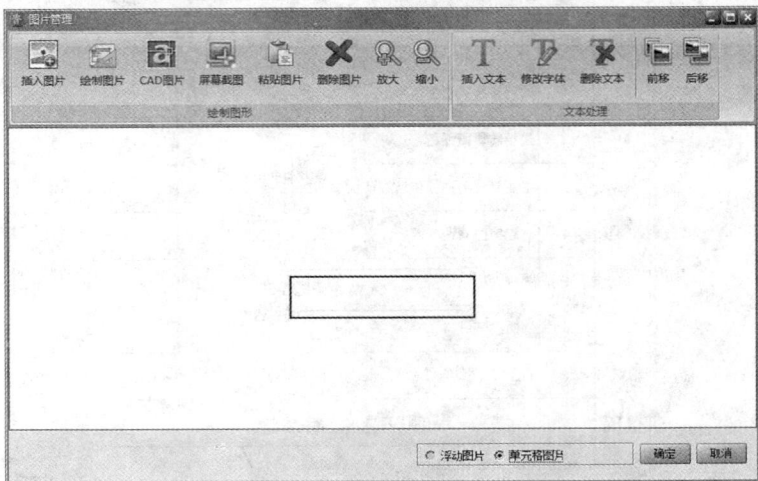

图 8 - 38

②插入图章、插入签名。首先对图章和签名进行设置管理,也就是将图章和电子签名的电子文件加到软件里。点击菜单中的"插入签名",在显示的窗口中点击"签名管理"进行添加设置。见图8-39。第一步,点击增加输入签章名称和签章单位,点击"选择签名图片",选择已经制作好的电子签名图片并关闭。第二步,点击窗口中的"插入"完成签名的操作。

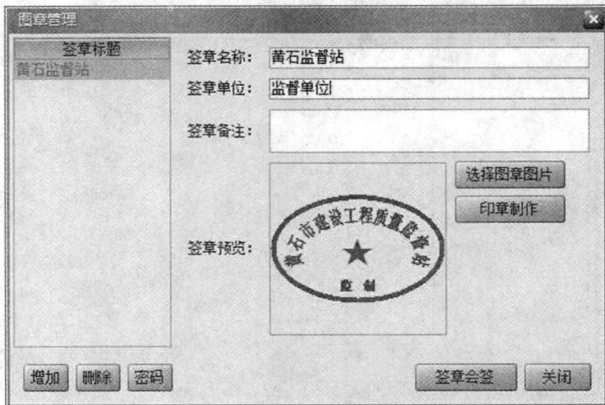

图 8 - 39

(16)清除图片。

选择已经插入图片的单元格,点击菜单中的"删除单元格图片""删除背景"项,即可清除该单元格中的图片、表格背景或无效图片。

(17)工程信息。工程信息用来录入和记录工程施工来往各单位常用信息。见图8-40。

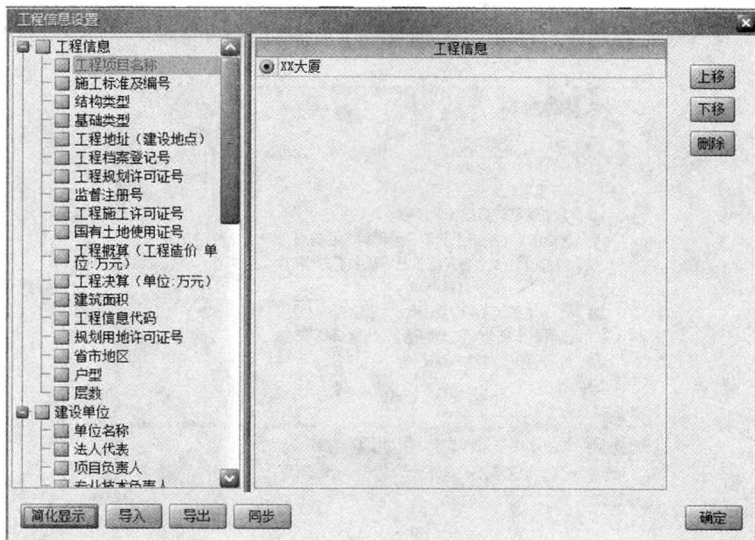

图 8 - 40

①显示更多(简化显示):当前窗口中只显示了来往单位的名称,如果需要显示来往单位更多信息,可以点击"显示更多"。

②导入:可以将上个工程导出的基本信息导入到当前的工程信息中。支持导入 Excel 文件类型的信息内容。

③导出:可以将当前工程信息导出成文件,支持导出 Excel 文件类型的信息,支持导出成 Excel 花名册表格。

④同步:如果表格填充过程中信息发生了改变时,可以使用同步的方法来批量修改。同步时需要勾选同步项目。

(18)附件管理。工程项目中使用到的现场照片、视频、其他文档可以以附件的形式加载到工程中。见图 8 - 41。

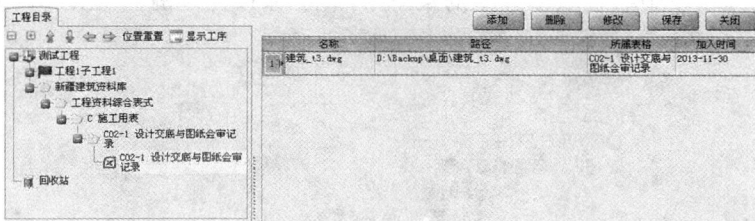

图 8 - 41

(19)范例管理(历史工程范例)。系统提供两种范例数据的获取途径,两种范例的操作是一样的。

①模板范例。由模板提供的范例数据,是由软件公司提供的范例数据,也可以由用户自行添加。

历史工程范例:由客户的工程文件提供范例数据,只需要打开一个工程文件就可以当做范例来使用。

②查看范例。可以显示工程目录表格的范例,也可以显示模板表格的范例。

选中一个工程目录中的表格,点击"填表说明及模板范例",显示当前工程表格的范例。见图 8-42。

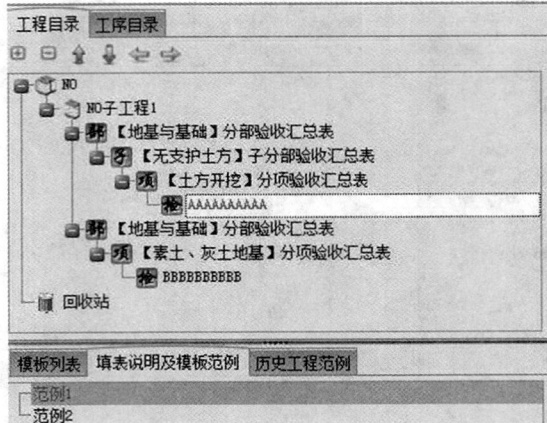

图 8-42

选中一个规范模板表格,点击"历史工程范例",然后打开之前做过的工程,在当前表格对应的历史工程范例就显示了。见图 8-43。

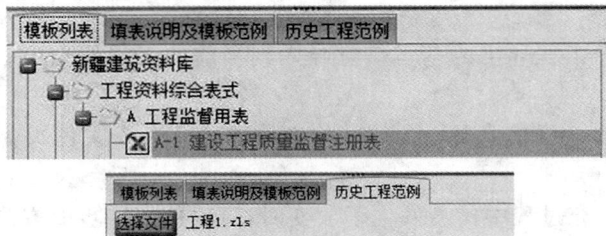

图 8-43

③添加范例。

第一步,在工程目录中右键点击弹出的菜单中点击"保存为范例"。见图 8-44。

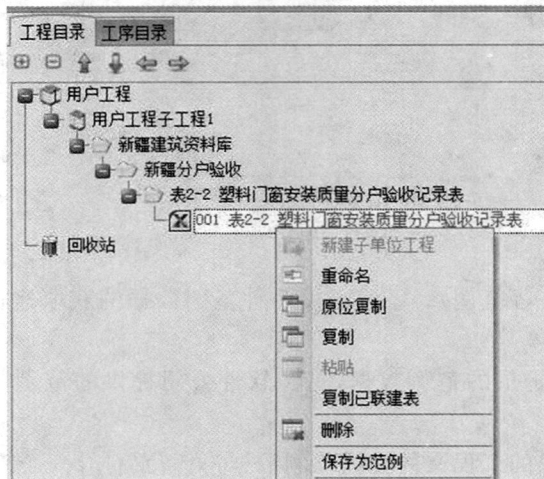

图 8-44

第二步,在弹出的窗口中修改名称后点击确定后,系统自动切换到"填表说明及模板范例"页,并显示新添加的范例表格。见图8-45。

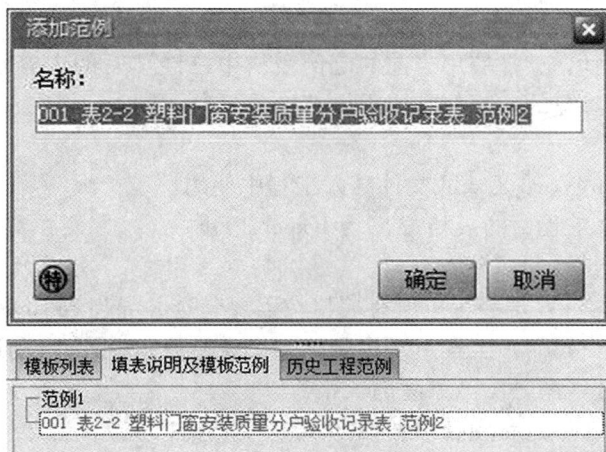

图 8-45

④范例重命名(历史工程范例不提供重命名)。如果添加范例时没有修改名称,可以使用范例重命名。

第一步,在范例目录点击右键中的"范例重命名"。见图8-46。

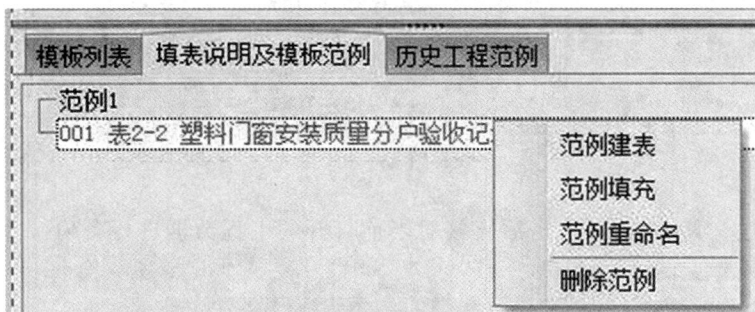

图 8-46

第二步,在弹出的窗口中修改名称并确定,完成重命名。见图8-47。

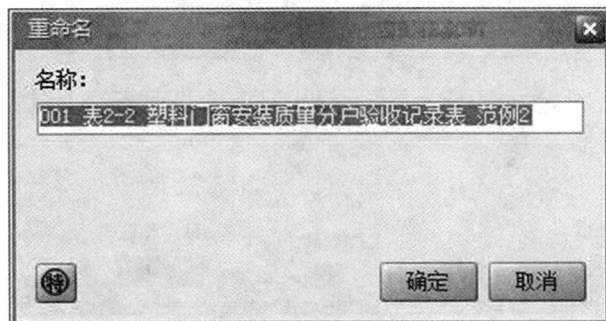

图 8-47

⑤删除范例(历史工程范例不提供删除范例)。有不再使用的范例时可以点击删除范例。

⑥范例建表。

第一步,在范例目录中右键点击"范例建表"。

第二步,在弹出的窗口中修改表格名称后确定完成建表操作。

⑦范例填充。"范例填充"是使用当前的范例表格中已经填写的内容填充到工程中的表格,软件自动将范例表格中填写的工程信息内容做替换。

(20)导入导出。

①导入表格:可以将 Word、Excel 文件导入工程中使用。

②导出表格:可以将工程中的表格导出为 Excel、PDF 文件,方便在其他电脑不以筑龙软件打印及阅读。

③自定义导出 PDF:可以将工程中所有表格按需要勾选并导出成 PDF 电子书。

(21)回收站管理。当我们在工程目录中删除一个表格后,表格会自动进入到回收站中,这时如果发现删除错误时,可以恢复已经删除的表格。

在回收站上点击右键可以看到各项功能。

①清空回收站:清空回收站只能在回收站目录上点击才能显示出来。

如果回收站中的表格我们不再需要时,可以选择清空回收站,系统会自动将回收站中的表格彻底删除,但是我们就不能在恢复这些删除的表格。

②还原表格:点击还原表格后,回收站中删除的表格会还原到工程。

彻底删除:可以选择性的删除回收站中的表格。

(22)工程选项。见图 8-48,其功能为:工程的备份、还原、压缩、参数设置等。

图 8-48

(23)备份工程。其功能为:点击后直接对当前打开的工程数据进行备份。

(24)恢复工程。见图 8-49。

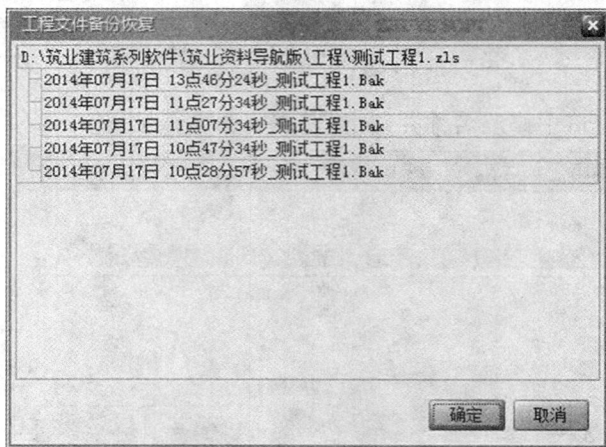

图 8-49

①功能:如果工程数据有损坏或操作不当时,可以选择恢复据当前时间最近的备份数据。

②操作方法:在列表中选择一个备份点击确定完成操作。

(25)信息维护。其功能为:添加修改规范信息或各种评语内容。见图 8-50。

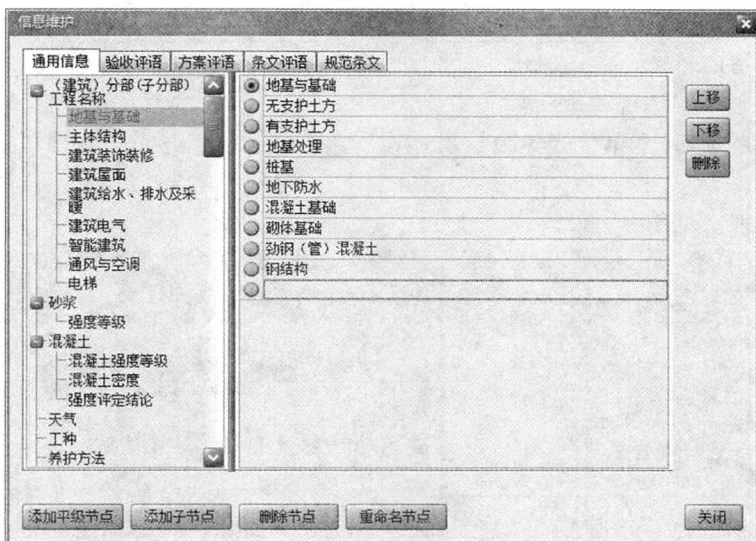

图 8-50

(26)编辑表格。编辑表格只有在"模板库"或"做资料"页下才能显示出来。主要提供对工程用表的编辑修改。主要功能包括文本复制、字体设置、对齐方式、线形设置、表页设置、批量处理等。见图 8-51。

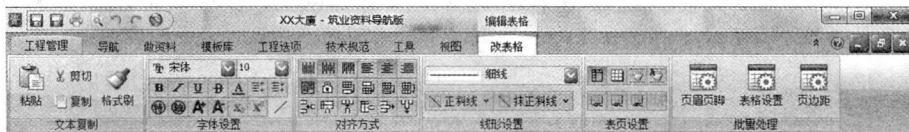

图 8-51

(27)文本复制。对表格中单元格输入的文本剪切、复制、粘贴操作,格式刷可将选中单元格的文本样式及大小等复制到对应单元格中。

(28)字体设置。对表格中单元格输入文本的字体、字号、字体样式进行设置,同时提供文本输入时特殊符号、字体增大、字体减小、行间距增大、行间距减小、上标、下标的功能处理,方便客户在操作过程中输入文本及修改样式。

(29)对齐方式。

①可进行对表格中文本的上下、居左、居中、居右设置;多单元格的合并及增加(行、列)、删除(行、列)的操作;设置单元格的锁定及文本换行显示。

②控制表格中行列标是否显示、是否显示表格虚线、是否允许拖拽单元格、是否允许拖拽手复制文本;增加、删除表格页的功能。

(30)批量处理。可以对当前工程或者模板库中的表格统一进行设置,主要设置表格页眉页脚、页边距、表格文本字体样式。

(31)组卷管理。把电子文档分类,按不同上报单位输出。

①可切换,默认为当前工程(可选步骤);

②刷新下面列表(可选步骤);

③选择编号来源默认资料编号；

④选择编制单位与组卷单位；

⑤选择一个卷内目录；

⑥设置序号顺序默认自动排序；

⑦选择输出单位，每个单位会单独输出；

⑧执行组卷。

(32)打印管理。见图8-52。

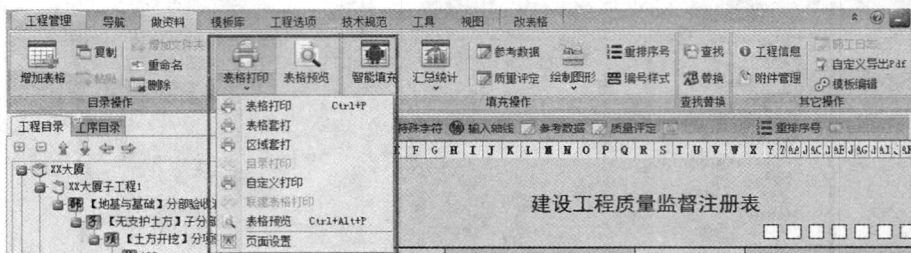

图 8-52

①表格打印：在左侧工程树上选择一个表格，再点"表格打印"会出现如图8-53所示的界面。

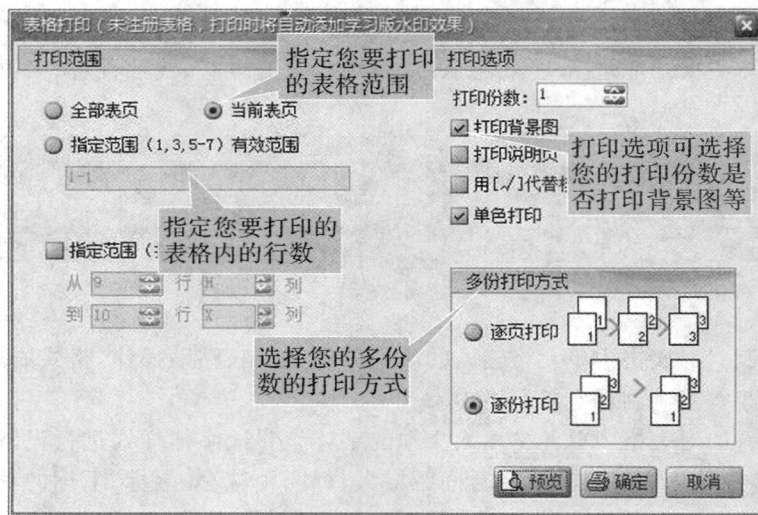

图 8-53

②表格套打：在左侧工程树上选择一个目录，再点"表格套打"出现如图8-54所示的界面。

③目录打印：在左侧工程树上选择一个非表格的文件夹目录点击"目录打印"，软件可对工程数据进行分类组卷，同时可以打印输出组卷目录。

④工程打印：在左侧工程树上选择任意目录点击"工程打印"，工程打印与目录打印基本相同，但工程打印会按照您的工程结构显示打印顺序。

⑤联建表格打印：在左侧工程树上选择联建后的表格目录，点击"联建表格打印"出现如图8-55所示的界面。

联建打印与工程打印设置方式基本相同，但其显示方式是按照当前联建后工序的顺序显示打印目录。

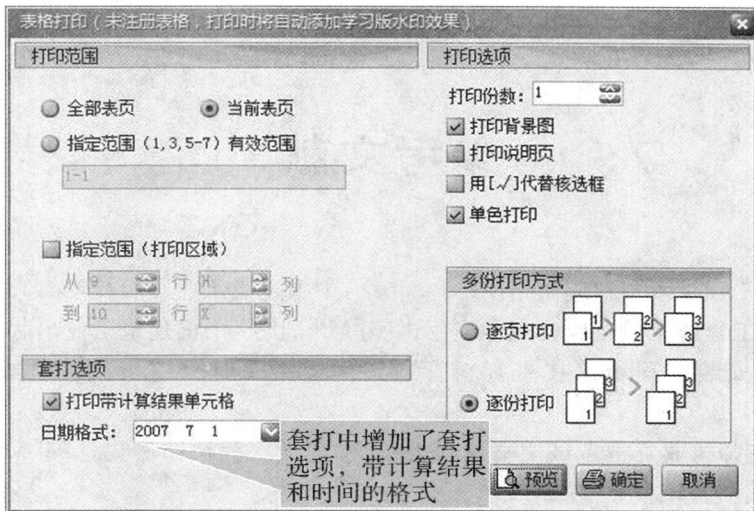

图 8 - 54

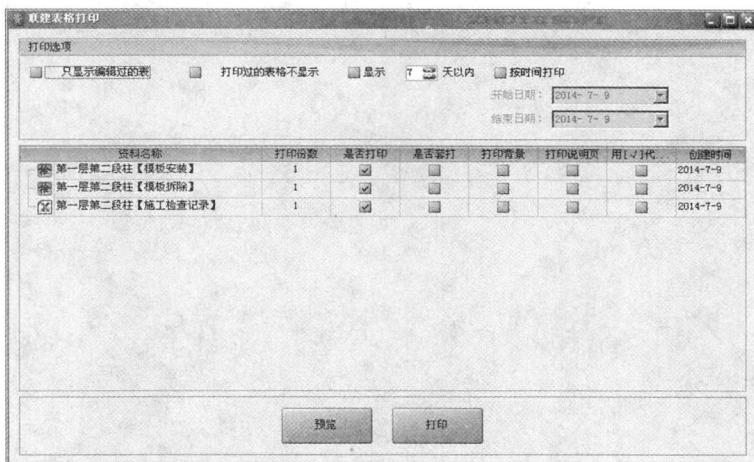

图 8 - 55

⑥表格预览：在左侧工程树上选择一个表格目录，再点"表格预览"，表格预览会预览当前的表格整体样式。

⑦页面设置：在左侧工程树上选择一个表格目录，再点"页面设置"，页面设置提供对当前的页面一些基本设置。

参考文献

[1] 王立信. 建筑工程技术资料应用指南[M]. 北京: 中国建筑工业出版社, 2003.

[2] 吴松琴. 建筑工程施工质量验收规范应用讲座[M]. 北京: 中国建筑工业出版社, 2003.

[3] 蔡尚金. 建筑安装工程施工技术资料管理实例应用手册[M]. 北京: 中国建筑工业出版社, 2003.

[4] 全国二级建造师执业资格考试用书编写委员会. 建设工程法律法规选编[M]. 北京: 中国建筑工业出版社, 2004.

[5] 郝增锁. 建筑工程档案资料快速编制、组卷和范例[M]. 上海: 上海科学技术出版社, 2011.

[6] 冯汉国. 工程文件与工程档案实务[M]. 北京: 中国建筑工业出版社, 2012.

高职高专"十三五"建筑及工程管理类专业系列规划教材

> **建筑设计类**
(1)建筑物理
(2)建筑初步
(3)建筑模型制作
(4)建筑设计概论
(5)建筑设计原理
(6)中外建筑史
(7)建筑结构设计
(8)室内设计基础
(9)手绘效果图表现技法
(10)建筑装饰制图
(11)建筑装饰材料
(12)建筑装饰构造
(13)建筑装饰工程项目管理
(14)建筑装饰施工组织与管理
(15)建筑装饰施工技术
(16)建筑装饰工程概预算
(17)居住建筑设计
(18)公共建筑设计
(19)工业建筑设计
(20)商业建筑设计
(21)城市规划原理
(22)建筑装饰装修工程施工
(23)建筑装饰综合实训

> **土建施工类**
(1)建筑工程制图与识图
(2)建筑识图与构造
(3)建筑材料
(4)建筑工程测量
(5)建筑力学
(6)建筑 CAD
(7)工程经济
(8)钢筋混凝土
(9)房屋建筑学

(10)土力学与地基基础
(11)建筑结构
(12)建筑施工技术
(13)钢结构
(14)砌体结构
(15)建筑施工组织与管理
(16)高层建筑施工
(17)建筑抗震设计
(18)工程材料试验
(19)无机胶凝材料项目化教程
(20)文明施工与环境保护
(21)地基与基础工程施工
(22)混凝土结构工程施工
(23)砌体工程施工
(24)钢结构工程施工
(25)屋面与防水工程施工
(26)现代木结构工程施工与管理
(27)建筑工程质量控制
(28)建筑工程英语
(29)建筑工程识图实训
(30)建筑工程技术综合实训

> **建筑设备类**
(1)建筑设备
(2)电工基础
(3)电子技术基础
(4)流体力学
(5)热工学基础
(6)自动控制原理
(7)单片机原理及其应用
(8)PLC 应用技术
(9)建筑弱电技术
(10)建筑电气控制技术
(11)建筑电气施工技术
(12)建筑供电与照明系统

(13)建筑给排水工程　　　　　　　　(6)房地产经纪

(14)楼宇智能基础　　　　　　　　　(7)房地产测绘

(15)楼宇智能化技术　　　　　　　　(8)房地产基本制度与政策

(16)中央空调设计与施工　　　　　　(9)房地产金融

＞ **工程管理类**　　　　　　　　　(10)房地产开发企业会计

(1)建设工程概论　　　　　　　　　(11)房地产投资分析

(2)建筑工程项目管理　　　　　　　(12)房地产项目管理

(3)建设法规　　　　　　　　　　　(13)房地产项目策划

(4)建设工程招投标与合同管理　　　(14)物业管理

(5)建设工程监理概论　　　　　　＞ **工程造价类**

(6)建设工程合同管理　　　　　　　(1)工程造价管理

(7)建筑工程经济与管理　　　　　　(2)建筑工程概预算

(8)建筑企业管理　　　　　　　　　(3)建筑工程计量与计价

(9)建筑企业会计　　　　　　　　　(4)平法识图与钢筋算量

(10)建筑工程资料管理　　　　　　　(5)工程计量与计价实训

(11)建筑工程资料管理实训　　　　　(6)工程造价控制

(12)建筑工程质量与安全管理　　　　(7)建筑设备安装计量与计价

(13)工程管理专业英语　　　　　　　(8)建筑装饰计量与计价

＞ **房地产类**　　　　　　　　　　(9)建筑水电安装计量与计价

(1)房地产开发与经营　　　　　　　(10)工程造价案例分析与实务

(2)房地产估价　　　　　　　　　　(11)工程造价实用软件

(3)房地产经济学　　　　　　　　　(12)工程造价综合实训

(4)房地产市场调查　　　　　　　　(13)工程造价专业英语

(5)房地产市场营销策划

欢迎各位老师联系投稿！

联系人:祝翠华

手机:13572026447　　办公电话:029-82665375

电子邮件:zhu_cuihua@163.com　37209887@qq.com

QQ:37209887(加为好友时请注明"教材编写"等字样)

土建类教学出版交流群 QQ:290477505(加入时请注明"学校＋姓名＋方向"等)

图书在版编目（CIP）数据

建筑工程资料管理/张涛，杨建华主编. —西安：西安交通大学
出版社，2015.6 （2018.1 重印）
高职高专"十三五"建筑及工程管理类专业系列规划教材
ISBN 978-7-5605-7474-5

I.①建… II. ①张… ②杨… III.①建筑工程-技术
档案-档案管理-高等职业教育-教材 IV. ①G275.3

中国版本图书馆 CIP 数据核字（2015）第 134769 号

书　　名	建筑工程资料管理
主　　编	张　涛　杨建华
责任编辑	祝翠华

出版发行	西安交通大学出版社
	（西安市兴庆南路 10 号　邮政编码 710049）
网　　址	http://www.xjtupress.com
电　　话	（029）82668357　82667874（发行中心）
	（029）82668315（总编办）
传　　真	（029）82668280
印　　刷	西安明瑞印务有限公司

开　　本	787mm×1092mm　1/16　印张 15.875　字数 384 千字
版次印次	2015 年 7 月第 1 版　2018 年 1 月第 3 次印刷
书　　号	ISBN 978-7-5605-7474-5
定　　价	35.80 元

读者购书、书店添货，如发现印装质量问题，请与本社发行中心联系、调换。
订购热线：　（029）82665248　　（029）82665249
投稿热线：　（029）82668133
读者信箱：　xj_rwjg@126.com